D1918837

DAS HEILIGE LAND

Wegweiser durch Text und Bild

Die *Zeittafel* auf den Seiten 6 und 7 orientiert über wichtige Daten in der Geschichte des Heiligen Landes.

Der *Haupttext* gibt einen Überblick über die Kulturgeschichte des Heiligen Landes von der Frühen Bronzezeit bis zum heutigen Staat Israel. Er ist reich illustriert.

Die *Karte des Heiligen Landes* auf Seite 256 verzeichnet die historisch und archäologisch bedeutsamen Orte.

Die *Museen* dieser Orte mit Adressen, Öffnungszeiten und Angaben zu Bestand, Fundort und Periode werden ab Seite 257 aufgeführt.

Eine *zusammenfassende Beschreibung von Geschichte und Bedeutung der wichtigsten Orte und Ausgrabungsstätten* aufgrund der erhaltenen Baudenkmäler und Überreste findet sich ab Seite 263.

Bedeutende *Maler, Bildhauer und Architekten* vorwiegend des 20. Jahrhunderts mit Kurzbiographie und Standort ihrer Werke enthält das Verzeichnis auf den Seiten 279 bis 281.

Das *Register* ab Seite 282 erschließt die Abbildungs- oder Textentsprechungen im Gesamtzusammenhang.

BUCHERS FÜHRER

zu den Zentren der Kultur

DAS HEILIGE LAND

Text von Michael Avi-Yonah

Photos von Mario Carrieri

BUCHER

Aus dem Englischen von
Renate und Klaus Birkenhauer

Der HERR ist der Gott der ganzen Erde,
die Berge Judas gehören ihm,
dem Gott Jerusalems.
Den Berg Morija hast Du erwählt,
o HERR.

Inschrift in einer Grabhöhle bei Amaziah, um 700 v.Chr.

Schutzumschlag: Synagoge von Kefar Baram.

Vorsatzblatt: Das alte Jerusalem auf einem Gemälde eines unbekannten russischen Malers aus dem 19. Jahrhundert.

©1972 by Park and Roche Establishment, Schaan

©1973 für die deutschsprachige Ausgabe
by Verlag C.J. Bucher, Luzern und Frankfurt/M.

Redaktion (dt.): Horst Braunschweiger

Alle Rechte vorbehalten

Printed in Italy 1976 by Amilcare Pizzi S.p.A., Milano

ISBN 3 7658 0174 7

Inhaltsverzeichnis

Wichtige Daten in der Geschichte des Heiligen Landes

v. Chr.	
3150–1200	Frühe, Mittlere und Späte Bronzezeit. Kanaan bewohnt von Amoritern, Churritern, Hethitern u.a.
1550–1200	Kanaan unter ägyptischer Oberherrschaft.
1292–1225	Regierungszeit von Ramses II.; Niedergang der ägyptischen Macht.
1200–1020	Landnahme Kanaans durch die Israeliten. Zeit der Richter. Philister-Einfall und -Ansiedlung in der Küstenebene. Erste Verwendung des Eisens.
1020–1004	Regierungszeit Sauls; Israel zu einem Königtum vereinigt.
1004–970	Regierungszeit Davids; Jerusalem wird nationaler und religiöser Mittelpunkt.
970–930	Regierungszeit Salomos; Handelswege nach Mesopotamien, Kleinasien, Arabien und Afrika. Bau des Palastes und des Ersten Tempels in Jerusalem.
930	Teilung des Königreiches in Israel und Juda.
882–842	Omri-Dynastie in Israel. Die ersten Propheten: Elia und Elisa.
853	König Ahab von Israel besiegt mit seinen Verbündeten die Assyrer bei Karkar.
733–586	Die großen Propheten in Jerusalem: Jesaja, Jeremia, Hesekiel.
721	Samaria fällt an die Assyrer; Ende des Königreichs Israel.
586	Jerusalem fällt an Nebukadnezar, Ende des Königreichs Juda; ein Teil der Juden wird ins Babylonische Exil geführt.
537	Die Perser erobern Babylon; Rückkehr der Juden aus dem Exil.
515	Weihe des Zweiten Tempels in Jerusalem.
333	Alexander der Große besiegt die Perser bei Issos und erobert Vorderasien.
301	Ptolemäerherrschaft nach den Diadochenkriegen gefestigt; starker hellenistischer Einfluß in Judäa.
198	Antiochos III. erobert Palästina; Beginn der Seleukidenherrschaft.
167–164	Aufstand der Hasmonäer gegen die religiöse Unterdrückung durch Antiochos IV.
141–63	Unabhängiger Staat der Hasmonäer.
63	Jerusalem durch den römischen Feldherrn Pompeius eingenommen; Palästina unter römischer Herrschaft.
40	Herodes in Rom zum König der Juden ernannt.
37–4	Herodes regiert in Jerusalem; Umbau des Tempels.
5	Geburt Christi.
n. Chr.	
26–36	Pontius Pilatus Landpfleger von Judäa.
30?	Kreuzigung Christi.
41–44	Regierungszeit Agrippas I., eines Herodes-Enkels.
66	Großer Aufstand gegen die Römer.
70	Belagerung Jerusalems und Zerstörung des Tempels.
74	Fall Masadas; Aufstand endgültig niedergeschlagen.

132–135 Zweiter Aufstand, geführt von Simeon ben Kosiba (Bar-Kochba).
135 Hadrian verfügt die Vertreibung der ‹Beschnittenen› aus Aelia Capitolina (Jerusalem); Provinz Iduaea in Syria-Palaestina umbenannt.
135–324 Juden friedlich auf Galiläa beschränkt; Beginn der talmudischen Zeit.
324 Konstantin, der erste christliche Kaiser, beherrscht Palästina; Beginn der byzantinischen Periode.
326 Konstantin und seine Mutter Helena beginnen Jerusalem in eine christliche Stadt umzuwandeln.
527–565 Regierungszeit Justinians I.
614 Persischer Einfall in Palästina, unterstützt durch einen jüdischen Aufstand.
630 Einfall der Moslems aus Arabien.
638 Jerusalem fällt an die Moslems.
661 Kalifat der Omajjaden begründet.
691 Abd al-Malik erbaut den Felsendom.
750 Dynastie der Abbasiden; das Kalifat wird nach Bagdad verlegt. Niedergang der arabischen Herrschaft.
868 Achmad ibn Tulun beherrscht Palästina und Ägypten.
922–1099 Wechselnde Herrschaft der Ichschididen, Fatimiden und Seldschuken.
1096–1099 Erster (französisch-normannischer) Kreuzzug.
1099 Kreuzfahrer erobern Jerusalem und gründen das ‹Lateinische Königreich›.
1187 Saladin erobert Jerusalem.
1191 Wiedererrichtung der Kreuzfahrerherrschaft in Akko und an der Küste.
1291 Fall von Akko und Ende des Kreuzfahrer-Königreiches.
1291–1516 Herrschaft der Mamluken.
1516 Das Heilige Land fällt an die Türken und wird Teil des Osmanischen Reiches.
1543 Suleiman II. (der ‹Prächtige›) baut die Mauern Jerusalems wieder auf.
1799 Napoleon I. in Palästina; belagert vergeblich Akko.
1831 Ibrahim Pascha erobert als Feldherr Mohammed Alis, Chedive von Ägypten, Palästina.
1841 Wiedererrichtung der türkischen Herrschaft.
1917 Balfour-Deklaration, nach der die britische Regierung die ‹Errichtung einer nationalen Heimstätte für das jüdische Volk in Palästina› unterstützt. Die englische Armee unter General Allenby erobert Jerusalem.
1918 Türkischer Rückzug aus Palästina; britische Militärverwaltung.
1920–1948 Britisches Mandat über Palästina westlich des Jordans.
1933–1939 Masseneinwanderung von Juden; arabischer Widerstand.
1948 Beschluß der Vereinten Nationen, Palästina in einen jüdischen und einen arabischen Staat zu teilen. Proklamation des Staates Israel. Invasion der arabischen Nachbarstaaten.
1949 Waffenstillstand mit Ägypten, Jordanien, Syrien und dem Libanon. Jerusalem geteilt. Masseneinwanderung der Juden.
1967 6-Tage-Krieg. Das Westjordanland in der Hand Israels.

Vorgeschichtliche Zeit

Ein Kulturleben im Heiligen Land dürfte vor etwa einer Million Jahren begonnen haben — mit dem Erscheinen der ersten Menschen in diesem Raum. Die wesentlichen geographischen Merkmale des Landes waren dieselben wie heute: seine Lage als Landbrücke zwischen Asien und Afrika und zwischen dem Mittelmeer und dem Roten Meer; und seine Gliederung in eine Küstenebene, einen zentralen Gebirgsgürtel und eine Grabenbruchzone (Grabensenke).

Die allgemeine Gestalt des Landes in vorgeschichtlicher Zeit ist für den Besucher noch heute zu erkennen, nicht aber, wie die klimatischen Verhältnisse waren. In vorgeschichtlicher Zeit brachten wolkenbruchartige Niederschläge in diesem warmen Klima eine üppige Urwaldvegetation hervor. Zu den Funden aus dieser Zeit zählen daher Elefantenhauer sowie Zähne und Knochen von Flußpferden und Rhinozerossen, die dem Jagdgeschick der frühen Menschen zum Opfer gefallen waren. Nomaden aus Afrika machten von der Landbrücke zwischen Afrika und Asien Gebrauch und siedelten nahe beim See Genezareth, wo sie ein reiches Auskommen fanden. Die frühesten Siedler waren hauptsächlich Sammler, gelegentlich auch Jäger. Ihre bedeutsame Errungenschaft bestand darin, sich Werkzeuge machen zu können.

Auf der ersten Kulturstufe benutzten die vorgeschichtlichen Menschen für ihre frühesten Werkzeuge Geröllsteine, die sie mit einer groben Schnittkante versahen. Diese frühe ‹Geröll-Kultur› wurde dann nach und nach von der ‹Faustkeil-Kultur› abgelöst. Die Faustkeile mit zweiseitig gezackten Schneiden lagen durch ihre Birnenform besser in der Hand. Sie waren das typische Werkzeug der Unteren (Früheren) Altsteinzeit, des Altpaläolithikums, das von etwa 300000 bis 70000 v.Chr. reichte.

Schon in der Unteren Altsteinzeit traten jedoch an die Stelle der primitiven Faustkeile dreieckig zugespitzte Feuersteinklingen, die als Speerspitzen und Dolche dienten.

In der Oberen (Späteren) Altsteinzeit, dem Jungpaläolithikum (bis etwa 14000 v.Chr.), trat eine bedeutsame Klimaveränderung ein: die niederschlagsreiche Zeit ging zu Ende, die Urwälder verschwanden und mit ihnen die subtropische Fauna. Die Bevölkerung spaltete sich darauf in zwei Gruppen: eine lebte in den Küsten- und Flußlandschaften, die viel von ihrer Fruchtbarkeit behalten hatten, und die andere durchstreifte das langsam ausdörrende Hochland.

Der *Palaeanthropus palaestinus* gehörte zu einem Zweig der Neandertallinie in der Geschichte der frühen Menschheit. Er war eine ziemlich hoch entwickelte Rasse mit verlängertem Schädel, dicken Über-

Der See Genezareth, in dessen Umkreis sich nach der christlichen Überlieferung viele Ereignisse des Neuen Testaments zutrugen.

augenwülsten und breiter Nase. Die Menschen waren kräftig und zeigten einen ersten Schimmer von geistigem Leben: sie beerdigten ihre Toten, umschlossen die Gräber mit einem Ring aus Steinen und kannten Grabbeigaben — Gegenstände des täglichen Gebrauchs und handgefertigten Schmuck.

Im Mesolithikum, der Mittleren Steinzeit (etwa 14000 bis 7000 v.Chr.), entwickelten sich Gesellschaft und Kultur weiter. Im Küstengebiet entstand eine gemischte Sammler- und Jägerkultur. In dieser Zeit wurden der Bogen und die Falle erfunden, und die Jäger waren jetzt von Hunden begleitet. Erste Kunstwerke (Statuetten von Menschen und Tieren sowie Werkzeuge in Tiergestalt) wurden nun geschaffen. Häuser erbaute man aus Stein. Und es gibt sogar einige Anzeichen für eine Handelstätigkeit: Mittelmeermuscheln und Zahnschneckenhäuser fanden sich in Höhlen im Landesinneren.

In der dritten Steinzeitkultur, der Jungsteinzeit (Neolithikum), zeugen die menschlichen Knochenfunde von einem voll entwickelten *Homo sapiens.* Das Wirtschaftsleben beruhte zumindest im Jordantal (in der Jarmuk-Kultur bei Schaar ha-Golan und der Oase von Jericho) auf dem Hackbau und war mit einem Fruchtbarkeitskult verbunden, was die bei Scha'ar ha-Golan gefundenen Figurinen mit ihren betonten primären und sekundären Geschlechtsmerkmalen eindeutig beweisen. Eine weitere wichtige Entwicklung bestand darin, daß die Landwirtschaft unter günstigen Umständen einen Überschuß abwarf, der den Unterhalt einer nicht mehr allein zum Arbeiten genötigten sozialen Schicht ermöglichte.

Um 7000 v.Chr. entstand in Jericho (Tell as-Sultan) eine jungsteinzeitliche Siedlung — die erste befestigte Stadt im Heiligen Land. Sie hatte eine Mauer, einen Wallgraben und einen Rundturm mit einer Innentreppe. Wer die jungsteinzeitlichen Ruinen von Jericho besucht, fragt sich vielleicht, ob es konkrete Beweise für die biblische Erzählung von der wundersamen Eroberung Jerichos gibt *(Josua 6),* nach der die Stadtmauern durch einen Posaunenstoß einstürzten. Zur Bestätigung müßten Mauerreste aus der Späten Bronzezeit zu finden sein, doch das Jericho der kanaanitischen Zeit hatte nur Mauern aus der Frühen Bronzezeit, die auf steinzeitlichen Überresten ruhten und von einem Glacis (Festungsvorfeld) mit einer Stützmauer aus der Mittleren Bronzezeit umgeben waren. Diese Ansiedlung wurde um 1560 v. Chr. zerstört. Zwischen 1400 und 1300 wurde Jericho aufs neue besiedelt, aber die Stadt war arm und benutzte die früheren Mauern weiter. Es gibt keinen Hinweis auf eine gewaltsame Zerstörung Jerichos nach dem Ende der Mittleren Bronzezeit.

Für die religiösen Bedürfnisse des jungsteinzeitlichen Jericho stand ein Tempel zur Verfügung, in dem eine göttliche Trinität von Mann, Frau und Kind verehrt wurde. Der Glaube an ein Fortleben nach dem Tode fand seinen Ausdruck darin, daß die Schädel der Toten mit einer Tonschicht bedeckt wurden, damit sie lebensecht aussahen.

Die frühesten Tongefäße waren in der Sonne getrocknet; doch da sie porös blieben, wurden sie später in Öfen gebrannt. Die Herstellung von gebrannten Tongefäßen schloß zwei technische Vorgänge ein, die für die Zukunft große Bedeutung besaßen: die sorgfältige Regulierung der Hitze in den Brennöfen, wodurch der Mensch das Element des Feuers für seine Zwecke zu bändigen lernte; und die Verwandlung von natürlichem Lehm in ein künstliches Material von völlig anderer Beschaffenheit, in gebrannten Ton.

Die letzte vorgeschichtliche Periode war das Chalkolithikum (etwa 4000—3150 v.Chr.). Die typischen Kulturen dieser Zeit fanden sich im Jordangraben (Jericho und Telelat Ghassul östlich des Flusses), in der Küstenebene (Azor bei Tel Aviv) und im Negev (Beer Matar und Beer Safad bei Beerscheba, En Gedi und die Höhlen der Wüste Juda).

Wie der Name dieser Periode schon andeutet (Chalkolithikum, ‹Kupfersteinzeit›), tauchten damals zum erstenmal Metallgegenstände auf, die aus Kupfer gegossen waren. Das Kupfer stammte aus den Minen der Arava-Senke zwischen dem Toten Meer und Elath oder auch von weiterher. Es wurde in Tonöfen geschmolzen und in Formen gegossen.

Bei En Gedi entdeckte man ein chalkolithisches Heiligtum; es besteht aus einer geheiligten Einfriedigung *(temenos)*, die man durch einen kunstvollen Torweg mit einem Warteraum und durch eine schlichtere Seitentür betritt. Das Heiligtum ist ein rechteckiger Raum (2 × 5 m); sein Eingang befindet sich an einer Längsseite und der Altar, der hufeisenförmig einen Kalkspatsockel umschließt, unmittelbar gegenüber. An den Längsseiten des Raumes verlaufen Bänke, und beiderseits des Altars sind Vertiefungen im Boden, die die Reste der Opfergaben aufnahmen. Ein weiterer, runder ‹Altar›, von dem eine Ablaufrinne wegführt, steht in der Mitte des Raumes.

Auch andere kultische Funde aus chalkolithischer Zeit lassen auf ein entwickeltes religiöses Leben schließen. Dazu gehören die Elfenbeinfigurinen von Beerscheba. Eine davon zeigt einen nackten Mann mit vor dem Bauch übereinandergelegten Händen. Augen, Haare und Bart bestanden früher aus einem anderen Material als Elfenbein. Eine andere Figurine, deren Kopf fehlt, stellt eine schwangere Frau in derselben Haltung dar. Eine dritte ist der Oberkörper einer Frau, eine vierte ein Vogel und eine fünfte ein glockenförmiges Objekt.

Ein drittes Zeugnis für die religiösen Bräuche im Chalkolithikum sind die Ossuarien (Gebeinbehälter), die in Grabstätten in der Küstenebene gefunden wurden. Es sind 30 bis 70 cm lange Kästchen aus Ton, die die Form eines Hauses nachahmen. Das Kuppel- oder Giebeldach dient als Deckel, und das Haus selbst steht auf Säulen, was bei dem sumpfigen Boden der Küstengegend eine Notwendigkeit war; eine Öffnung (die manchmal sogar seitlich Vorsprünge besitzt, die Schlösser andeuten)

Das Tote Meer, in das der Jordan mündet; es liegt 392 m unter dem Meeresspiegel.

Ossuarien aus Ton, Gebeinbehälter in Hausform zur Zweitbestattung, ausgegraben in Azor; Kupfersteinzeit. Israel-Museum.

stellt die Tür dar. Manche dieser ‹Wohnhäuser› sind mit gemalten oder als Relief ausgearbeiteten Ornamenten versehen, die an menschliche Gesichtszüge denken lassen. Aus einigen ragt eine gebogene Nase hervor, während andere aufgemalte Augen haben.

1961 gab eine der Höhlen im Chevertal (die heute zutreffend ‹Schatzhöhle› genannt wird) einen Hort preis, der über 450 Objekte enthielt, zumeist aus kunstreich gegossenem Kupfer. Die Objekte scheinen in der Hauptsache rituellen Zwecken gedient zu haben. Manche sind ‹Kronen›, schwere Metallringe in der Form von Tempeltoren, geschmückt mit daraufsitzenden Vögeln. Das Ganze bildete offenbar einen reichen Tempelschatz.

Kanaan

Die kanaanitische Periode in der Geschichte des Heiligen Landes (während der Frühen, Mittleren und Späten Bronzezeit) dauerte von etwa 3150 bis 1200 v. Chr. Damit trat das Land in die geschichtliche Zeit ein. Durch seine Kontakte mit anderen Kulturvölkern, wo die Schreibkunst bereits im vierten Jahrtausend – wenn nicht noch früher – entwickelt worden war, und durch die Entstehung mächtiger Reiche in den Tälern des Nils und von Euphrat und Tigris bekommen wir von Kanaan und seinen Bewohnern ein klares historisches Bild. Damals lebte dort ein Zweig der semitischen Völkerfamilie, die sogenannten Amoriter (‹Leute aus dem Westen›). Und ein Teil dieser Volksgruppe waren die Kinahhu

Kultisches Bronzeszepter aus den Funden in der ‹Schatzhöhle› des Chevertals am Toten Meer; Kupfersteinzeit. Israel-Museum.

(‹Leute des Purpurs› in Anspielung auf die Purpurfarbe, die an der phönikischen Küste hergestellt wurde) oder Kanaaniter. Dieser Name galt ursprünglich nur für die Phöniker, wurde dann aber allmählich auf alle Bewohner des Heiligen Landes übertragen, ehe die Israeliten dorthin kamen.

Die Bronzezeit-Kultur ging von den technischen Errungenschaften des Neolithikums und Chalkolithikums aus, hatte jedoch einen überwiegend städtischen Charakter. Die meisten historischen Städte des Heiligen Landes — Hazor im Norden, Megiddo und Beth Schean in der Jesreelebene und Sichem, Gezer, Jerusalem und Hebron im zentralen Bergland — wurden in der Frühen Bronzezeit mit Befestigungsmauern umgeben.

Kanaan war in eine Anzahl von Stadtstaaten zersplittert, von denen jeder theoretisch seinen eigenen Gott oder *baal* besaß und im Namen dieses Gottes von einem Priesterfürsten oder einer Gruppe von Familienhäuptern regiert wurde.

Die großen Zentren der Macht im Orient, das Niltal und die mesopotamische Ebene, begannen in der Frühen Bronzezeit ihre Stärke zu zeigen. Ägypten, das Kanaan am nächsten lag, trat zuerst auf den Plan. So erscheint etwa die Hieroglyphe von Narmer, einem Pharao der 1. Dynastie, auf einer Tonscherbe, die bei Tell Erani im Süden des Landes gefunden wurde. Snofru aus der 4. Dynastie entsandte Schiffe die Küste entlang, und Phiops aus der 6. Dynastie erreichte das Vorgebirge ‹Antilopennase›, den Berg Karmel.

Während der 6., 12., 18. und 19. Dynastie stießen die Ägypter nach Kanaan und Syrien vor. Manche Städte erhielten ägyptische Gouverneure, in anderen wurden die lokalen Fürsten Vasallen des Pharaos; und an strategischen Punkten wie Beth Schean lagen ägyptische Garnisonen. Doch der Niedergang des Alten Reiches im letzten Viertel des dritten Jahrtausends führte zu einem Zustand der Anarchie: viele kanaanitische Städte wurden zerstört und verlassen, während sich eine nomadische Bevölkerung überall in Kanaan und im nördlichen Negev ausbreitete.

Nach einer ‹Zwischenzeit› in der Mittleren Bronzezeit II (etwa 2000–1750 v.Chr.) erholte sich die Macht Ägyptens, und die Pharaonen der 12. Dynastie dehnten ihren Einflußbereich wieder aus. Einer von ihnen, Sesostris III. (1878–1843 v.Chr.), gelangte bis zur Stadt Sichem. Aber die Invasion der Hyksos (‹Fürsten der Fremdländer›), einer Koalition semitischer Stämme mit indogermanischen Verbündeten, verjagte die Ägypter, und die Hyksos begründeten ein asiatisch-afrikanisches Reich, dessen Hauptstadt im Unteren Nildelta lag. Die Hyksos ihrerseits wurden dann im 16. Jh. v. Chr. wieder von den Pharaonen des

Bruchstücke von Elfenbeinintarsien eines Holzkästchens aus dem Palast der alten ägyptischen Residenz bei Tell Scharuchen. Rockefeller-Museum.

Neuen Reichs vertrieben. Pharao Thutmosis III. (1501–1447 v.Chr.) drang bis zum Euphrat vor. In der zweiten Hälfte des 14. Jh. v. Chr. ließ die ägyptische Macht während der Übergangszeit von der 18. zur 19. Dynastie nach und lebte dann unter den Pharaonen der 19. Dynastie wieder auf, besonders unter Ramses II. (1292–1225 v.Chr.). Sein Name ist in Bronzetore eingehämmert, die bei den Ausgrabungen des ältesten Schutthügels von Jaffa gefunden wurden. Von Gaza bis Beth Schean herrschten ägyptische Gouverneure über die kanaanitischen Städte. Einer von ihnen ist auf einem Kästchen aus geschwärztem Elfenbein mit seinem Gefolge eingeritzt; wir sehen ihn bei einem Festmahl in Anwesenheit von Tänzerinnen. Bei Beth Schean wurde eine Statue von Ramses III. gefunden, eine Stele von Sethos I., auf der seine Siege über die Nomaden von Galiläa geschildert werden, und ein Skarabäus, der Ramses II. beim Bogenschießen zeigt. (Alle diese Funde sind heute im Rockefeller-Museum in Jerusalem zu sehen.)

Doch selbst auf der Höhe seiner Macht sah sich Ägypten starken kulturellen Gegenströmungen aus Mesopotamien ausgesetzt. Fragmente des sumerischen Gilgamesch-Epos wurden in Megiddo entdeckt, und Tonmodelle der Leber, die zur Unterweisung in der babylonischen Wahrsagekunst der Hepatoskopie benutzt wurden, fand man sowohl bei Megiddo wie bei Hazor (heute im Israel-Museum).

Die bronzezeitlichen Städte von Kanaan wurden auf kleinen, natürlichen Bodenerhebungen gegründet, die schon im Chalkolithikum besiedelt waren. Nachdem sich die Städte in der Frühen Bronzezeit mit starken Mauern umgeben hatten und in der Zwischen-Bronzezeit zerstört worden waren, wurden auf deren Ruinen die größeren und reicheren Städte der Mittleren Bronzezeit errichtet. Dieser Vorgang wiederholte sich von Periode zu Periode, und die natürlichen Bodenerhebungen, auf denen die Trümmer jeweils liegenblieben, ragten schließlich immer höher über ihre Umgebung hinaus. Kein Wunder, daß die israelitischen Kundschafter von den ‹sehr großen und festen Städten› Kanaans erschreckt waren *(4. Mose 13, 28)* und daß Moses sein Volk zum Angriff gegen ‹große Städte, vermauert bis in den Himmel›, aufrief *(5. Mose 9, 1)*.

Wegen ihres hohen Alters und ihrer primitiven Bauweise aus Bruchsteinen sind die Reste der ausgegrabenen Städte Kanaans heute meist auf der Bodenoberfläche nicht zu bemerken. Folgende Stätten sind jedoch auch für den gewöhnlichen Reisenden noch sichtbar, der keine großen Umwege machen will, um die schwerer zugänglichen Ruinen zu erreichen:

In Jerusalem wurde die jebusitische Mauer, die vor der Eroberung Davids die Stadt umgab, in der Nähe der Gichon-Quelle am Osthang des ‹Ophel› freigelegt. Sie stammt aus der Mittleren Bronzezeit (um 1800 v.Chr.), ist aus rohen Felsbrocken erbaut und 2,50 m breit.

In Beth Jerah in der Nähe des Sees Genezareth hat man einen Silo aus der Frühen Bronzezeit ausgegraben. Er besteht aus einer 10 m breiten Grundmauer, die drei Seiten eines Hofs umschloß; das ganze Bauwerk mißt 40 × 30 m. Es ist aus Bruchsteinen gefügt, und eine Straße führt rings herum. Oben auf der Mauer sind 10 cm tiefe, runde Löcher eingelassen und Unterbauten für Querwände. Die runden Löcher nahmen wahrscheinlich die Grundpfeiler der Lagerhäuser auf, in denen das überschüssige Getreide dieser kanaanitischen Stadt aufbewahrt wurde. Das Bauwerk besteht aus mehr als einer Million Steinen und beweist damit den sozialen Zusammenhalt und die Verfügbarkeit von Arbeitskräften in den bronzezeitlichen Städten.

In Megiddo stammen die meisten sichtbaren Überreste aus der israelitischen Periode. Die frühbronzezeitliche Stadtmauer ist jedoch in einer Höhe von 4 m erhalten geblieben; ihre Gesamtbreite beträgt 8 m. Sie wurde abschnittweise gebaut, was sich noch heute verfolgen läßt. In Megiddo haben sich auch drei Tempel der Frühen Bronzezeit erhalten; sie sind nach dem gleichen Plan angelegt: vorn eine Vorhalle zwischen vorspringenden Seitenwänden, zwei Säulen als Eingang zum Heiligtum und in dessen Rückwand ein Podium für die Statue des Gottes. Das Dach des Heiligtums war ebenfalls von zwei Säulen getragen. Außerdem findet sich im Freien eine ‹erhöhte Kultstätte› *(bamah)*, ein Rundbau aus Stein mit einer Treppe nach oben.

Ein ähnlicher Tempel mit einer Säulenreihe und einer ‹erhöhten Kultstätte› im Freien auf dem Hof ist in Naharija an der Mittelmeerküste zu sehen. Der Tempel stammt aus der Mittleren Bronzezeit und weist dieselbe Dreiteiligkeit auf – Vorhalle, Heiligtum und Allerheiligstes (diesem Bauprinzip folgte auch Salomo bei seinem Tempel, vgl. *1. Könige 6*).

Hazor ist die größte der aus der Bronzezeit erhaltengebliebenen Städte, wie es der ‹Hauptstadt aller dieser Königreiche› (von Nordkanaan) wohl ansteht *(Josua 11, 10)*. Neben dem üblichen hohen Stadthügel gibt es dort eine sehr große Unterstadt von 1000 × 700 m. Sie wurde durch einen Glacis aus *terre pisée* (einem mit Stroh und Steinen verstärkten Wall aus gestampfter Erde) verteidigt. Eines der Tore blieb erhalten; ursprünglich führten drei Torwege zwischen Pilastern hinein, wo zwei Innenhöfe ein Tor vom anderen trennten. Ein weiteres Mauerstück aus der Bronzezeit wurde in Hazor in der Nordostecke der Stadtburg gefunden; es ist ein aus Bruchsteinen gebauter Eckturm mit rundgemauerten Kanten, der nach unter schräg abfiel, um einen Glacis zu bilden. Davor lag ein schmaler Graben mit einer Gegenböschung. Die Unterstadt enthielt einen Tempel, der zumindest im letzten Stadium (14. Jh. v. Chr.) ebenfalls nach dem Prinzip der Dreiteiligkeit angelegt war. Er hatte eine Vorhalle, ein Heiligtum und ein Allerheiligstes mit einer Nische in der Rückwand für die Statue des Gottes. Die Wände aller drei Räume sind mit Basaltblöcken eingefaßt, und im Eingang haben diese hochkant stehenden Quader die Gestalt von Löwen. In der Unterstadt wurde außer dem Tempel noch ein Palast mit zwei Höfen und einem kunstvollen Wasserleitungssystem gefunden. Die Überreste von Hazor bezeugen das hohe Niveau der kanaanitischen Baukunst und ihre Verwandtschaft mit der Architektur anderer Länder des alten Orients, insbesondere Syriens und Kleinasiens.

Eine Entwicklung in Kanaan, die Weltbedeutung gewinnen sollte, war die Entstehung der Buchstabenschrift während der Mittleren Bronzezeit. Bis dahin waren zwei Schriftsysteme in Gebrauch: die mesopotamische Keilschrift, eine Silbenschrift, und die ägyptischen Hieroglyphen, eine Bilderschrift. In Ugarit (an der syrischen Küste) wurden die Keilschriftzeichen den einzelnen Konsonanten des lokalen Dialekts angepaßt und als Schrift verwendet; aber die Angleichung von Hieroglyphen an Buchstabenzeichen erwies sich als praktischer. Eines der frühesten Beispiele der Buchstabenschrift erscheint auf einer Tonscherbe, die in Gezer gefunden wurde. Darin sind drei Zeichen eingeritzt: eine geöffnete Hand (hebräisch *kaf*), eine Zunge *(laschon)* und der Grundriß eines Hauses *(bajit)* – und diese drei Zeichen zusammen ergeben den biblischen Namen Kaleb (‹KLB› nach der semitischen Konsonantenschreibweise). Es besteht eine direkte Verbindung zwischen dieser Schrift und den phönikischen und hebräischen Alphabeten, die ihrerseits zur griechischen und lateinischen Buchstabenschrift unserer Tage führten.

Die Mittlere Bronzezeit war auch die Zeit der Patriarchen. Abraham und seine Nachkommen folgten ihren Herden in die Wüstensteppe, in nur teilweise bepflanzte und noch dünnbesiedelte Gegenden. Gelegentlich verweilten sie eine Zeitlang in der Nähe einer gastfreien Stadt, wie z. B. Sichem; zu anderen Zeiten gruben sie Brunnen und kultivierten ein vielversprechendes Stück Land, wie es bei Gerar, Beerscheba und Rehoboth am Rande der Wüste Negev geschah. Die frühen kanaanitischen Heiligtümer, besonders die im Freien wie etwa bei Naharija, vermitteln uns eine Vorstellung, wie die bei Bethel oder Hebron errich-

Blick von den Mauern der Altstadt Jerusalems nach Südosten, über die Stadt Davids (Ophel) auf den Berg des Üblen Rates.

Keramikvase in Gestalt eines bärtigen Männerkopfes aus Jericho, wie die Vasen im Tell-al-Jehudije-Stil mit Punktierungen verziert; Mittlere Bronzezeit. Rockefeller-Museum.

teten Kultstätten, an denen Abraham Gottesdienste hielt, ausgesehen haben mögen.

Die einzigen Baudenkmäler, die die umherziehenden Patriarchen notgedrungen an Ort und Stelle zurücklassen mußten, waren ihre Begräbnisstätten. Nach der Überlieferung kaufte Abraham zu diesem Zweck für vierhundert Schekel Silber von Ephron dem Hethiter die Höhle Machpelah in der Nähe von Hebron *(1. Mose 23)*. Die Lokalisierung dieser Höhle im heutigen Hebron Haram geht mindestens auf die Zeit des Zweiten Tempels zurück, denn damals ließ König Herodes diese Stelle mit einer hohen Mauer umgeben. Doch die Machpelah-Höhle hat ihr Geheimnis bewahrt; seit der Kreuzfahrerzeit ist offenbar niemand in die unter dem heute sichtbaren Gebäude in den Fels geschlagenen Höhlen eingedrungen (falls es sie überhaupt gibt). Zu sehen ist nur eine Kreuzfahrerkirche mit Spitzbögen, die innerhalb der herodianischen Mauern errichtet und später zur Moschee umgebaut wurde. Die Grabdenkmäler darin sind mamlukische Arbeiten aus dem 14. Jh. n.Chr., und wenn jede davon einem Patriarchen oder einer seiner Frauen zugeschrieben wird, ist das rein legendär.

Die Historiker haben sich auch bemüht, die genaue Lage des Eichenhains von Mamre zu bestimmen, wo Abraham in der Nähe von Hebron wohnte *(1. Mose 13, 18)* und wo ihm der Herr erschien *(1. Mose 18, 1)*. In herodianischer Zeit, als die traditionelle Stätte der Höhle Machpelah umfriedet wurde, errichtete man noch eine weitere Einfriedigung um den ‹Brunnen Abrahams›, eine Stätte 3 km nördlich von Hebron, die

Kultische Tonmaske, bei Hazor in einer Töpferwerkstatt beim kleinen Tempel gefunden; Mittlere Bronzezeit. Israel-Museum.

heute ar-Ramet al-Chalil heißt. Dies blieb eine Andachtsstätte, wo Christen, Juden und Heiden sogar dann noch gemeinsam beteten, nachdem Kaiser Konstantin in der östlichen Hälfte der Einfriedigung eine Kirche erbaut hatte. In späterer Zeit wurde dann ein anderer Ort, näher bei Hebron und im Westen der Stadt gelegen, als ‹Eichenhain von Mamre› identifiziert – wahrscheinlich wegen des sehr alten Baums, der dort steht.

Der Zug nach Ägypten läßt sich historisch wohl mit dem Einfall der Hyksos um 1750 v. Chr. in Verbindung bringen. Zur Zeit der Herrschaft der Hyksos in Ägypten tauchen semitische Namen wie Jakob-El auf, die stark an hebräische Namen erinnern. Der Wandel in den Beziehungen zwischen Ägyptern und Hebräern dürfte mit der Vertreibung der Hyksos-Könige und der Errichtung des Neuen Reiches in Ägypten in Zusammenhang stehen.

Ein weiteres Problem ist die Beziehung der Hebräer zu den Hapiru oder Chabiru, einer Volksgruppe, die in Hieroglyphen- und Keilschrifttexten häufig erwähnt wird. Es waren halbnomadische Stämme, die im Kanaan jener Zeit am Rande der Stadtkulturen lebten und sich gele-

S. 20/21
Luftbild von Hebron; in der Mitte das Heiligtum über der Machpelah-Höhle mit seiner herodianischen Umfassungsmauer.

Kultgegenstand aus Ton, gefunden im Tempel von Megiddo; Späte Bronzezeit. Rockefeller-Museum.

gentlich als Söldner und als Räuber betätigten. Die Hapiru waren im ganzen alten Orient, der westlichen Hälfte des ‹Fruchtbaren Halbmonds› vom Euphrat bis zur ägyptischen Grenze, bekannt. Sie scheinen Gegner der ägyptischen Oberherrschaft gewesen zu sein und verbündeten sich mit kleineren kanaanitischen Fürsten, die sich gegen den Pharao erhoben. Die israelitischen Stämme gehörten vermutlich zu dieser Volksgruppe.

Während der langen Regierungszeit von Ramses II. (1292–1225 v.Chr.) begann der Niedergang der ägyptischen Macht. Trotz seiner Großsprecherei war Ramses gezwungen, nach der unentschiedenen Schlacht von Kadesch (1286 v.Chr.) mit den Hethitern auf gleicher Ebene zu verhandeln. Die ägyptische Kontrolle übr Kanaan wurde schwächer. Die späteren Pharaonen hielten vor allem die internationalen Verbindungswege offen, die durch Kanaan führten, und hatten in Festungen wie Gaza und Beth Schean Garnisonen liegen.

Der biblische Bericht gibt wohl eine vereinfachte Darstellung von der Eroberung Kanaans durch die Israeliten, wenn er sie drei aufeinanderfolgenden Kriegszügen Josuas zuschreibt. Schriftliche Quellen und archäologische Zeugnisse deuten darauf hin, daß es ein lang andauernder Kampf war. Eine israelitische Gruppe siedelte auf den bewaldeten Höhen von Galiläa und hielt sich fern von den fruchtbaren Ebenen, in denen die kanaanitischen Städte lagen. Andere Gruppen scheinen aus dem Süden gekommen zu sein. Eine der Hauptgruppen war wohl die, die Josua auf seinen Feldzügen begleitete; wie die Funde ausweisen, wurden die kanaanitischen Städte im judäischen Bergland weit und

Räucheraltar aus Ton, gefunden in Aschdod; philistäisch, Eisenzeit. Israel-Museum.

breit durch Brände vernichtet, von Bethel (in der Nachbarschaft von Ai) bis Lachisch. Auch Hazor, die große Stadt im nördlichen Jordantal, fiel und wurde um die Mitte des 13. Jh. v.Chr., in der mutmaßlichen Zeit der Landnahme, zerstört. Auf der berühmten Stele des Merenptah, des Nachfolgers von Ramses II. auf dem ägyptischen Thron, wird unter den Städten und Völkern Kanaans erstmals der Name Israel erwähnt: ‹Israel ist verwüstet und hat keinen Samen.› Damit erscheint um das Jahr 1220 v.Chr. Israel zum erstenmal auf der Bühne der Geschichte.

Das alte Israel

Die israelitische Periode (Eisenzeit) dauerte vom 12. Jh. v.Chr. bis zur Zerstörung Jerusalems durch Nebukadnezar im Jahre 587 v.Chr. Während dieses Zeitabschnitts tauchte das Heilige Land voll im Licht der Geschichte auf, weil nun relativ viele schriftliche Quellen vorliegen: zunächst und vor allem die biblischen Bücher *Josua, Richter, Samuel, Könige* und *Chroniken,* und außerdem die archäologischen Zeugnisse aus diesem und anderen Ländern des alten Orients. Historisch läßt sich die israelitische Periode in drei Phasen unterteilen: die Zeit der Besiedlung (Zeit der Richter, 1200–1020 v.Chr.), die Zeit des geeinten Königreichs unter Saul, David und Salomo und schließlich die Zeit des geteilten Königreichs – von Rehabeam bis zu Zedekia.

In die erste von diesen Phasen fiel ein wichtiges kulturgeschichtliches Ereignis: die Einführung von eisernen Waffen und Geräten. Die

Kenntnis des Eisens und seiner Verarbeitung steht im Zusammenhang mit dem Eindringen der Philister, die als Eroberer über das Mittelmeer ins Heilige Land kamen und anderthalb Jahrhunderte lang mit Israel um den Besitz von Kanaan kämpften — bis sie von David besiegt wurden.

Die Zeit der Richter ist von einem steilen Nidergang der materiellen Kultur gekennzeichnet. Die Gebäude, die die siegreichen Israeliten auf den Ruinen der eroberten kanaanitischen Städte errichteten, waren in Material und Ausstattung dürftiger als die, an deren Stelle sie traten; und auch die israelitischen Tongefäße der Eisenzeit I lassen technisch und künstlerisch ein geringeres Niveau erkennen.

Sehr wahrscheinlich zeigt dieser Niedergang nicht allein die kulturelle Kluft zwischen den rauhen Eroberern aus der Wüste und den verfeinerten Stadtbewohnern an; er dürfte auch die Tatsache widerspiegeln, daß die israelitischen Stämme während der gesamten Zeit der Richter buchstäblich auf Leben und Tod um ihre Unabhängigkeit und ihr Überleben kämpfen mußten. Die Wechselfälle des Krieges brachten sie schließlich in den Besitz von vier getrennten Berggebieten: östlich des Jordans, in Galiläa, dem zentralen Bergland und von Judäa im Süden. In den Talebenen von Jesreel und Harod blieben die Städte in kanaanitischer Hand, zum Teil mit Garnisonen ägyptischer Söldner verstärkt, und trennten die nördlichen Stämme von denen im Zentrum des Landes. Und die Enklave von Jerusalem-Jebus, die ebenfalls unerobert blieb, trennte die Rachel-Stämme im Zentrum von den Lea-Stämmen im Süden. In dieser Lage, in der auch das zeitweilige Auftauchen charismatischer Führer, nämlich der Richter, nicht zu einer dauerhaften Zusammenfassung der Kräfte führte, mußten nun die Israeliten der übermächtigen Herausforderung der Philister begegnen.

Diese Philister bildeten einen Teil jener großen Invasion der ‹Seevölker›, die den östlichen Mittelmeerraum von Kleinasien bis nach Ägypten heimsuchten. Sie scheinen sich lange Zeit im Bannkreis der minoisch-mykenischen Kultur von Kreta und dem griechischen Festland aufgehalten zu haben. Das zeigt sich zum Teil an ihrer Benutzung griechischer Namen und Titel (Achisch, der König von Gath = Anchises; die *seranim*, die Herrscher der philistäischen Pentapolis = Tyrannen). Ihr letzter Stützpunkt war offenbar Kreta gewesen, denn in der Bibel werden sie mit den Kretern in Verbindung gebracht; und sie verehrten auch den kretischen Gott Marnas. Allerdings lassen die mit Spiralen, Rhomben und Bildern von schwanenartigen Vögeln erfüllten Metopen-Ornamente der philistäischen Tongefäße nur noch schwach die festgefügten und dynamischen mykenischen Vorbilder erkennen.

Die Philister, mit ihrem typischen hohen Federkopfputz, erscheinen gegen Ende des 13. Jh. v. Chr. auf ägyptischen Reliefdarstellungen von Kämpfen mit den ‹Seevölkern› während der Regierungszeit von Ramses III. Aus Ägypten wurden sie zurückgeschlagen, besetzten jedoch — wahrscheinlich mit ägyptischem Einverständnis — die südliche Küstenebene Kanaans und gaben ihr den Namen Philistäa oder Palästina, lange bevor dieses Wort für das ganze Land in Gebrauch kam. Sie siedelten sich in fünf Städten an: in Gaza, Askalon (heute Aschkelon), Ekron, Gath und Aschdod. Die Ausgrabungen von Aschdod sind seit etlichen Jahren im Gange und lassen eine komplexe Kultur sichtbar werden, die Elemente der spätmykenischen und der kanaanitischen Kultur vereinigte. Zu den Funden aus den philistäischen Schichten gehören Kultgegenstände wie Figurinen sitzender Gottheiten, unter denen eine Darstellung einer Frau auffällt, die wir heute surrealistisch nennen würden. Daneben gibt es zahlreiche Figurinen von Musikern, darunter einen Räucheraltar mit einer Gruppe von Spielern, die verschiedene Instrumente halten. In Beth Schean, das offenbar im 11. Jh.

Luftbild von Bethlehem.

v.Chr. eine philistäische Garnison hatte (vielleicht in ägyptischen Diensten), fand man Tonsärge in Menschengestalt mit dem hohen Federkopfschmuck der Philister.

Ihre Waffen aus Eisen gaben den Philistern eine zeitweilige Überlegenheit über die Israeliten, die nur mit den alten bronzenen Schwertern und Speerspitzen ausgerüstet waren (vgl. *1. Samuel 13, 19–22*). Und eine Zeitlang setzten sich die Philister sogar auf der Wasserscheiden-Straße im zentralen Bergland fest; sie unterhielten Stützpunkte in Gibeah im Lande Benjamin (später Sauls Gibeah und heute Tell al-Ful, nördlich von Jerusalem) und in Bethlehem. Die Ausgrabungen der Festung in Gibeah und eines Stadttores in Aschdod lassen stark vermuten, daß zwei Merkmale, die früher als typisch für die israelitische Befestigungstechnik angesehen wurden, nämlich das dreifache Tor und die Kasemattenmauer, philistäischen Ursprungs sind.

Als kleine Krieger-Kaste, die weite Gebiete beherrschte, waren die Philister außerstande, ihre kulturelle Eigenheit längere Zeit zu bewahren; sie nahmen die kanaanitische Schrift und Religion an und verloren sich schließlich im 3. Jh. v.Chr. unter den hellenisierten Orientalen.

Gegen Ende der Zeit der Richter (in der Mitte des 11. Jh. v. Chr.) wurden die Israeliten durch die Philister schwer bedrängt. Trotz der heldenhaften Kämpfe Simsons war sein Stamm Dan gezwungen, seine Siedlungsgebiete in der Nähe der philistäischen Ebene zu verlassen und zu den Quellen des Jordans nach Norden zu ziehen. Und eines wurde klar: Ohne eine vereinte nationale Führung konnte es für Israel keine Rettung geben, die hohepriesterliche Autorität in Silo, dem Zentrum der Kultgemeinschaft der zwölf Stämme, war zu schwach. Der erste König, Abimelech, ein Sohn des Richters Gideon, scheiterte. Der zweite, Saul, der Sohn von Kisch, hatte eine Zeitlang Erfolge, bis er in der Schlacht von Gilboa von den Philistern besiegt wurde. Erst David, der Sohn von Jesse aus Bethlehem, wurde der Begründer eines Herrscherhauses und das Vorbild eines israelitischen Königs. Er eroberte Jerusalem und machte es zum nationalen und religiösen Mittelpunkt, indem er die Bundeslade dorthin brachte. Begünstigt durch ein vorübergehendes Vakuum der Kräfte – Ägypten war geschwächt, Assyrien noch nicht wieder erstarkt –, dehnte er seinen Herrschaftsbereich weit aus: vom ‹Bach Ägyptens› (Wadi al-Arisch) über die syrische Wüste bis hin zum Euphrat. Damaskus und die aramäischen Staaten standen genauso unter seiner Kontrolle wie Philistäa und die drei Königtümer östlich des Jordans, Ammon, Moab und Edom; gleichzeitig pflegte er freundschaftliche Beziehungen zu den Phönikern und den Königen von Hamath nördlich von Damaskus. Doch obwohl David die Grundlagen eines Großreiches legte, hinterließ er nur wenige greifbare Überreste aus seiner Regierungszeit. Die in den Fels gehauenen Gräber, die an der Südspitze des Ophel-Hügels von Jerusalem entdeckt wurden (dem ursprünglichen ‹Zion›, der ‹Stadt Davids›), sind möglicherweise die Überreste der Gräber von Davids Dynastie; denn wie jeder König dieser Zeit beanspruchte David für sich das Privileg, innerhalb seiner Stadt begraben zu werden, was geringeren Sterblichen verwehrt war.

Irgendwann zwischen dem hasmonäischen Aufstand und der Zerstörung des Zweiten Tempels wurde die Topographie Jerusalems jedoch in solcher Weise umgedeutet, daß die Folgen davon bis heute im Volksglauben nachklingen. Noch bei den Makkabäern galt der ‹Berg Zion› als Tempelberg, doch um die Zeit von Josephus war er in die Oberstadt verlegt worden, also in ein Gebiet, das völlig außerhalb des wahren Zion auf dem Osthügel liegt. Über kurz oder lang wurde dort ein ‹Grab Davids› lokalisiert. Das heutige Bauwerk, das unterhalb des Coenaculums, der Stätte des Abendmahls, liegt, besitzt als Nordwand eine Apsiden-Konstruktion, die wahrscheinlich zu einer Synagoge aus dem 4. Jh. n.Chr. gehörte. Der Sarkophag selbst, fast 4 m lang, stammt aus der Kreuzfahrerzeit, und die Außenverkleidung des Gebäudes entstand in mamlukischer Zeit. Das ‹Absalomgrab› wird mit dem ‹Pfeiler im Königsgrund› *(2. Samuel 18, 18)* gleichgesetzt, den Absalom für sich aufstellen ließ. Das wahre Denkmal ist jedoch mit der nahe gelegenen

Tonsarg in Menschengestalt; der Deckel zeigt ein stark stilisiertes menschliches Gesicht mit Armen, vielleicht in Nachahmung ägyptischer Mumiensärge; Frühe Eisenzeit (philistäisch?). Rockefeller-Museum.

Grabhöhle ‹Grab des Josaphat› verbunden; beide entstanden im 1. Jh. n.Chr.

Davids Sohn Salomo (etwa 970–930 v.Chr.) verfolgte in den weitläufigen Gebieten, die er von seinem kriegerischen Vater erbte, vor allem friedliche Interessen. Gemeinsam mit den Phönikern errichtete er eine Handelsroute vom Mittelmeer bis zur Hafenstadt Elath am Roten Meer, die von dort nach Arabien und Afrika weiterführte. Der dadurch gewonnene Reichtum und die Erträge einer hohen Besteuerung setzten Salomo in Stand, seinen Palast und den Ersten Tempel in Jerusalem zu bauen. Von diesen Bauten ist heute nichts mehr übrig, es sei denn, man wollte ein kleines Mauerstück, das 1966 genau südlich von der Südostecke des Tempels ausgegraben wurde, als salomonisch betrachten.

Außerhalb von Jerusalem hat Salomos Regierungszeit jedoch ihre Spuren hinterlassen. Nach dem biblischen Bericht *(1. Könige 9, 15)* erbaute er die Mauern von Hazor und Megiddo und Gezer. Und genau an diesen drei Ausgrabungsstätten wurden Tore entdeckt, die fast nach dem gleichen Plan angelegt sind. Sie erinnern an die Tore von Aschdod und bestehen aus einem äußeren Portal, das unter vier Torwegen hindurch in drei aufeinanderfolgende Innenhöfe führt. Die Tore sind in Kasemattenmauern eingelassen. Diese Befestigungstechnik wurde, wie schon erwähnt, höchstwahrscheinlich von den Philistern übernommen. Andere Bauwerke Salomos in Megiddo sind eine Zitadelle an der Stadtmauer, die Stallungen für seine Streitwagen *(Könige 9, 19* — die heute sichtbaren, weiträumigen Überreste entstanden allerdings später), ein Gebäude aus drei Räumen, dessen Haupthalle durch zwei Säulenreihen abgeteilt wird (vielleicht ein Tempel), ein Palast, den Salomo nach dem hethitischen *chillani*-Grundriß baute und der frühäolische Lotuskapitelle aufweist, und ein Verwaltungsgebäude mit zwei Höfen und vielen kleinen Zimmern. Die Festung und der Tempel von Arad werden ebenfalls hauptsächlich Salomo zugeschrieben. Ihre Anlage entspricht einem ähnlichen Tempel in Lachisch, der an der Stelle eines früheren kanaanitischen Heiligtums errichtet wurde. Wie diese Ruinen beweisen, verehrte Salomo zwar durchaus den Gott Israels, konzentrierte den Kult aber keineswegs auf Jerusalem.

Nach dem Tode Salomos zerfiel sein Königreich; die zwei Nachfolgestaaten, die Reiche Israel im Norden (bis 721 v.Chr.) und Juda im Süden (bis 586 v.Chr.), standen hinsichtlich ihrer politisch-wirtschaftlichen und kulturell-religiösen Bedeutung in umgekehrtem Verhältnis zueinander. Das nördliche Königreich war wesentlich mächtiger und öffnete sich Einflüssen von außen; Juda blieb den traditionellen Werten treu und verharrte auf einer niedrigeren wirtschaftlichen Stufe. Es ist typisch, daß im Norden die Könige und Dynastien häufig wechselten, meist auf ziemlich gewalttätige Weise, während der Süden der Dynastie Davids treu blieb — obschon es auch dort nicht immer ohne Gewalttaten abging. Was das religiöse Leben betrifft, das in den biblischen Berichten im Mittelpunkt steht, so waren die frühen Propheten Elia und Elisa vor allem in Israel tätig; doch aufgezeichnet wurden erst die Worte der späteren Propheten, und erst sie gewannen Einfluß auf künftige Generationen.

Die Hauptstadt des Nordreichs Israel wurde von einem Ort zum anderen verlegt, bis Omri, der mächtigste israelitische König, 880 v.Chr. Samaria dazu ausbaute. Seine Stadtburg, die von einer Kasemattenmauer umgeben ist, hat eine Bodenfläche von 25 000 Quadratmetern. Die übriggebliebenen Mauerstücke und das Tor wurden aus exakten Quadern gebaut, deren Außenflächen als Bossen roh behauen und an drei Seiten gerändert sind. Innerhalb dieser Mauern fand man die Ostraka von Samaria — vermutlich Steuer-Quittungen aus dem 8. Jh. — und Überreste des ‹Elfenbeinhauses› *(Amos 3, 15)* von Omris Nachfolger Ahab. Omri hatte seinen Sohn mit der Tochter von Ithobalos (Ethbaal), dem König der Sidonier, verheiratet und sein Königreich phönikischen Einflüssen geöffnet. Die eklektische Kunst der Phöniker zeigt sich in den Elfenbeinarbeiten aus Samaria; es sind zumeist flache, geschnitzte Stücke, die als Intarsien für hölzerne Möbel dienten. Einige davon lassen Elemente ägyptischer Kunst erkennen — Lotusblüten, Sphinxen, den Gott Harpokrates; andere folgen eher mesopotamischen Vorbildern, z.B. ein Löwe, der einen Stier zu Fall bringt. Die Kapitelle aus Megiddo und Hazor zeigen den ‹frühäolischen› Lotus-Stil.

Ahab, der ein relativ mächtiger König war und sich auf sein Bündnis mit Juda und Tyros fest verlassen konnte, war in der Lage, 853 v.Chr. (dem ersten gesicherten Datum der biblischen Geschichte) in der

Elfenbeinschnitzerei einer Sphinx in einem Lotusdickicht, aus dem Palast Ahabs in Samaria; Mitte des 9. Jh. v. Chr. Israel-Museum.

Schlacht von Karkar den Assyrern entgegenzutreten und sie zu schlagen. Sein Wirken hat sowohl in Megiddo wie in Hazor, den großen nördlichen Stützpunkten seines Königreichs, vielfache Spuren hinterlassen. In Hazor erbaute er die große Festung auf dem oberen Ruinenhügel (sie mißt 25 × 21 m, die Mauern sind 2 m dick). Außerdem errichtete er ein großes Verwaltungsgebäude und ließ einen enormen Brunnenschacht in den Fels schlagen. Dieser Brunnen dringt mit einem Schacht und einem Tunnel, die beide mit Treppen versehen sind, bis zum Grundwasser hinab; das Gesamtsystem ist 40 m tief. Die Wendeltreppe an der Wand des offenen Schachtes und der tiefe Abstieg des

Elfenbeinerne Messergriffschale aus Megiddo; die eingeritzte Szene zeigt Gefangene und die Übergabe von Tributen an den König, der auf seinem Thron sitzt; 13./12. Jh. v. Chr., phönikischer Stil. Rockefeller-Museum.

Tunnels bis zum Grundwasser vermitteln eine Vorstellung von der eindrucksvollen technischen Fähigkeit und den geologischen Kenntnissen der Ingenieure, die im 9. Jh. v. Chr. im Dienst der israelitischen Könige standen. Die Arbeiten Ahabs in Megiddo sind nicht weniger bedeutsam als die in Hazor. Dort errichtete er an der Stelle des salomonischen Tors ein neues, nach einem anderen Plan gebaut: mit zwei Höfen und drei Tordurchgängen; und die Kasemattenmauer ersetzte er durch eine breite Mauer mit vorspringenden Bastionen und zurückgesetzten Mauerzonen, also durch einen Mauertyp, der für die spätisraelitische Periode charakteristisch ist. Weitere Bauten von Ahab in Megiddo sind der Gouverneurspalast und die zwei großen Stallungen im nördlichen und südlichen Teil der Anlage. Die Stallungen bestehen aus langen Reihen von Steinsäulen mit Futter- und Wassertrögen dazwischen. Man muß dazu bedenken, daß Ahab in der bereits erwähnten Schlacht von Karkar von allen Verbündeten das größte Streitwagenkontingent (2000) stellte. Die Stallungen in Megiddo boten 450 Pferden Platz, die für 150 Streitwagen ausreichten. Die Wasserversorgung von Megiddo ist ebenso interessant wie die von Hazor: auf einen Schacht mit einer Wendeltreppe an den Wänden folgt ein geradliniger Tunnel bis zum Wasserstand einer Quelle, deren Abflüsse nach außen vermauert sind. Auf diese Weise war in Belagerungszeiten die Wasserversorgung der Einwohner von Megiddo gesichert, ohne daß der Feind vor den Mauern von ihrer Existenz etwas geahnt hätte.

Im südlichen Königreich Juda war die Wasserversorgung der Städte nicht weniger sorgfältig geregelt als im Norden. In Gezer und Lachisch finden wir tiefe Tunnel in den Fels geschlagen, aber an dem von Lachisch wurde die Arbeit aufgegeben, ehe man auf Wasser gestoßen war. Das antike Gibeon (al-Dschib) besitzt zwei derartige Systeme: das eine besteht aus einem tiefen Teich (11,80 m Durchmesser, 10,80 m tief) mit einer in Stein gehauenen Wendeltreppe an den Seiten. Dies könnte der berühmte ‹Teich von Gibeon› sein, der in *2. Samuel 2, 13* erwähnt wird. Vom Teich aus führt ein Tunnel mit 76 Stufen zur Quelle hinab, die 13,60 m tiefer liegt. Beim Herausschlagen des Teichs und des Tunnels mußten 3000 Tonnen Felsgestein beseitigt werden. Dieses System wurde später durch einen zweiten Tunnel mit 93 Stufen erweitert.

Jerusalem, das in der Geschichte so hoch aufragt, stand im Schatten, als das nördliche Königreich Israel auf der Höhe seiner Macht war; aber in der Zeit von Israels Niedergang begann sich das südliche Königreich auszudehnen. Im 8. und 7. Jh. ließ König Hiskia von Juda (727–698 v. Chr.) einen kurvenreichen Tunnel von der Gichon-Quelle im Osten der Stadt Davids bis zum ‹Siloah-Teich› zwischen den beiden Hügeln führen, auf denen Jerusalem stand. Denn um diese Zeit dehnte sich die

Stadt vom Osthügel bis zum Westhügel aus und wurde um eine Vorstadt erweitert, die Mischneh (‹das Zweite Jerusalem›) genannt wurde. Der König erbaute quer über den Westhügel eine 8 m breite Mauer mit Bastionen und Einzügen im späteren Stil. Diese Mauer, die erst in jüngster Zeit entdeckt wurde, hat unsere Ansichten von der Topographie Jerusalems gewandelt. Der Bau des Tunnels von König Hiskia, durch den das Wasser der Gichon-Quelle noch heute in den Teich fließt, war eine unerhört schwierige Aufgabe für die Ingenieure jener Zeit. Eine in die Steinwand des Tunnels gemeißelte Inschrift schildert das große Ereignis am ‹Tag des Durchbruchs›, als die Arbeiter von beiden Seiten die Stimmen der anderen hören konnten und ‹ihre Hacken aufeinandertrafen›.

In Ramat Rachel, südlich von Jerusalem, wurde im 8. Jh. v. Chr. ein judaischer Palast erbaut – eine rechteckige Anlage mit Kasemattenmauern um einen Hof, in dem der Palast und seine Nebengebäude standen. Zu den Funden dort zählten die Überreste einer Fensterbalustrade in phönikischem Stil mit frühäolischen Kapitellen, einige vollständige Kapitelle und eine Tonscherbe mit dem Bild eines bärtigen Königs – die einzige erhaltene Darstellung eines Königs aus der Dynastie Davids.

Angesichts der Bedeutung, die ihm in der Heiligen Schrift zugemessen wird, ist in der israelitischen Periode das religiöse Leben von besonderem Interesse. Wir haben bereits erwähnt, daß die verschiedenen lokalen Tempel bis zur Zeit des Königs Josia von Juda (639–609 v. Chr.) in Benutzung waren und immer wieder einmal erneuert wurden. In Arad z. B. lag der Tempel in der Nordostecke der israelitischen Festung und wurde unterhalten, bis der Zelot Josia ihn niederriß. Ein ähnliches Bauwerk fand sich bei Lachisch. Beide Heiligtümer folgen dem dreiteiligen Schema des salomonischen Tempels, wenn auch mit Abwandlungen. Die Tempel haben einen offenen Vorraum mit einem Altar, ein Heiligtum und ein Allerheiligstes in Gestalt eines abgetrennten Raums oder einer Nische. Die Vorhalle ist durch seitliche Räume ersetzt. In Arad standen die Räucheraltäre – im Gegensatz zum Jerusalemer Brauch – im Allerheiligsten. All diese israelitischen Tempel enthielten, soweit wir wissen, keine bildlichen Darstellungen von Menschen oder Tieren.

Diese Tempel repräsentieren, ob im Zentrum oder in der Provinz, den offiziellen Kult. Ausgrabungen von Privathäusern in den israelitischen Schichten brachten dagegen eine enorme Anzahl von Figurinen heidnischer Gottheiten zutage, vor allem der Fruchtbarkeitsgöttin Astarte in Gestalt einer nackten Frau. Die Betrachtung dieser Figurinen bei der Grabungsarbeit oder auch im Museum ruft aufs lebendigste die scharfe Kritik am Kult fremder Götter durch die Propheten ins Gedächtnis. Solche Darstellungen kanaanitischer Gottheiten übernahm die Masse der Bevölkerung einfach von den früheren Bewohnern des Landes; auch die eisenzeitlichen Räucheraltäre, die bei Beth Schean und Ta'anach gefunden wurden und Idole jeglicher Art darstellen, zeigen, wie üppig die traditionellen Religionen noch zur gleichen Zeit blühten, in der die Propheten den Glauben an einen einzigen Gott verkündeten.

Der erste dieser Propheten, Elia, wirkte im Umkreis des Bergs Karmel. Sein blutiger Wettstreit mit den Baalpriestern *(1. Könige 18)* wurde auf der Muhraka, einer weithin sichtbaren Bergspitze des Karmel-Rückens gegenüber der Ebene Jesreel, lokalisiert. Allerdings ist der Schauplatz der biblischen Erzählung nicht völlig gesichert. Doch der Beweis für einen Baal des Bergs Karmel, der mit dem ‹Herrn der Himmel› (Baal Saamin) und später mit dem Jupiter von Heliopolis (Baalbek) identisch war, fand sich auf einem Votivfuß aus der Römerzeit, den ihm ein gewisser Gaius Iulius Eutyches aus Caesarea gestiftet hatte. (Heute ist er im Kloster Stella Maris zu sehen.) Am Fuße des Karmel liegt eine Höhle, die seit römisch-byzantinischer Zeit mit dem Propheten in Verbindung gebracht wird. Über 150 Widmungsinschriften auf griechisch, lateinisch und hebräisch sind an ihren Wänden entziffert worden. Diese Tradition geht bis ins 3. Jh. n. Chr. und vielleicht sogar noch früher zurück.

Der Einfluß der Propheten blieb zunächst nur auf diejenigen Menschen beschränkt, die ihnen persönlich zuhören konnten. Die frühen Propheten Elia und Elisa und auch deren Schulen hinterließen keine schriftlichen Zeugnisse. Doch nach und nach verbreitete sich die Schreibkunst in Israel und Juda, und den Beweis für diese bemerkenswerte Erscheinung liefern vor allem die Ostraka, Tonscherben, die als billiger Ersatz für Papyrus immer zur Hand waren. Zwar wurden sie meist für geschäftliche Aufzeichnungen benutzt, als Waren-Gutschriften oder Steuer-Quittungen, aber diese bescheidenen Dokumente geben uns trotzdem viele historische Informationen. Ein Ostrakon aus Arad nimmt Bezug auf das ‹Haus Gottes›, wahrscheinlich den Tempel in Jerusalem; von einem anderen erfahren wir, welche Rationen an die fremden Söldner der Könige von Juda ausgegeben wurden; ein drittes enthält den Hinweis auf eine drohende Invasion der Edomiter. Ein langes Dokument, das an der Küste gefunden und in die Zeit von Josia datiert wurde, verdeutlicht, wie tief die mosaische Lehre ins Bewußtsein des Volkes eingedrungen war. Es ist ein Beschwerdebrief an einen Gouverneur über die illegale Pfändung des Mantels eines Fronarbeiters, der seine Arbeitsquote nicht erfüllt hatte (vgl. *5. Mose 24, 10–13*). Ein weiteres Schriftdokument, der sogenannte Gezer-Kalender, war vermutlich eine Schülerübung und zählt die Monate des Jahres auf sowie die landwirtschaftlichen Tätigkeiten, die in jedem davon fällig waren. Die in Lachisch gefundenen Ostraka schildern die dramatische Atmosphäre in einer judaischen Befestigung, als 587 v. Chr. das Heer Nebukadnezars heranrückte und eine Festung nach der anderen keine Signale mehr gab, weil sie gefallen war. Die Inschrift in einer Grabhöhle in Juda, um 700 v. Chr., konfrontiert zwei vorherrschende Gedanken aus der Zeit, als von den Assyrern Gefahr drohte: der ‹Gott Jerusalems›, dem die ‹Berge Judas gehören› und der ‹den Berg Morija erwählt hat, den Wohnort von Jah›, ist gleichzeitig der ‹Gott der ganzen Erde›.

Unter den längeren der erhaltenen Texte finden wir (neben der bereits erwähnten Inschrift im Tunnel von König Hiskia) die Grabinschrift eines ‹königlichen Kämmerers› – wahrscheinlich war es Schebna, ein Zeitgenosse Jesajas aus dem 7. Jh. v. Chr. –, die verkündet: ‹Hier liegt kein Silber und kein Gold, sondern seine Gebeine und die seiner

Lachisch-Brief III, gefunden im Torweg der 587/586 v.Chr. von den Babyloniern zerstörten Stadt; die Briefe sind von Hoschaja, einem Offizier, an den Gouverneur von Lachisch gerichtet. Rockefeller-Museum.

Sklaven-Frau.› Die bei den Ausgrabungen gefundenen Siegel liefern ebenfalls anschauliche Beweise für Kunst und Schrift im Juda der Eisenzeit. Am berühmtesten sind das Siegel von Schema, dem ‹Knecht des Jerobeam› (II), das in Megiddo gefunden wurde und einen brüllenden Löwen abbildet, und das Siegel von Ja'asanja, dem ‹Knecht des Königs›, das in Tell an-Nasbeh (Mizpeh des Gedalja) gefunden wurde und mit dem Bild eines Hahns geschmückt ist. Dieser Ja'asanja wird wahrscheinlich in *2. Könige 25, 23* erwähnt.

Zu den meistverbreiteten beschrifteten Objekten im Königreich Juda gehören die Stempelabdrücke, die man auf den Henkeln von Haushaltsgefäßen findet; sie zeigen eine mit ‹Flügeln› versehene oder offene Rolle, dazu das Wort *lamelech* (‹von› oder ‹zugehörig› dem Könige) und dann den Namen einer von vier Städten: Hebron, Siph, Sokoh und einen weiteren, der für Jerusalem stehen kann.

Die Siegel und Stempel, die mit bildlichen Darstellungen geschmückt sind, bringen uns auf die Kunst des eisenzeitlichen Israel. Abgesehen von einigen Gegenbeispielen aus Juda, verraten diese Objekte im allgemeinen kein strenges Festhalten am Wortlaut des Zweiten Gebotes: gelegentlich werden Menschen abgebildet, Tiere sogar häufig. Das gab es im orthodoxen Juda; und im nördlichen Königreich Israel war man wegen der vorherrschenden phönikischen Einflüsse sogar noch freizügiger, wie es die Elfenbeinarbeiten aus Samaria und die Kapitelle von dort und aus Megiddo beweisen. Das relativ hohe Niveau der figurativen Kunst in der Eisenzeit läßt sich durch die wirtschaftliche Tätigkeit jener Zeit erklären. Die Ausgrabungen in En Gedi haben reichliche Beweise eines blühenden Wirtschaftslebens geliefert. So bestand in En Gedi eine königliche Parfümfabrik, und auf den Terrassen vor den Häusern dort wurden Parfümbottiche gefunden. Aber auch ein Haufen von Silberstücken, Vorläufern der geprägten Münzen. Einigen Einblick in das häusliche Leben der Zeit erlauben die Figurinen aus phönikischen Gräbern, die in Achzib nördlich von Akko zutage kamen: eine Frau im Bad, eine andere beim Backen, ein Mann beim Salben einer heiligen Säule mit Öl. Und Tonmodelle, die an verschiedenen Stätten entdeckt wurden, veranschaulichen die Zimmereinrichtung der Zeit. In Gibeon stieß man auf ein riesiges Weinlager, das 95000 Liter Wein fassen konnte, und die dort gefundenen Ostraka halten die Namen der verschiedenen Weinbergbesitzer fest.

Die Gräber der Israeliten folgten in manchen Fällen dem phönikischen Vorbild und hatten einen tiefen Schacht, der zur Grabkammer im Fels hinunterführte, und ein Denkmal *(nefesch)* darüber. Ein anderer Grabtyp war — allerdings in weit kleinerem Maßstab — den ägyptischen Pyramiden nachempfunden. Von der eisenzeitlichen Nekropole im Kidrontal sind nur ein paar Monumente erhalten, am besten das sogenannte ‹Grab von Pharaos Tochter› — ein würfelförmig behauener Monolith, der von einem ägyptischen *kyma* (S-förmig gekehlten Gesims) und in früherer Zeit auch von einer Pyramide gekrönt war.

Die greifbaren materiellen Überreste aus der israelitischen Periode stehen in gar keinem Verhältnis zu deren geistiger Bedeutsamkeit für künftige Zeiten. Das liegt vor allem an der langen Dauer und den materiellen Entwicklungen der nachfolgenden Perioden — aber auch an den Auswirkungen eines tiefgreifenden geistigen Wandels: Die früheren Kompromisse mit den lokalen kanaanitischen Fruchtbarkeitskulten verschwanden, sobald die Bevölkerung von der Wahrheit der prophetischen Botschaft überzeugt war. Dies wurde offenkundig, als Israel und Juda der Geißelung durch Assyrien und Babylonien anheimfielen. Diese Katastrophen, die ja vorhergesagt waren, bereiteten nicht nur den Boden für den Monotheismus, der nur Einen Gott als den wahren und alle anderen als falsch ansah, sondern sie legten auch den Grund für die Befolgung der göttlichen Gesetze im Alltagsleben, die den späteren Judaismus kennzeichnete. Darüber hinaus wurde jener Teil der prophetischen Botschaft, der sich gegen die institutionalisierte Religion (mit Priestern, Opfern und sogar dem Tempel) wandte und das moralische Empfinden der Menschen ansprach, schon bald durch jene erhabene messianische Idee überstrahlt, die sich an alle Völker richtete. Das visionäre Bild einer Endzeit, in der die Menschen ‹ihre Schwerter zu Pflugscharen... machen. Denn es wird kein Volk wider das andere ein Schwert aufheben, und werden hinfort nicht mehr kriegen lernen› *(Jesaja 2, 4)*, ist immer noch eines der höchsten Ideale der Menschheit — und stammt von einem Propheten aus Juda in israelitischer Zeit.

Perser, Makedonier und Griechen

Nach der Eroberung Jerusalems durch Nebukadnezar im Jahre 586 v.Chr. mußte der größere Teil des jüdischen Volkes ins babylonische Exil ziehen; in Juda blieben nur ‹die Geringsten im Lande› zurück, die ‹Weingärtner und Ackerleute› *(2. Könige 25, 12)*. Knapp fünfzig Jahre später stürzte Kyros II., der König von Persien, das Neubabylonische (Chaldäische) Reich und sicherte sich die Herrschaft über den Orient. Nach den Grundsätzen seiner Politik der religiösen Restauration gestattete er den Juden, aus dem Exil zurückzukehren und ihren Tempel wiederaufzubauen. Da das Land stark verarmt war, ging die Arbeit trotz der Hilfe der babylonischen Rückkehrer nur sehr langsam voran und

Tonmaske aus den phönikischen Gräbern von Achzib, nördlich von Akko; diese Darstellung einer Göttin sollte wahrscheinlich Unheil abwenden; Eisenzeit. Rockefeller-Museum.

wurde überdies von samaritanischen Intrigen und der persischen Bürokratie erschwert. 515 v.Chr. konnte der Zweite Tempel endlich geweiht werden.

Das persische Juda unterschied sich sehr vom Reiche Juda vor der Zeit des Exils. Mit Josua, dem Sohn von Jozadak, traten die Hohenpriester an die Spitze des jüdischen Volkes. Die Zivilgewalt lag jedoch in den Händen eines persischen Gouverneurs; dieser war gewöhnlich ein Jude und unterstand dem persischen Satrapen von Ebirnahri, dem ‹Lande jenseits des Flusses› (Euphrat — von Susa aus gesehen), dessen Residenz in Damaskus lag. Nur sehr allmählich konnten sich die Judäer von der Bevormundung des Gouverneurs von Samaria und der dortigen Adligen freimachen. Den entscheidenden Schritt tat Nehemia, der Sohn des Hachalja, als er die Mauern von Jerusalem wieder aufbaute und damit die Heilige Stadt vor Angriffen ihrer nördlichen Nachbarn schützte. Dies wiederum ermöglichte nun die grundlegende religiöse Reform von Esra dem Schreiber, der mit Erfolg die seither für die jüdische Kultur charakteristische ‹Herrschaft des Gottesgesetzes› einführte.

Eine der Folgen der Perserherrschaft war die allmähliche Ausbreitung des Aramäischen unter den Juden. Die Perser benutzten eine Form dieser Sprache, das sogenannte ‹Reichsaramäisch›, im westlichen Teil ihres Reiches als Amtssprache, und in dieser Sprache sind auch die Dokumente der Juden aus der Zeit der Diaspora verfaßt. Sogar der offizielle Name von Juda wurde jetzt zum aramäischen Jehud — so war der Name der Provinz auf die Silbermünzen geprägt, die den attischen Silberdrachmen mit dem Symbol der Eule ähneln. Der Name Jehud erscheint auch auf vielen Stempelabdrücken auf Gefäßhenkeln, zusammen mit dem Namen Jerusalem (*ha'ir,* ‹die Stadt›) und den Namen von Beamten (des *peha*, ‹Gouverneurs›, und des Schatzmeisters). Viele dieser Siegel fanden sich bei den Ausgrabungen in Ramat Rachel, südlich von Jerusalem; der dortige Palast überstand die Zerstörung Jerusalems, war in der Perserzeit ein Verwaltungszentrum und diente vermutlich als Hauptquartier des Unterdistrikts Jerusalem.

Im Norden von Judäa lag das Land der Samaritaner — einer Mischbevölkerung, die entstand, als Sargon II. von Assyrien nach dem Fall Samarias (721 v.Chr.), der das Ende des Nordreichs Israel bedeutete, einen Teil der Bewohner verschleppte — gemäß der allgemeinen assyrischen Politik, unterworfene Völker teilweise umzusiedeln — und fremdstämmige Siedler nach Samaria brachte. Die Neusiedler vermischten sich mit den zurückgebliebenen Israeliten und verehrten den gleichen Gott wie sie; sie benutzten die alte hebräische Schrift weiter und begründeten auf dem Berg Garizim ein religiöses Zentrum, in dem Priester amtierten, die mit den Jerusalemer Priesterfamilien gebrochen hatten. Die streng gesetzestreue Politik Esras und der jüdischen Reformer verwehrte ihnen, sich am Bau des Zweiten Tempels zu beteiligen, und so entwickelte sich ein Schisma zwischen Juden und Samaritanern, das deren Geschichte fast bis zum heutigen Tage kennzeichnen sollte.

In der Perserzeit erfuhr auch die Küstenebene einen großen Wandel. Die Perserkönige waren den phönikischen Städten wegen ihrer Bedeutung für die persische Seemacht sehr gewogen und übertrugen ihnen große Gebiete des fruchtbaren Landes vom Berg Karmel südwärts. Hier errichteten die Tyrier und die Sidonier Landeplätze und Siedlungen. Zwei dieser Anlagen, in Athlith und in Tell Megadim, sind ausgegraben worden.

In Athlith entdeckte man unter anderem die Wohnhäuser und Gräber einer offenbar planmäßig angelegten Kolonie von griechischen Söldnern, die anscheinend einheimische Frauen geheiratet hatten, denn die dort gefundenen Waffen und Siegel sind griechisch und makedonisch, dagegen die Schmucksachen, Spiegel und Amulette orientalisch, zumeist ägyptisch. Diese Ausgrabungsstätte und die weiter südliche von Tell Gamma (Jemmeh) erbrachten reiche Funde von bemalten griechischen — besonders attischen — Tongefäßen. Sie deuten auf einen wichtigen neuen Kultureinfluß aus dem Westen hin, der damals das Land zu prägen begann.

Griechische Söldner waren bereits im 7. Jh., zur Zeit von König Josia, im Lande aufgetaucht, aber erst in der Perserzeit wuchs ihre Zahl stark an — sie dienten sowohl dem griechischen König wie den Ägyptern, die sich gegen ihn erhoben. Die berühmten Siege bei Marathon, Plataiai und Eurymedon hatten alle Herrscher des Ostens von der Überlegenheit der griechischen Soldaten überzeugt. Die Seeniederlagen bei Salamis und anderenorts durchkreuzten die Versuche der Phöniker in persischen Diensten, die griechische Schiffahrt aus dem östlichen Mittelmeer fernzuhalten. Neben den Söldnern erschienen nun auch griechische Reisende und Händler im Osten, und der berühmteste dieser Reisenden war Herodot, der, als er von Ägypten aus die Küste entlang nach Norden segelte, auch die ‹palästinischen› Syrer erwähnte (womit er die Philister meinte) und damit den Namen Palästina zunächst für den Südteil der Küstenebene einführte. Da die Griechen im wesentlichen Seehandel betrieben, war ihr Einfluß in den Küstengebieten am deutlichsten zu spüren; es gibt einigen Grund zu der Annahme, daß Dor, eine der Küstenstädte, sogar Mitglied des Attischen Seebundes wurde; in der territorialen Gliederung dieser Allianz, die ursprünglich gegen Persien gerichtet war, hätte Dor dann zu dem Abschnitt gehört, der im Süden Kleinasiens die Städte von Karien einschloß. Wie dem auch sei, der Einfluß attischer Münzen, des Standard-Silbergeldes im internationalen Handel der Zeit, ist an den ‹philisto-arabischen› Münzen abzulesen, die wahrscheinlich von den lokalen Herrschern zur Bezahlung ihrer Söldner geprägt wurden; und diese Münzen gelangten, wie wir gesehen haben, auch ins judaische Binnenland. Trotzdem blieb die einheimische Kultur in der Perserzeit meist orientalisch, das zeigen der Silberlöffel und die Silberschale aus Tell Scharuchen.

Schwarze Granitplatte mit griechischer Inschrift in hellenistischen Schriftzeichen; Samaria, 3. Jh. v. Chr. Rockefeller-Museum.

Die persische Herrschaft über den Orient fand mit den blitzartigen Eroberungszügen Alexanders des Großen ein plötzliches Ende. Mit der Schlacht von Issos (333 v. Chr.) war die persische Oberherrschaft über Phönikien und Palästina vorbei. Die Einnahme von Tyros und Gaza festigte die neue Oberherrschaft, und Alexander selbst stürmte weiter die Küste hinab nach Ägypten und marschierte 332 v. Chr. in Richtung Babylonien zurück. Seine Regierungszeit war zu kurz und zu unruhig, um irgendwelche bleibenden Veränderungen zu bewirken — außer vielleicht die Ansiedlung makedonischer Veteranen in Samaria als Strafe für einen samaritanischen Aufstand. Die Jahre nach Alexanders Tod (323 v. Chr.) wurden von unablässigen Kriegen zwischen seinen Nachfolgern bestimmt; ab 301 v. Chr. war dann das Heilige Land fest in der Hand von Ptolemaios I. Soter, dem König von Ägypten. Mit der ptolemäischen Herrrschaft darf man den eigentlichen Beginn der hellenistischen Periode ansetzen.

Der Hellenismus hatte schon in der Perserzeit Einfluß auf die Kultur des Landes gewonnen, und seine Bedeutung steigerte sich erheblich, als zumindest in den höheren Positionen die Verwaltung in griechische Hände überging. Die ungeheure Energie der Griechen im Orient war hauptsächlich auf die Wirtschaftsentwicklung gerichtet. Wenn jetzt griechische Gouverneure an die Stelle der persischen traten, war das weit weniger bedeutsam als die Tatsache, daß überall im Lande Agenten der ptolemäischen Finanzminister ausschwärmten, die ständig nach neuen Geschäftsmöglichkeiten und Plätzen für neue Ansiedlungen Ausschau hielten. In Palästina selbst war wenig Raum für eine griechische Kolonie. Weit mehr zu tun gab es östlich des Jordans und im Jordantal selbst. Dieses Gebiet, das zuvor nur in ein paar Oasen besiedelt gewesen war, wurde von den Bergen herab mit Bewässerungskanälen versehen und blühte außerordentlich auf, als nun der fruchtbare Boden im reichlichen Sonnenschein auch Wasser bekam.

Das wirtschaftliche Leben erhielt weitere Impulse dadurch, daß Alexander und seine Nachfolger die angesammelten Gold- und Silberschätze aus Persien in Umlauf brachten. Der beschleunigte Pulsschlag der Wirtschaft wurde vor allem von den Phönikern genutzt, die schon immer die besten Händler in der Levante waren. Die mächtigsten phönikischen Städte Tyros und Sidon wurden unabhängig, verloren allerdings ihre Herrschaft über die ganze Küste. Aber das gesamte Gebiet von Gaza bis Akko übernahm jetzt in großem Maßstab die griechische Kultur und hatte damit teil am neuen Wohlstand der hellenistischen Periode. Akko wurde in Ptolemais umbenannt und behielt diesen Namen bis zur Eroberung durch die Araber. Weiter im Binnenland siedelten die Ptolemäer einen Teil ihrer skythischen Söldner in Beth Schean an und nannten die Niederlassung Skythopolis.

Ein lebendiges Bild von der Situation Palästinas im Jahre 259 v. Chr. vermitteln die Zenon-Papyri — Briefe eines Agenten des ptolemäischen Finanzministers Apollonios. Zenon durchquerte das Land von Stratonsturm (dem späteren herodianischen Caesarea) bis nach Jerusalem und Jericho und korrespondierte mit den im Lande verstreuten griechischen Verwaltungsbeamten. Eines ihrer Hauptquartiere war Marissa (Marescha) in Idumäa. Ursprünglich von Edomitern (Idumäern) bewohnt, die nach der Vertreibung der Judäer ins Babylonische Exil aus dem südlichen Transjordanien dorthin gezogen waren, wurde Marissa unter den Ptolemäern eine hellenisierte Stadt. Die Ausgrabungen in ihren hellenistischen Schichten zeigen den typischen Stadtplan, wie ihn der griechische Baumeister Hippodamos entwickelt hatte — rechtwinklig angelegte Straßen um ein für die öffentlichen Gebäude und den Marktplatz bestimmtes Zentrum. Von den hellenisierten Sidoniern, die ebenfalls in

Terrakottafigurine der Aphrodite; Berg Karmel, hellenistische Zeit. Rockefeller-Museum.

Marissa siedelten, sind Gräber gefunden worden, deren Fresken mit Tierdarstellungen nach zoologischen Handbüchern der hellenistischen Periode bemalt waren. Überhaupt gehörte das Interesse an Naturkunde zu den Charakteristika dieser Zeit: die ptolemäischen Könige unterhielten in Alexandreia einen Zoo mit seltenen Tieren aus Zentralafrika, von denen einige in Marissa abgebildet wurden. Ein weiteres Baudenkmal aus hellenistischer Zeit, das von der Sorge um die eigene Sicherheit zeugt, ist ein Rundturm, der früher einen Teil der Stadtmauer von Samaria bildete. Er wurde aus Reihen von Bindern aufgebaut und veranschaulicht uns den wissenschaftlichen Stand der Bautechnik in jener Zeit. Außerdem beweist er jenes Gefühl der Unsicherheit, das die Griechen im Osten beständig quälte — sie lebten als Minderheit unter Millionen von Einheimischen, die ihre eigenen Überlieferungen wahrten.

In religiösen Fragen kapitulierten die Griechen im Orient schon frühzeitig vor den Göttern des Ostens. Inschriften aus Samaria, die aus den Anfängen der dortigen hellenistischen Siedlung stammen, sind den ägyptischen Göttern Serapis und Isis gewidmet und nur selten den olympischen Gottheiten. Zwar wurde in Skythopolis ein Tempel aus hellenistischer Zeit gefunden, der dem Dionysos geweiht war. Aber es ist keineswegs sicher, inwieweit im Osten die griechischen Götter selbst verehrt wurden oder ob sie nicht nur für orientalische Gottheiten ihren Namen und ihre Gestalt hergaben. Immerhin ist die Figurine der Aphrodite, die in einer Höhle bei Athlith gefunden wurde, der Göttin von einem gewissen Paionias zugeeignet (die Widmung könnte auch heißen ‹Paionias ist sehr glücklich›) und zeigt deutlich den Einfluß des großen Bildhauers Praxiteles aus dem 4. Jh. Ein weiteres Beispiel hellenistischer Bildhauerei ist ein in Beth Schean gefundener Marmorkopf — möglicherweise eine Darstellung Alexanders des Großen, dem die orientalischen Griechen göttliche Verehrung zollten. Sein Bild erscheint auch auf den schönen hellenistischen Münzen, die von den Ptolemäern und ihren Nachfolgern, den Seleukiden, in Ptolemais, Jaffa und Gaza geprägt wurden.

Die materielle Kultur der hellenistischen Periode erreichte infolge der wirtschaftlichen Aktivität und des sozialen Wandels ein sehr hohes Niveau. Hunderte von Weinkrügen bezeugen den Umfang der Exporte aus dem großen Handelszentrum Rhodos, das den gesamten Osten mit griechischen Weinen versorgte. Beispiele für die Schönheit hellenistischer Gefäße bieten die ‹megarischen› Schüsseln aus Ton, die in Relieftechnik mit Blumenornamenten und mythologischen Szenen verziert sind; woher sie tatsächlich stammen, ist noch ungeklärt, doch könnten sie sehr wohl aus Kleinasien oder Antiocheia sein. Die Technik, derartige Gefäße in Negativformen zu pressen, wurde nun auch auf Glasgefäße übertragen und ersetzte die alte Methode, Glasstränge um einen Kern aus Sand zu winden. Gegen Ende der hellenistischen Periode wurde auch die Glasbläserei erfunden und verbreitete sich schnell. Nach einer griechischen Erzählung wurde Glas zum erstenmal durch Zufall in den Dünen südlich von Ptolemais-Akko gewonnen; auf jeden Fall gab es an der phönikischen Küste bald eine Fülle von Glasmanufakturen und Glasexporteuren.

Hellenistische Gefäße waren wahrscheinlich die Vorbilder einer neuartigen Keramik-Kultur, die gegen Ende der hellenistischen Periode Bedeutung gewann. Für ihre Verbreitung sorgten die Nabatäer, ein Wüstenstamm, der in das von den Edomitern verlassene südliche Transjordanien gezogen war. Sie machten Petra zu ihrer Hauptstadt, schlugen Angriffe von Antigonos dem Einäugigen, einem der Nachfolger Alexanders, erfolgreich zurück und dehnten ihren Herrschaftsbe-

Luftbild von Sedeh Boker im Negev.

Gelände der Festung Akra gegenüber dem Tempelberg in der Altstadt von Jerusalem, erbaut von Antiochos IV. Epiphanes; die Akra blieb bis zur Einnahme durch Simon den Hasmonäer (143 v.Chr.) ein syrischer Stützpunkt.

reich über die Wüste Negev aus. Reste von nabatäischen Bauwerken sind noch in Avdat (Eboda) zu sehen, wo ihr vergöttlichter König Obodas III. begraben liegt. Sein Nachfolger Aretas IV. (9 v.Chr. – 40 n.Chr.) baute zu Ehren des ‹Zeus-Obodas› einen Tempel, von dem die erhöhte Grundfläche und die dorthinauf führenden Treppen erhalten geblieben sind. In Kurnub (Mamschit, Mampsis) erheben sich nabatäische Paläste mit Treppenhäusern und Stallungen noch bis zum ersten Stockwerk. Und an zahlreichen Ausgrabungsstätten im Negev, aber auch sehr weit im Norden, in Caesarea, wurden nabatäische Keramiken identifiziert – leicht zu erkennen an ihren stilisierten Blumenmustern und daran, daß sie dünn sind wie Eierschalen.

Die Hellenisierung, die von den Ptolemäern umsichtig gefördert wurde, erhielt einen kräftigen Aufschwung, als Palästina in die Hände der mit ihnen rivalisierenden Seleukiden überging. Deren Herrschaft begann mit Antiochos III. (198 v.Chr.), und sein Sohn, Antiochos IV. Epiphanes, unternahm den Versuch, sein Königreich kulturell und religiös zu vereinen, um fest gegen die römische Macht antreten zu können, die seinen Vater 189 v.Chr. bei Magnesia schmählich besiegt hatte. Dabei versuchte er, den Juden die Hellenisierung aufzuzwingen, und wurde in diesem Bemühen von den Hellenisierern unter ihnen bestärkt. Der daraus in Judäa entstehende Zwist führte genau in dem Augenblick zu Unruhen, als Antiochos mit der Eroberung Ägyptens beschäftigt war. Um seine rückwärtige Verteidigung zu sichern, besetzte er Jerusalem und gründete, auf Wunsch der Hellenisierer, neben der jüdischen Stadt eine griechische – Antiocheia. Gegenüber dem Tempel

wurde eine Festung erbaut, die Akra. Der König ließ sich überreden, die übliche Methode des Synkretismus auch auf den Gott Israels anzuwenden und Zebaoth, den ‹Gott der Heerscharen›, mit Dionysos Sabazios gleichzusetzen. Der Tempel wurde entweiht, und dreieinhalb Jahre lang hörten die Opfer auf (167–164 v.Chr.). Antiochos IV. war auch damit noch nicht zufrieden, sondern machte sich daran, in der Nähe der Akra einen riesigen Tempel zu errichten (der wahrscheinlich seinem Lieblingsgott, dem Zeus Olympios, gewidmet war); ein Säulenfuß und ein ionisches Kapitell, die anscheinend zu diesem Tempel gehörten, sind jüngst in der Jerusalemer Altstadt gefunden worden.

Irregeführt von seinen Ratgebern, die eine rasche Hellenisierung der Juden vorhersagten, versuchte Antiochos IV., die religiösen Bräuche der Juden zu unterdrücken, und erwarb sich so den zweifelhaften Ruhm, die erste Religionsverfolgung in der Geschichte eingeleitet zu haben. Damit provozierte er den Aufstand der Hasmonäer.

Die Hasmonäer

Der hasmonäische Aufstand brach in der kleinen Stadt Modi'in (al-Midje) an der judäischen Grenze aus. Geführt wurde er von dem Priester Mattathias und seinen fünf Söhnen, deren prominentester Judas Makkabaios war. Judas sammelte die Scharen der ‹Frommen› (Assidäer) um sich und konnte nacheinander vier Heere der Seleukiden schlagen, die zum Entsatz nach Jerusalem eilten, weil die Akra von den

Aufständischen umzingelt war. Nach der vierten Schlacht, der von Beth Zur, besetzten Judas und seine Männer den Tempelberg und begannen mit der rituellen Reinigung des Tempels. Dort wurde der alte Kult im Dezember 164 v.Chr. wiederaufgenommen, woran bis zum heutigen Tag das Tempelweihfest (Chanukkah) erinnert.

Der Kampf zwischen Judas und seinen Gefolgsleuten auf der einen und der seleukidischen Regierung und ihren Anhängern auf der anderen Seite dauerte mit wechselndem Kriegsglück bis 152 v.Chr. In diesem Jahr wurde Jonathan der Hasmonäer (der Kommandant der Aufständischen geworden war, nachdem sein Bruder Judas 161 v.Chr. auf dem Schlachtfeld von Elasa den Tod gefunden hatte) zum Hohenpriester und Gouverneur von Judäa ernannt. Als solcher war er praktisch unabhängig, obwohl die Hellenisierer und die in der Jerusalemer Akra und in Beth Zur verbliebenen seleukidischen Garnisonen seine Freiheit ernstlich bedrohten. Die Anwesenheit von Feinden im Herzen seines Reiches nötigte Jonathan zur Befestigung des jüdischen Jerusalem. Überreste seiner Mauer und eines Turms stehen noch heute auf dem Ophel südlich der Altstadt, und andere Mauern schützten die Stadt Davids, damals in jüdischen Händen, gegen den Westhügel (heute ‹Berg Zion›), der in der Hand des Feindes war.

Jonathans Nachfolger Simon, der letzte der fünf hasmonäischen Brüder, erkämpfte als ‹Hohepriester, Fürst und Feldherr› die volle Unabhängigkeit für Judäa. Er zwang die Akra zur Kapitulation, und am 23.2.141 v.Chr. war es so weit, ‹daß sie dieser großen Tyrannei aus Israel waren losworden› *(1. Makkabäer 13, 51).* Außerdem nahm er die Festung Beth Zur ein und belegte sie mit seinen eigenen Männern. Die Ruinen dieser hellenistischen Befestigung (31 × 41 m) sind ausgegraben und zeigen mächtige Außenmauern und einen Innenhof, der von Wohnräumen umgeben war. Ein weiterer Erfolg Simons war die Eroberung der wichtigen Festung Gezer an der Straße von Jerusalem nach Jaffa. Allgemein zeigte sich, daß die Heere von Jonathan und Simon

Hasmonäische Mauern, freigelegt im Hof der Jerusalemer Zitadelle, und ein Teil der ersten Mauer von Jerusalem.

den geschlossenen Schlachtreihen der griechischen Phalanx militärisch gleichwertig waren, und dieser Fortschritt wurde bald zur Erweiterung der Grenzen von Judäa genutzt. In Gezer bauten die Hasmonäer die älteren salomonischen Befestigungen weiter aus und verwandelten sie in einen Militärstützpunkt, der nur noch Jerusalem nachstand. Zum Bau seiner Festung beschäftigte Simon auch Kriegsgefangene, und bei den Ausgrabungen von Gezer fand sich eine Inschrift, die einer dieser Zwangsarbeiter in den Stein gekratzt hatte: ‹Über Simons Palast möge Feuer kommen.›

Simons Sohn Johannes Hyrkanos I. (134–104 v.Chr.) und seine Enkel Judas Aristobulos I. (104–103 v.Chr.) und Jonathan (Alexander Jannaios, 103–76 v.Chr.) eroberten allmählich das gesamte Palästina, indem sie eine griechische Stadt nach der anderen einnahmen. Außerdem lagen sie in ständigem Kampf mit den seleukidischen und ptolemäischen Herrschern und anderen orientalischen Völkern. Im Verlauf dieses Expansionsprozesses wurden Idumäa und Galiläa vollkommen jüdisch, während die Samaritaner ihre Eigenständigkeit bewahrten. Doch veränderte sich zugleich auch der Charakter des hasmonäischen Königtums (denn Aristobulos und Jannaios hatten den Königstitel angenommen) in starkem Maße. Der hasmonäische Aufstand begann als Erhebung gegen die hellenistische Welt und alles, was sie vertrat; im Laufe der Zeit jedoch sahen sich die hasmonäischen Herrscher gezwungen, viele der hellenistischen Neuerungen in Verwaltung und Kriegführung zu übernehmen, weil sie sonst ihren Feinden nicht standgehalten und ihre Macht nicht hätten ausdehnen können. Alexander Jannaios z.B., der in seiner Dynastie der unermüdlichste Krieger war, beschäftigte sogar ausländische Söldner in seinen Kriegen. Diese hellenisierende Neigung der Hasmonäer führte zu einer gefährlichen inneren Spaltung des jüdischen Volkes: Gegen die Könige und ihre Anhänger, die Sadduzäer, erhob sich die Volkspartei der Pharisäer, die eine Trennung zwischen den religiösen Aufgaben der Hohenpriesterschaft und den zivilen

Kreuzfahrer- und Mamlukenmauern der heutigen Zitadelle im Hintergrund.

Fassade des Bene-Chezir-Grabes (‹Jakobsgrab›) in Jerusalem.

des Königtums verlangte. Schließlich spitzte sich die Auseinandersetzung zu, und zwischen König und Pharisäern brach ein Bürgerkrieg aus, bei dem die jüdischen Rebellen, die mit einem seleukidischen König verbündet waren, in offener Feldschlacht einem jüdischen König, der von griechischen Söldnern unterstützt wurde, gegenüberstanden. Am Ende gewann Jannaios die Oberhand; manche seiner Feinde flohen, andere ließ er hinrichten. Jannaios starb während eines Kampfes im Feldlager vor dem Kastell Ragaba, das von seinem Heer belagert wurde und nach seinem Tode fiel.

Die stürmische Hasmonäerzeit hat nur wenige materielle Überreste zurückgelassen, und diese sind zumeist mit kriegerischen Ereignissen verknüpft. Nachdem die Hasmonäer das Gelände des unglückseligen ‹Antiocheia-zu-Jerusalem› (auf dem westlichen der zwei Hügel Altjerusalems) besetzt hatten, bauten sie sofort eine Mauer ringsherum. In der Zitadelle sind noch Reste dieser Befestigung zu sehen. Sie ist (wie der Turm von Samaria) im hellenistischen Stil aus Bindern erbaut, doch die einzelnen Steine weisen im Stil der altisraelitischen Quader-Behauung nur rohbearbeitete, aber geränderte Sichtflächen auf. Weitere Teilstücke dieser Mauer wurden in der Nähe der Gobat-Schule auf dem ‹Berg Zion› und beim Siloah-Teich gefunden. Auf dem Berg Sartaba, der das Jordantal überblickt, errichtete Jannaios die Festung Alexandreion; sie war einer der Hauptstützpunkte des hasmonäischen Königtums und

Pyramiden-Mal (‹Zachariasgrab›) der Bene-Chezir-Grabstätte.

spielte in den Kriegen und Aufständen, die den Niedergang der Dynastie begleiteten, eine sehr wichtige Rolle. Auch hier bestehen die Mauern aus den gleichen rohbearbeiteten und geränderten, nicht sehr großen Quadern wie in der Jerusalemer Zitadelle. Eine dritte makkabäische Festung war Hyrkania (Chirbet al-Mird, byzantinisch Castellion) in der Wüste Juda, von der heute noch Überreste und Teile eines Aquädukts zu sehen sind. Die vierte der Festungen von Jannaios, Masada, wurde dagegen von König Herodes dermaßen umgebaut, daß sich fast keine Überreste der makkabäischen Anlage mehr entdecken lassen.

In der Jerusalemer Zitadelle hinterließ noch ein anderes historisches Ereignis der Hasmonäerzeit seine Spuren: in die Mauer wurde — wahrscheinlich bei einer Belagerung durch Antiochos VII. Sidetes — eine Bresche geschlagen und in aller Eile wieder ausgebessert.

Die hasmonäischen Münzen beweisen überzeugend den Geisteswandel der Herrscher des zweiten souveränen jüdischen Reiches. Die frühesten Münzen, geprägt von Johannes Hyrkanos, zeigen auf der Rückseite das hellenistische Symbol der zwei Füllhörner, doch der Hermesstab, der auf griechischen Münzen erschien, war jetzt durch den unverfänglichen Granatapfel ersetzt. Auf die Vorderseite ließen die seleukidischen Könige immer ihr Porträt setzen. Da dies jedoch einer strengen Auslegung des Zweiten Gebots, so wie sie in hasmonäischer Zeit üblich war, widersprochen hätte, erschienen nun an Stelle des Herrscherkopfes sein Name und seine Titel, die in althebräischen Schriftzeichen im Inneren eines Kranzes standen. Die Formel ‹Johannes — oder Judas oder Jonathan —, Hoherpriester und Oberhaupt des Cheber (der Gemeinschaft, *koinon*) der Juden› bezeichnete genau die verfassungsmäßige Stellung der hasmonäischen Herrscher: das Volk hatte ihnen in

den Tagen Simons die Macht anvertraut. Als Jannaios sich entschloß, seine Stellung im Verhältnis zum Volk zu verändern, ersetzte er die alten Symbole durch den Stern (ein Glückssymbol) und den Anker als Zeichen seiner Herrschaft über die Küste und ihre Häfen. Und er veränderte auch die Beschriftung in ‹König Jonathan/Alexander› auf hebräisch und griechisch und fügte außerdem eine Datierung nach Königsjahren hinzu. Es hat jedoch den Anschein, als sei er gegen Ende seiner Regierungszeit, nachdem er mit dem Volk Frieden gemacht hatte, zum alten Stil der Münzprägung zurückgekehrt.

Von den hasmonäischen Palästen auf dem Gelände der Akra in Jerusalem sind nur ein paar Reste erhalten, darunter ein Relief, das dasselbe Symbol zeigt wie die Münzen: zwei Füllhörner und einen Granatapfel dazwischen; vielleicht war dies das Wahrzeichen des hasmonäischen Staates.

Zwei monumentale Gräber, die heute noch in Jerusalem stehen, zeigen den vorherrschenden Kunststil dieser Zeit am besten. Das eine liegt in der Nekropole im Kidrontal und war die Grabstätte einer Priesterfamilie namens Bene Chezir, wie eine Inschrift auf seiner Fassade ausweist. Die traditionelle Bezeichnung ‹Jakobusgrab› ist in diesem Fall genauso unrichtig wie beim sogenannten ‹Absalomgrab› oder ‹Zachariasgrab›, doch beim Grab der Familie Bene Chezir ist wenigstens der wirkliche Name der dort Bestatteten bekannt. Die Grabfassade zeigt einen strengen, fast klassisch-dorischen Stil; der aus dem Fels gehauene Monolith, der traditionell ‹Zachariasgrab› heißt, war vermutlich einst das Monument oder ‹Mal› *(nefesch)* des Chezir-Grabes. In seinem Innern erkennen wir die für die Jerusalemer Nekropole klassische Anlage: die Vorhalle führt in eine zentrale Kammer, von der drei Räume ausgehen, und jeder Raum weist eine Vertiefung in der Mitte auf, und mehrere aus den Wänden herausgehauene Grabstätten *(kochim, loculi).* Das zweite Grab der Hasmonäerzeit wurde unberührt gefunden, während sonst ja die Gräber des Kidrontales schon vor Jahrhunderten geplündert wurden. Es war die Grabstätte eines gewissen Jason und seiner Familie, und archäologische Untersuchungen datieren sie in die Zeit von Alexander Jannaios. Ihr ‹Mal› steht in der Alfasi Street in Jerusalem (man erreicht es durch eine Passage, die in einen kleinen Hof mündet). Die Fassade wird von einer einzigen Säule unterteilt, hat Türen zu beiden Seiten und ein Gesims um den Eingang herum; das ganze Bauwerk ist von einer Pyramide gekrönt. In der Vorhalle fanden sich Zeichnungen einer Seeschlacht – Jason war vermutlich einer der Kapitäne, die unter Jannaios gegen die griechische Flotte kämpften. Diese Kapitäne wurden von den Juden als Seehelden gefeiert und in den griechischen Städten als Piraten betrachtet. Innerhalb des Grabes liegen eine Bestattungskammer und eine Gebeinkammer. Damit kennzeichnet es den Übergang vom Familienbegräbnis nach sadduzäischer Tradition (die der Bibel folgte) zur individuellen Bestattung nach dem Brauch der Pharisäer, die an die Wiederauferstehung jedes Menschen glaubten.

Kumran und die Sekte vom Toten Meer

Die religiösen Unruhen der Hasmonäerzeit führten nicht nur zu der großen Spaltung zwischen Sadduzäern und Pharisäern (den politischen und den religiösen Führungsschichten) und zwischen den Hellenisierern und den Bewahrern der alten Traditionen. Es entstanden auch viele kleinere Splittergruppen und Sekten, die sich vom übrigen Volke abson-

Höhlen außerhalb der Klosteranlage von Kumran; in einer von ihnen fand ein Beduinenhirte 1947 die ersten sieben Schriftrollen der Sekte vom Toten Meer.

derten. Eine dieser Sekten ist in unserer Zeit zu Ruhm gelangt, als zahlreiche Dokumente von ihr in den Höhlen rings um Kumran am Nordwestufer des Toten Meeres entdeckt wurden.

Der Gründer dieser Sekte war bei ihren Anhängern nur unter seinem Titel bekannt, als ‹Lehrer› oder ‹Meister der Gerechtigkeit›. Er kam in Konflikt mit dem ‹Frevelpriester›, der ihn hinrichten ließ, und seine Anhänger zogen sich nach ‹Damaskus› zurück – ob damit die Stadt dieses Namens gemeint ist oder ein symbolischer Zufluchtsort in der Wüste, wissen wir nicht. Jedenfalls erbaute die Sekte an der Stätte von Kumran eine Siedlung und blieb dort bis zur Zerstörung der Anlagen während des ersten jüdischen Aufstands im Jahre 68 n. Chr. Es gab eine Zeit, in der die Siedlung verlassen war, aber nach dieser Unterbrechung nahm dieselbe Gruppe von Menschen, die Kumran gegründet hatte, dort wieder ihren Wohnsitz. In den Höhlen ringsum wurden Hunderte von beschriebenen Papyrusfragmenten gefunden, darunter die erste Gruppe von sieben Schriftrollen aus Höhle 1. Durch die Entdeckung dieser Dokumente im Jahre 1947 richtete sich die Aufmerksamkeit der gelehrten Welt auf diese Sekte und ihre Tätigkeiten. Eines der Schriftstücke, das sogenannte ‹Zadokidische Dokument› (oder die ‹Damaskus-Schrift›), war zwar schon seit mehreren Generationen bekannt, doch erst die Funde von Kumran stellten es in einen sinnvollen Zusammenhang.

Diese Dokumente lassen das Bild einer straff organisierten religiösen Gemeinschaft erstehen, an deren Spitze Priester und Leviten sowie auch auserwählte Laien standen. Die Priester leiteten ihre Stellung vom Hause Zadok her, der Priesterfamilie aus der Zeit Davids. Die Sekte vom Toten Meer lehnte die priesterlichen ‹Emporkömmlinge› der hasmonäischen Dynastie ebenso ab wie den Tempel in Jerusalem und setzte all ihre Hoffnungen auf einen künftigen Tempel von größerer Reinheit. Sie nahm ein Kalendersystem an, das auf anderen Grundlagen beruhte als das von den übrigen Juden benutzte, und spaltete sich so auf ewig von ihnen ab: in Kumran hielt man die Tage heilig, die bei den anderen als Werktage betrachtet wurden, und arbeitete an den von den anderen geheiligten Feiertagen. Der Kern der Gruppe bestand aus Sektenmitgliedern, die eine Probezeit bestanden und allem persönlichen Besitz entsagt hatten; dieser wurde von ‹Vorstehern› zum Besten der Gemeinschaft verwaltet, die auch Frauen und Kinder einschloß. Die männlichen Mitglieder nahmen ihre Mahlzeiten zusammen ein und saßen dabei nach einer Rangordnung, die jedes Jahr neu festgesetzt wurde.

Zu den Grundsätzen der Gemeinschaft, soweit man sie aus ihren Schriften entnehmen kann, gehörte der Glaube, daß sie selbst die ‹Auserwählten des Herrn› und daß alle nicht Auserwählten dem ewigen Verderben anheimgegeben seien. Die Auserwählung war von Gott vorherbestimmt und stand unwandelbar fest. Sie glaubten, das Ende der Welt sei nahe, und unter ihren Schriften findet sich eine Rolle, die den ‹Krieg der Söhne des Lichtes [das waren sie selbst] mit den Söhnen der Finsternis› beschreibt, an dessen Ende natürlich das Licht siegen würde. Inwieweit diese ‹Kriegsrolle› eine ernsthafte Vorbereitung auf einen Kampf darstellte oder ob sie nur eine apokalyptische Spekulation war, ist umstritten. Wie es ihrem erhabenen Wesen wohl anstand, legte die Sekte besonderen Wert auf die Bücher der Bibel, die ihrem geistlichen Trachten entgegenkamen, so etwa *Jesaja*, die *Psalmen* und die *Kleinen Propheten*. Jedenfalls deuteten sie diese Bibeltexte im Lichte zeitgenössischer Ereignisse. Da jedoch die Anspielungen in den Kommentaren verschleiert erscheinen, ist ihr historischer Hintergrund der modernen Forschung unklar. Zu den Schriftstücken der Sekte gehören daneben ‹Danksagungshymnen›, die von ihren Mitgliedern verfaßt sind und in denen ihre Lehre in der Sprache der orthodoxen Psalmen vorgetragen wird. Außerdem fanden sich unter den Dokumenten zwei Kupfer-Rollen mit Listen von märchenhaften Schätzen, die in der Nachbarschaft von Jerusalem, in der Wüste Juda und an anderen Orten verborgen seien. Ob diese Listen wirkliche Schätze verzeichnen oder einfach Früchte einer blühenden Phantasie waren, kann man nur mutmaßen.

Klosteranlage der Sekte von Kumran; im Hintergrund das Tote Meer sowie die Straße nach Masada.

Auch die historischen Hintergründe der Entstehung der Sekte sind keineswegs geklärt. Die Ausgrabungen bei Kumran haben klar ergeben, daß die Siedlung bereits in den Tagen des Johannes Hyrkanos bestand. Die Sekte trennte sich vom übrigen Volk also eindeutig in hasmonäischer Zeit. Damit würde entweder Simon oder sein Sohn Johannes (mit größerer Wahrscheinlichkeit aber Simon) die Rolle des ‹Frevelpriesters› gespielt haben. Möglicherweise war ihre gleichzeitige Übernahme des Hohenpriesteramtes und der weltlichen Herrschaft der Anlaß für den Abfall der Kumran-Sekte. Sie scheint bis zur Zeit des Herodes fortbestanden zu haben, als er, der selbst ein Ausgestoßener war und anderen in ähnlicher Lage gern half, sie offenbar ermutigte, nach Jerusalem umzusiedeln. Doch kehrte die Sekte wahrscheinlich zur Zeit von Archelaos, dem Sohn des Herodes, nach Kumran zurück und harrte in ihrer ‹Feste der Frommen› *(Mezad Chassidim)* weiter aus, bis diese von den Römern zerstört wurde, die zwischen den verschiedenen jüdischen Sekten keinen Unterschied machten.

Man hat sich mehr oder weniger allgemein darauf geeinigt, daß die Sekte von Kumran mit den Essenern gleichzusetzen ist, die in den

Schriften von Josephus und Plinius beschrieben werden — obwohl deren Berichte nicht vollkommen mit dem übereinstimmen, was wir von der Sekte wissen. Mitglieder der Kumran-Sekte waren jedoch, genau wie die Essener, offensichtlich am Krieg gegen die Römer beteiligt, denn auch unter den Nachlaß-Überresten der Zeloten, die sich in Masada verschanzt hatten, wurden Fragmente ihrer Schriften gefunden.

Die Beziehung zwischen der Kumran-Sekte und dem frühen Christentum ist weniger klar. Es bestehen gewisse wörtliche Übereinstimmungen zwischen Passagen des Neuen Testaments und einigen der Kumran-Texte. Am sichersten dürfte es sein, beide religiösen Bewegungen als Teil jener politischen wie religiösen Gärung anzusehen, die am Ende des 1. Jh. v.Chr. das jüdische Volk aufs schwerste erregte.

Die Überreste vom Sitz der Sekte in Kumran wurden zwischen 1956 und 1961 ausgegraben. Dabei stieß man auf ein quadratisches Hauptgebäude mit einem Befestigungsturm in der Nordwestecke. Der Innenhof ist von rechteckigen Einzelräumen umgeben — einem Beratungsraum mit Bänken an den Wänden, einem Schreibersaal, in dem die Bibeltexte und die Schriften der Sekte ins Reine geschrieben wurden, einer Küche sowie anderen Räumlichkeiten. An die Südseite dieses Komplexes wurden ein großer Speisesaal sowie eine Töpferwerkstatt und ein Vorratshaus angebaut, und ein weiterer Anbau enthielt eine Schafhürde. Die ganze Anlage, die südlich von Jericho in der Wüste liegt, wurde von den nahen Bergen über einen Aquädukt mit Wasser versorgt. Innerhalb der Ruinen fand man nicht weniger als acht Teiche, die meist rechteckig angelegt und mit Treppen versehen sind: die Riten der Sekte verlangten häufige Waschungen, und dafür war reichlich Vorsorge getroffen. In einem der Teiche lassen sich übrigens klare

Steinmetzarbeiten in der Nordwestecke des Tempelplatzes von Jerusalem, Überreste der herodianischen Festung Antonia; darüber islamische Gebäude der Mamlukenzeit.

Spuren eines Erdbebens, vermutlich des Bebens aus dem Jahre 31 v.Chr., erkennen. Etwa zwanzig Höhlen sind im Umkreis dieser Ruinen gefunden worden, und viele enthielten Fragmente von Schriftrollen, während andere als Wohnungen dienten. Ein Lagerplatz vor der klosterartigen Anlage von Kumran verrät, daß nicht alle Sektenmitglieder innerhalb seiner Mauern lebten; ungefähr tausend von ihnen sind in der Nachbarschaft in schlichten Gräbern beigesetzt.

Die Regierungszeit von König Herodes

Während die Sekte von Kumran in ihrer Zufluchtsstätte in der Wüste lebte, ging die Herrschaft der ihnen verhaßten Hasmonäer zu Ende. Die beiden Söhne von Alexander Jannaios, Aristobulos II. und Hyrkanos II., versuchten gerade, die Thronfolge durch einen Bruderkrieg zu regeln, als der römische General Pompeius in Judäa einmarschierte — beide hatten ihn zu Hilfe gerufen. Nachdem er die Stadt Jerusalem besetzt und den Tempel erstürmt hatte, entschied er sich 63 v.Chr. für Hyrkanos II., weil dieser der schwächere war, und damit verlor Judäa seine Unabhängigkeit. Innerhalb einer Generation wurde dann der letzte Hasmonäer vom Thron gestürzt, und der Idumäer Herodes, ein Sohn des Antipater, der das Land schon unter Hyrkanos II. verwaltet hatte, trat an seine Stelle.

Herodes war 40 v.Chr. in Rom zum König der Juden ernannt worden, während sein Rivale Antigonos, der letzte hasmonäische König, als Günstling der eingedrungenen Parther noch in Jerusalem regierte. Es bedurfte dreijähriger Kämpfe und einer verlustreichen Belagerung Jeru-

salems, ehe Herodes auch in Wirklichkeit König wurde. Er regierte 33 Jahre, starb in Jericho einen qualvollen Tod und ging dann in die Evangelien als der ‹König Herodes› ein, der den Kindermord von Bethlehem befohlen hatte.

In Wahrheit war Herodes ein überaus energischer und erfolgreicher Herrscher, auch wenn er die Probleme seiner Zeit nicht zu meistern vermochte. Da er durch römische Gunst in Jerusalem auf den Thron gekommen war, wurde er von seinen jüdischen Untertanen gehaßt und von den Griechen in seinem Herrschaftsbereich nur geduldet. Sobald seine Regierung sicher unter dem Schutz von Kaiser Augustus (31 v.Chr.–14 n.Chr.) stand, war es deshalb das Hauptziel von Herodes, einen Konflikt zwischen Juden und Römern zu vermeiden und die Juden so dicht wie möglich an die vorherrschende griechisch-römische Kultur heranzuführen. Er verfolgte eine kluge Finanzpolitik und investierte große Summen für die Sicherung seiner Hauptstadt und seines Königreiches, um dadurch das Wohlwollen oder wenigstens die Duldung seiner jüdischen Untertanen zu gewinnen und die Griechen des Ostens zu beeindrucken. In Jerusalem erbaute sich Herodes im Nordwestabschnitt der Stadt (heute bei der Zitadelle) einen glanzvollen Palast mit drei Befestigungstürmen an der Nordseite, die nach seinem Bruder Phasael, seinem Freund Hippikus und seiner Frau Mariamne benannt waren. Von diesen Türmen steht nur noch das Fundament des Phasael-Turms in Jerusalem, und dieser kompakte, traditionell als ‹Davidsturm› bezeichnete Bau mißt 20 m im Quadrat und ist 20 m hoch. Seine großen Quader zeigen die charakteristische Behauung der herodianischen Zeit – nur rohbearbeitete Schichtflächen, die mit einem ersten, schmalen und einem zweiten, tieferen und breiteren Randschlag versehen sind. Der Palast des Herodes war von einer eigenen Mauer umschlossen und stand dem Oberen Markt, also dem Mittelpunkt der Oberstadt, gegenüber, in der die lokale Aristokratie der Hohenpriester mit ihren Familien lebte. Dieses Viertel, das frühere hellenistische ‹Antiocheia›, wurde auf seiner Ostseite durch eine Mauer von der übrigen Stadt abgegrenzt. Es enthielt die Reste des alten hasmonäischen Palastes, der mit korinthischen Kapitellen und Fresken neu geschmückt worden war; einige davon sind in jüngster Zeit bei Ausgrabungen im jüdischen Viertel der Altstadt freigelegt worden. Eine weitere Festung des Herodes in Jerusalem nannte er zu Ehren des Triumvirs Marcus Antonius ‹Antonia›. Überreste ihrer Mauern und möglicherweise von ihrem Pflaster – dem Lithostrotos, wo nach allgemeiner Tradition Jesus gerichtet wurde – sind in der Altstadt noch unter dem Kloster der Schwestern Zions zu sehen. Unterhalb der Pflasterung liegen die beiden Teiche, die von Josephus im Zusammenhang mit ‹Antonia› als Struthion (‹Strauß›?) erwähnt werden.

Die gewaltigsten Unternehmen von Herodes waren die Vergrößerung des Tempelberges durch Verdopplung seiner Grundfläche und der völlige Umbau des Tempels selbst. Von diesem Gebäude ist nichts Sichtbares mehr übriggeblieben; doch ragen die westlichen, südlichen und teilweise auch die östlichen Mauern des herodianischen Tempelplatzes noch aus dem Boden. Bei den von Benjamin Mazar seit 1968 geleiteten Ausgrabungen wurden südlich des Tempels herodianische Straßenpflaster und Treppen freigelegt. Die Sichtfläche der Mauer ist aus riesigen, 10 bis 12 m langen Quadern erbaut, die in den Ecken abwechselnd als Binder und Läufer gefügt sind, und jede Schicht ist etwa 1 m hoch. Ein 15 m breiter und 12 m hoher Bogen über der Straße (der sogenannte ‹Robinson-Bogen›) verband den Tempel mit

West-(Klage-)Mauer der herodianischen Tempelumfriedung, erbaut aus geränderten, 1 m hohen Quadern; dieser Teil ist seit Jahrhunderten für die Juden ein Ort des Gebets und der Klage über die Zerstörung des Tempels.

einer in das Tyropoiontal hinabführenden Treppe. Und etwas weiter nördlich führte ein zweiter Bogen (der ‹Wilson-Bogen›) in die Oberstadt. Zwischen diesen beiden Bögen liegt die jüdische Gebetsstätte, die im Hebräischen als ‹Westmauer› *(Kotel Ma'aravi)* und in den europäischen Sprachen als ‹Klagemauer› bekannt ist (und sich unter der heutigen Erdoberfläche nach Norden fortsetzt). Der monumentale Eindruck dieser herodianischen Mauer ist überwältigend, und man sollte nicht nur bedenken, daß die heute sichtbaren Mauern früher von einem hohen Bauwerk mit vorspringenden Pilastern gekrönt waren (wie man es noch heute an der herodianischen Umfriedung der Höhle Machpelah in Hebron beobachten kann), sondern daß die Jerusalemer Mauern stellenweise bis zu 25 m tief auf den Fels hinunterreichten. Vier Tore führten durch die Westmauer, zwei durch die Süd- und je eins durch die Nord- und die Ostmauer.

Herodianische Umfriedung des traditionellen Orts der Höhle Machpelah, wo nach der Überlieferung Abraham und seine Familie begraben sein sollen; die Pilastermauer über der glatten Grundmauer (die Zinnen sind späteren Datums) zeigt, wie die Tempelmauer einmal aussah.

Zwei Funde aus dem jüdischen Viertel der Altstadt verdeutlichen den Kunststil jener Zeit: ein stilisiertes korinthisches Kapitell von feinster Steinmetzarbeit und das Sgraffito einer *menorah* (des Siebenarmigen Leuchters), das gezeichnet wurde, als der originale goldene Leuchter noch im Tempel stand.

Von den Gräbern der herodianischen Zeit besitzen mehrere monumentale Ausmaße. Eines, das sogenannte ‹Absalomgrab› im Kidrontal, ist das ‹Mal› eines Höhlengrabes dahinter (des ‹Josaphatgrabes›). Das Denkmal ist zum Teil aus dem Fels geschlagen und zum Teil gebaut. Es verbindet im hellenistischen Stil des Orients ionische Säulen mit einem dorischen Fries und wird von einer konischen Pyramide gekrönt, deren Spitze ein Blumenornament ziert. Ein weiteres Grab dieser Zeit ist das ‹Grab der Herodianer› in der Nähe des Hotels King David; es hat einen Rollstein-Eingang — der Stein diente nach der Bestattung als Verschluß

des Grabes, damit es unberührt blieb –, und seine Wände sind mit Steinplatten belegt. Die gleiche Technik der Wandverkleidung eines in den Fels gehauenen Grabes mit Steinplatten läßt sich im ‹Grab des Naziriten› auf dem Gelände der Hebräischen Universität auf dem Skopus beobachten. In diesem Gebiet liegt auch noch ein drittes herodianisches Grab – von einem gewissen Nikanor aus Alexandreia oder seiner Familie; er wird in talmudischen Quellen als Stifter der bronzenen Türflügel des ‹Nikanor-Tores› im Tempel erwähnt.

Das Interesse des Herodes an befestigten Stätten beschränkte sich keineswegs auf Jerusalem. Südöstlich von Bethlehem errichtete er die Festung ‹Herodium›, ein rundes Bauwerk mit vier Türmen, die quer in die Zwischenmauern gesetzt wurden. Die Festung war mit einem Bad, Wohnräumen, einer Banketthalle und einer Synagoge ausgestattet. Nach den Angaben von Josephus liegt Herodes hier begraben, aber sein Grab ist bisher noch nicht entdeckt worden. Die runde Festung steht auf einem hohen, zum Teil künstlich aufgeschütteten, kegelförmigen Hügel und war durch einen Aquädukt mit den reichfließenden Quellen von En Etam an der Straße von Jerusalem nach Hebron verbunden.

Die herodianischen Bauten in Masada sind noch imponierender, weil diese Festung als einzige ihrer Art auf einem alleinstehenden Felsen errichtet ist, der 300 m über dem Toten Meer aufragt. Herodes betrachtete diesen Ort als letzte Zuflucht in Notzeiten. Die ebene Oberfläche des Felsens ist von einer Kasemattenmauer mit Türmen umgeben. Innerhalb der Mauern steht ein großer Palast mit einem Thronsaal und Wohnräumen, einer Wachstube neben einem monumentalen Tor und Quartieren für die Arbeiter des Palastes. Zwei weitere palastartige Häuser nahmen wahrscheinlich das höfische Gefolge auf. Eine große, oben in den Fels geschlagene Zisterne lieferte einen Teil des Wassers für Masada. Nördlich vom Palast steht ein Kasernengebäude. Beim Westtor der Festung fand man die Überreste einer Synagoge – eine nach Jerusalem ausgerichtete Säulenhalle mit Bänken rings an den Wänden. Am nördlichen Ende des Felsens liegen die Vorratshäuser, die aus langen, nebeneinandergesetzten Räumen bestehen, dazu ein Verwaltungsgebäude und nicht zuletzt ein großes, allgemeines Bad mit einem Warmluft-Heizsystem unter dem Fußboden wie bei den römischen Thermen. Kleinere Bäder standen auch innerhalb des Palastes zur Verfügung. Das spitz zulaufende Nordende der Felsoberfläche von Masada ist durch eine hohe Mauer mit einem eigenen Tor von der übrigen Festung getrennt. Dieser Teil diente als Privatresidenz des Königs und war in drei ‹Rängen› oder Terrassen angelegt: Auf der obersten Fläche steht ein kleines Wohnhaus mit einer halbrunden Plattform davor. Von dort steigt man auf die mittlere Ebene zu einer runden Bastion *(tholos)* mit Steinbalustraden hinunter, und der nächste Abstieg führt zur Banketthalle im ‹Erdgeschoß›. Hier konnte Herodes beim Festmahl sitzen und auf das Gewimmel der Menschlein in der Ebene unter ihm hinabschauen. Noch weiter unten sind ein paar Räume mit eigenen Bädern direkt an die Felswand gebaut. Der gesamte herodianische Baukomplex war mit Stucksäulen dekoriert, die im augusteischen Stil ionische oder korinthische Kapitelle hatten; die Wände waren in Marmorimitation bemalt und die Fußböden mit Mosaiken aus geometrischen oder aus Blumenmustern belegt. Es ist für diese einsam gelegene Festung charakteristisch, daß Herodes selbst hier, in seinem Wüstenstützpunkt, streng dem Bilderverbot des jüdischen Gesetzes folgte, so wie es zu seiner Zeit verstanden wurde.

▷

Herodianisches Grabdenkmal, das sogenannte ‹Absalomgrab›; im Unterteil sind die Säulen mit ionischen Kapitellen und einem dorischen Fries aus dem Fels gehauen; der obere Teil ist gebaut und mündet in eine konische Pyramide, die von einer Blume aus Stein gekrönt ist.

S. 60/61
Blick aus der Ferne auf das Herodium, die Festung und Begräbnisstätte von Herodes.

Masada, herodianische Vorratshäuser, freigelegt und restauriert.

◁
Nördliche Spitze von Masada mit den drei Terrassen des Palastes; links der ‹Schlangenpfad›.

Masada, Fußboden-Stützpfeiler des Warmluft-Heizsystems im öffentlichen Bad.

Masada ist mit einer kunstreichen Wasserversorgung ausgestattet: das Wasser fließt aus zwei tiefen Tälern über Aquädukte in zwei Reihen von aus dem Fels gehauenen Zisternen unterhalb der Festung. Wie Josephus überliefert, war Masada mit Nahrung, Waffen und Wasser für eine Garnison von tausend Mann reichlich versorgt. Das endgültige Schicksal der Festung entschied sich dann während des jüdischen Aufstands.

Da die nichtjüdischen Gebiete etwa die Hälfte seines Königreiches ausmachten, kümmerte sich Herodes auch gewissenhaft um die griechischen Städte unter seiner Herrschaft. Er baute die Stadt Stratonsturm an der Küste wieder auf, gab ihr den neuen Namen Caesarea und legte dort einen großen Hafen an, der bald der wichtigste von Palästina wurde. Jahrhundertelang diente Caesarea sogar als Hauptstadt des Landes. Von den herodianischen Überresten findet man dort heute noch die Molen und Gewölbe des Hafens, das Podest des Augustus-Tempels, Teile der herodianischen Mauer und eines Tores, den sehr hohen, aus dem Norden heranführenden Aquädukt der Stadt und ein Theater, das in seiner heutigen Gestalt zwar nachherodianisch ist, doch immer noch dem ursprünglichen herodianischen Grundriß folgt. Außerhalb der Stadt ist schließlich das Hippodrom mit seinen abgestuften Zuschauerrängen und den Wendesteinen aus Porphyr in der Arena zu sehen.

Samaria war eine weitere Siedlung, die Herodes wiederherstellte und in Sebaste umbenannte (Sebastos, griechisch für Augustus). Hier wurde die Stadt mit neuen Mauern umgeben, bekam runde Tortürme, und an ihrem höchsten Punkt entstand über den Resten der israelitischen Zitadelle ein Augustus-Tempel, den man über eine monumentale Treppe erreicht. Vom Tor aus führt eine Kolonnadenstraße bis zum Forum am anderen Ende der Stadt.

Die ambivalente politische Einstellung von Herodes ist auch an seinen Münzen abzulesen. So griff er einige der hasmonäischen Symbole wieder auf. Andere Münzen zeigen die Dioskurenhelme mit einem Stern darüber, oder auch das in den Tempeln benutzte Weihrauchgefäß *(thymiaterion)*. Auf einer Münze ließ er sogar den Adler darstellen, obwohl dies eine Überschreitung des jüdischen Gesetzes bedeutete. Er könnte an den goldenen Adler erinnert haben, den Herodes über dem Tempeltor hatte aufrichten lassen, worauf in Jerusalem ein Aufruhr losbrach.

Die letzten Regierungsjahre des Herodes waren durch Intrigen in seinem Hofstaat überschattet, auf Grund derer er seine beiden Söhne von der Hasmonäerin Mariamne, die er schon einige Jahre zuvor hatte hinrichten lassen, töten ließ. Fast mit den letzten Atemzügen befahl Herodes noch die Hinrichtung eines weiteren Sohnes, Antipater. Er hinterließ zwar viele glanzvolle Baudenkmäler, aber er starb im Jahre 4 v. Chr., ohne das Hauptproblem seiner Regierungszeit gelöst zu haben – die Überbrückung der Kluft zwischen dem Judaismus und der griechisch-römischen Welt.

Judäa nach Herodes

Herodes hielt keinen von seinen drei überlebenden Söhnen für fähig, sein gesamtes Königreich zu regieren. Deshalb schlug er in seinem Testament vor, das Reich solle zwischen den dreien aufgeteilt werden. Nach einigem Zögern erklärte sich Kaiser Augustus damit einverstan-

▷
Masada, Rundbau auf der mittleren Terrasse des dreistufigen herodianischen Palastes; in der Ebene römische Lager und die Belagerungsmauer.

S. 66/67
Sebaste (Samaria), herodianische Türme beiderseits des Stadttors.

‹Königsgräber› in Jerusalem; monumentale Grabanlage aus dem 1. Jh. n.Chr.; Vorhof und Grabeingang mit dorischem Fries und darunter einer Randverzierung mit Blättermuster.

den, und so erhielt jeder Herodes-Sohn seinen Anteil: Archelaos bekam Judäa und Samaria; Herodes Antipas Galiläa und Peräa östlich des Jordans; und Philippos die Gaulanitis, die Batanaia und die Auranitis. Binnen eines Jahrzehnts verlor Archelaos sein Königreich und wurde von einem römischen Prokurator (‹Landpfleger›) ersetzt. Diese Prokuratoren, ursprünglich Steuerbeamte, wurden in der Regel aus den schlechter bezahlten Beamtenrängen ausgewählt; einige von ihnen waren tüchtig, viele dagegen grausam oder korrupt.

Die Herrschaft der Prokuratoren wurde eine kurze Zeitlang (41–44 n.Chr.) durch die Regierung von König Agrippa I. unterbrochen. Obwohl er direkt von Herodes abstammte, genoß der König weit höhere Gunst als sein Großvater, und zwar auf Grund seiner jüdischen Rechtgläubigkeit, die in seltsamem Widerspruch zu dem abenteuerlichen Leben stand, das er vor seiner Thronbesteigung geführt hatte. Es ist interessant zu beobachten, wie die jüdischen Weisen sogar dann noch hinter Agrippa standen, wenn er Maßnahmen traf, die sie Herodes nie gestattet hätten. So waren etwa Agrippas Münzen, die er in Jerusalem ausgab, mit einem Sonnenschirm (als Symbol des Königtums) und drei Gerstenähren geschmückt und deshalb vom orthodoxen Standpunkt aus unangreifbar; in Caesarea dagegen prägte dieser selbe König nicht nur Münzen mit dem Bild des Kaisers, sondern sogar mit seinem eigenen und dem seines Sohnes. In Jerusalem begann Agrippa mit dem Bau der Dritten Mauer an der Nordseite der Stadt, die erst nach dem Ausbruch des ersten jüdischen Aufstandes vollendet wurde. Einige ihrer Überreste sind unweit vom Damaskus-Tor zu sehen.

‹Königsgräber› in Jerusalem, erbaut für eine königliche Familie aus Adiabene (Königin Helena und ihre Kinder), die den jüdischen Glauben angenommen und sich in Jerusalem niedergelassen hatten.

Agrippas Regierungszeit ist späteren Generationen wie ein Nachsommer der Zeit des Zweiten Tempels vorgekommen. Während dieser Jahre erreichte Jerusalem seine größte Ausdehnung. Und die geistige Aktivität der Juden konzentrierte sich auf die Ausarbeitung der Mündlichen Lehre – die Neuauslegung der fünf Bücher Moses im Sinne ihres veränderten Selbstverständnisses. Schon vier Generationen lang, seit dem Tode von Alexander Jannaios, lag nun die geistige Führung des jüdischen Volkes bei den Pharisäern. An ihrer Spitze stand jeweils ein ‹Paar› von Weisen – der erste war Antigonos von Socho und die letzten Hillel und Schammai zur Zeit des Herodes. Sie und ihre Nachfolger setzten die Arbeit der ‹Schreiber› aus der Zeit Esras fort und entwickelten allmählich einen sorgfältig durchdachten Kodex von Gesetzen und Regeln, die nicht nur die rein religiösen Pflichten der frommen Juden umfaßten, sondern auch ihr Familienrecht und die Reinheitsrituale im Umgang mit Speisen. Wer diese Mündliche Lehre befolgte, wurde zu den ‹Verläßlichen› gezählt, die aus eigenem Antrieb eine Organisation von *chaverim* (‹Genossen›) bildeten und miteinander in Verbindung standen, sich aber von den *am ha'aretz* (dem ‹gemeinen Volk›) fernhielten. Die letzteren konnten jedoch schrittweise dazu hingelenkt werden, das Gesetz so zu beachten, wie es von den führenden Pharisäern ausgelegt wurde. Außerdem dienten die rituellen Reinheitsgesetze dazu, die Juden von den Nichtjuden zu trennen. Dennoch wurden in der Diaspora viele Proselyten gemacht. Die zerstreut lebenden Juden kamen aus allen Teilen des Römischen Reichs und Babyloniens in ständig wachsender Anzahl auf Pilgerfahrten nach Jerusalem; und ihre Zuwendungen an den Tempel und für lokale Wohltätigkeitszwecke wurden ein überaus wichtiger Faktor in der blühenden Wirtschaft des Landes.

Die künstlerischen Strömungen der Zeit waren wie zuvor von einer strengen Auslegung des Zweiten Gebots bestimmt: auf den tausend bisher gefundenen Sarkophagen und Ossuarien erscheint keine einzige Menschen- und kaum eine Tierdarstellung. Wir können in jener Zeit zwei Kunstrichtungen unterscheiden. Die eine geht von den späthellenistischen und orientalischen Errungenschaften aus (zu denen sich in Palmyra und auf nabatäischen Reliefs Parallelen entdecken lassen) und wird durch eine reiche, aus Blumengewinden und Akanthusschnecken entwickelte Ornamentik sowie durch einen starken Drang charakterisiert, allen verfügbaren Raum auszufüllen (was man als *horror vacui* bezeichnet). Dieser prächtige Stil entfaltet sich besonders auf den Sarkophagen, die in Jerusalem in vielen Gräbern reicher Leute gefunden wurden. Er zeigt sich auch in dem Blumenornament, das den Giebel der sogenannten ‹Richtergräber› im Oberen Kidrontal ziert, sowie am ‹Grab der Trauben› und am ‹Naziritengrab› in derselben Gegend. Das prächtigste von diesen Grabdenkmälern sind die ‹Königsgräber› unmittelbar im Norden der Dritten Mauer. Sie wurden für eine königliche Familie aus Adiabene (heute in der Nähe von Mosul im Irak) erbaut, die den jüdischen Glauben angenommen und sich in Jerusalem niedergelassen hatte. Diese Grabanlage besteht aus einer monumentalen Trep-

Blick auf Nazareth.

pe, einem weiten, aus dem Fels geschlagenen Gräberhof und einer Fassade im ionischen Stil mit einem dorischen Fries, dessen Triglyphen und Metopen Schilde einschließen. Der Fries wird durch eine symbolische Darstellung von Traubenbüscheln unterbrochen, die beiderseits von Blattgewinden eingefaßt sind; und darunter verläuft eine Randverzierung mit Blättermuster, auf der verschiedene Früchte vor einem Akanthushintergrund zusammengestellt werden. Das eigentliche Grab hat einen Rollstein-Eingang, und die Grabkammern im Innern sind in mehreren Rängen angeordnet. Dieses Denkmal, das auch als ‹Grab der Königin Helena› bekannt ist (sie war die Mutter der Könige von Adiabene), wurde früher noch von drei konischen Pyramiden gekrönt und galt im antiken Jerusalem als Landmarke.

Schlichtere Begräbnisse waren die in den Ossuarien. Gegen Ende der Zeit des Zweiten Tempels hatte sich der von den Pharisäern vertretene Glaube an die Wiederauferstehung jedes Menschen allgemein verbreitet. Er beruhte auf einer Unterscheidung zwischen der Sündhaftigkeit des Fleisches im Gegensatz zur Dauerhaftigkeit und Unvergänglichkeit des Skeletts. Aus diesem Glauben erwuchs wahrscheinlich der Brauch einer Zweitbestattung, die damals eingeführt wurde. Der Leichnam blieb ein Jahr lang offen im Grab liegen, bis alles Fleisch zerfallen war, und dann wurden der Schädel und die Knochen sorgfältig gesammelt und in kleinen, rechteckigen Steinkästen, den Ossuarien, endgültig

begraben. Etwa tausend dieser Kästen sind an verschiedenen Stellen in Judäa, vor allem aber im Umkreis von Jerusalem entdeckt worden. Viele Ossuarien sind völlig schmucklos, aber ein beträchtlicher Teil weist zumeist geometrisch gestaltete Ornamente in Kerbschnittechnik auf. Der gebräuchlichste Schmuck besteht aus zwei Rosetten innerhalb eines ornamentalen Rahmens. Doch fanden sich in vielen Fällen auch Darstellungen von Gebäuden, Blumen und Gebrauchsgegenständen wie etwa Pokalen oder Vasen. Dieser Schmuck könnte eine symbolische Bedeutung haben, deren genauer Sinn uns noch nicht klar ist. Überaus häufig wurden (auf hebräisch, aramäisch oder griechisch) die Namen der Verstorbenen auf die Ossuarien geschrieben, oft auch mit Angabe ihres Berufs. Eine Gruppe von solchen Ossuarien, die in jüngerer Zeit aus einem Grab bei Givat ha-Mivtar in der Nähe von Jerusalem zutage kam, hat Berühmtheit erlangt: Von den dort Begrabenen wird ein Mann als ‹Simon, der Erbauer des Tempels› bezeichnet (nach seinen schwieligen Knochen zu urteilen, war er vermutlich Steinmetz); und ein anderes Ossuarium aus diesem Grab enthält die Gebeine eines Mannes, der den Kreuzestod starb. Oft fanden sich in einem Ossuarium die Gebeine von mehreren (bis zu vier) Erwachsenen und Kindern. Die Ornamentik dieser Ossuarien ist in einem klaren, geometrischen Stil gehalten und beruht auf dem Kontrast zwischen der hellen, glänzenden Oberfläche und den dunkler zurücktretenden, vertieften Linien. Die gleiche Wirkung in der Art einer Spitzenstickerei erzeugen auch die parthischen Stuckfassaden, die in mesopotamischen Palästen von Hatra und Assur gefunden wurden. Man hat daher die Vermutung geäußert, daß beide Stile aus der gleichen assyrischen oder babylonischen Quelle herzuleiten seien. Die Juden könnten diesen ornamentalen Stil während des Babylonischen Exils kennengelernt und ihn bei ihrer Heimkehr mit nach Zion zurückgebracht haben, wo er seitdem traditionell geheiligt war.

Jesus von Nazareth

Der Untergang des hasmonäischen Königreiches und der Verlust der nationalen Unabhängigkeit verursachten im jüdischen Volk ein tiefes Trauma. Wie es in Zeiten der Bedrängnis so oft geschieht, richteten sich nun die Gedanken auf eine künftige Erlösung, auf messianische Hoffnungen. Diese messianische Idee war zum erstenmal in Juda ausgesprochen worden; der Prophet Jesaja verkündete sie als Trost und Gegenbild angesichts des Leidensweges, den die Propheten dem Volk als Strafe für seine Sünden in unmittelbarer Zukunft voraussagten. Im Babylonischen Exil verband sich dann die messianische Idee mit dem iranischen Glauben an ein nahes Ende dieser Welt, das im Kreislauf des Untergangs und der Wiedergeburt der Welten bald bevorstehe. Die Propheten Israels legten allerdings keinen Nachdruck auf diesen Aspekt des Messianismus; für sie rührten Kummer und Nöte, die dem jüdischen Volk widerfuhren, von seiner Sündhaftigkeit her, insbesondere von seiner Götzenverehrung, und die assyrischen und babylonischen Könige waren nur die Vollstrecker des göttlichen Zorns. Nachdem das Volk im Exil gesühnt hatte, konnte es mit der Rückkehr nach Zion seine geistige Integrität wiedergewinnen. Und seine Standhaftigkeit zeigte Früchte – im Aufstand der Hasmonäer und in der Befreiung von fremder Oberherrschaft. Die Katastrophen jedoch, die dann unter den letzten Hasmonäern über das jüdische Volk hereinbrachen, entzogen sich dieser Erklärung, weil es in Israel keine Götzenverehrung mehr gab. Die neuen Nöte mußten daher die Geburtswehen der messianischen Ära sein, die unmittelbar bevorstand; und in diesem Verständnis der zeitgenössischen Ereignisse lag der Ursprung für die geistigen Gärun-

Bethlehem, Mittelschiff der Geburtskirche mit den Säulen Justinians.

Bethlehem, Inneres der Geburtskirche, von der Vorhalle (narthex) her gesehen.

oben ▷
Eingang zur Grotte der Geburtskirche mit Halbsäulen der Kreuzfahrerzeit.

unten
Geburtsstätte Christi im Innern der Grotte, gekennzeichnet durch einen silbernen Stern.

gen der Zeit. Die Aristokratie der Sadduzäer, die Hohenpriester und ihr Anhang, hatte daran keinen Anteil; ihre geistigen Bedürfnisse wurden vom Ritual des Tempeldienstes vollauf befriedigt. Die Pharisäer räumten immerhin die Möglichkeit ein, daß der Tag des Gerichts näherrücke, und trafen Vorsorge für ihre individuelle Erlösung, indem sie sich bemühten, die Vorschriften des Gesetzes mit ständig wachsender Gewissenhaftigkeit zu befolgen, und auf immer engeren Pfaden der Rechtschaffenheit wandelten. Die Zeloten schließlich waren bereit, die messianische Zeit dadurch herbeizuführen, daß sie kurzerhand zu den Waf-

Blick von Gethsemane auf den Ölberg.

fen des Aufstands griffen. Vor diesem Hintergrund tauchten, wie die Geschichte verzeichnet, eine Reihe von ‹Lehrern› auf, die ihre Anhänger einer Erlösung entgegenzuführen versprachen. In diesem geistesgeschichtlichen Zusammenhang sind das Leben und die Lehre des Jesus von Nazareth zu verstehen.

Jesus wurde im letzten Jahr der Herrschaft des Herodes (wahrscheinlich im Dezember des Jahres 5 v. Chr.) in Bethlehem geboren und wuchs in Nazareth auf. Er war etwa 30 Jahre alt, als sein kurzes Predigertum begann. Er wurde von Johannes getauft — wahrscheinlich

in der Nähe von Jericho, unweit des Sitzes der Sekte von Kumran — und könnte einige Einflüsse der Essener aufgenommen haben, etwa ihr Prinzip des Gemeinschaftseigentums und das ‹Liebesmahl›. Seine Haupttätigkeit entfaltete er jedoch im Umkreis des Sees Genezareth: in und um ‹seine Stadt› Kapernaum, in Magdala, der Heimat von Maria Magdalena, und in Beth Saida, aus der die Apostel Petrus, Andreas und Philippus stammten. Nach dreijähriger Tätigkeit als Wanderprediger kam Jesus zum letztenmal nach Jerusalem. Dort wurde er verhaftet, vor dem Sanhedrin (dem ‹Hohen Rat›) der Gotteslästerung beschuldigt, als politischer Verbrecher an den römischen Landpfleger Pontius Pilatus ausgeliefert, wegen Aufruhr verurteilt und von den Römern durch Kreuzigung hingerichtet.

Dieser kurze Lebensweg auf Erden, der weltweite historische Folgen hatte und dem Land Israel in den Augen von Millionen Christen den Rang eines Heiligen Landes verlieh, hinterließ seinem innersten Wesen nach kaum sichtbare materielle Spuren.

Via Dolorosa, Jerusalem; 5. Station, wo nach der Überlieferung Simon von Kyrene das Kreuz von Jesus übernahm.

Für die frühen Christen bedeuteten die in den Evangelien berichteten Ereignisse eine einzigartige Durchdringung des göttlichen Wirkens und des menschlichen Daseins, die in Ort und Zeit genau fixiert war. Deshalb verehrten sie die Schauplätze des Lebens von Jesus und seinen Aposteln als ‹heilige Stätten› und unternahmen Pilgerfahrten dorthin. Und sobald als möglich (d.h. vom 4. Jh. an) nahmen diese lokalen Traditionen als Gedächtniskirchen und -kapellen architektonische Gestalt an. Im Laufe der Zeit vervielfachten sich die Überlieferungen und verteilten sich manchmal auf konkurrierende Orte — besonders nach dem Schisma zwischen der römischen und der griechisch-orthodoxen Kirche. Die Unsicherheit, die in der Geschichte des Heiligen Landes so vieles beeinträchtigte, führte dazu, Gebetsstätten nahe der Hauptstraßen zu errichten, wo sie ursprünglich nur an unzugängliche Heiligtümer erinnern sollten, aber im Laufe der Zeit deren Stelle einnahmen.

Die Aufzeichnung in den Evangelien beginnt mit der Verkündigung, die in Nazareth, und zwar in der Grotte unterhalb der heutigen Kirche,

Via Dolorosa, Jerusalem; 6. Station, wo nach der Überlieferung die hl. Veronika Jesus den Schweiß vom Gesicht abwischte.

lokalisiert wurde. Ausgrabungen in diesem Gebiet haben die Überreste von Häusern aus römischer Zeit freigelegt, und die Ausgräber vermuten, dort Anzeichen für eine jüdisch-christliche Kultstätte entdeckt zu haben. Die Geburt fand nach den Evangelien in einem ‹Haus› *(Matthäus 2, 11)* oder in einer ‹Krippe› statt, ‹denn sie hatten sonst keinen Raum in der Herberge› *(Lukas 2, 7)*. Seit der Mitte des 2. Jh. legt die Tradition dieses Ereignis in eine Höhle dicht bei Bethlehem in Judäa. Von der Zeit Kaiser Hadrians bis zur Zeit Konstantins waren die Höhle und der Hain darüber dem Kult von Thammuz-Adonis geweiht. 326 n.Chr. wurde dann die erste Geburtskirche errichtet, ein Achteckbau über der Höhle mit einer anschließenden Basilika. Justinian ersetzte diese Anlage durch die Geburtskirche mit ihrer Kleeblatt-Apsis, wie sie noch heute dasteht. Die Grotte erreicht man über eine schmale Treppe und durch Kreuzfahrer-Portale mit Bronzetüren, die noch aus der Zeit Justinians stammen. Die genaue Stelle der Geburt ist in der Grotte durch einen silbernen Stern gekennzeichnet.

In Nazareth wurde eine weitere Höhle als Wohnung und Werkstatt von Joseph und Maria bekannt, wo Jesus aufgewachsen sein soll, doch läßt sich diese Tradition nicht überprüfen. Der ‹Marienbrunnen› ist historisch eher gesichert, weil er die einzige Quelle im Dorf ist.

Die Stätte der Taufe ist nach zwei verschiedenen Überlieferungen bestimmt worden: Die gängigere versetzt das Ereignis ans Jordanufer bei Jericho; eine andere bevorzugt eine Stelle südlich von Beth Schean. Der vorübergehende Aufenthalt von Jesus auf einem hohen Berg in der Wüste wurde im byzantinischen Kloster Dschebel Quarantal oberhalb von Jericho lokalisiert, wo früher die Makkabäerfestung Dok stand.

Zum größten Teil konzentrierte sich die Tätigkeit von Jesus um den See Genezareth. Die Orte Kapernaum und Chorazin *(Matthäus 11, 21)* sowie Magdala *(Markus 8, 10,* in verschiedenen Lesarten) sind gesichert. Allerdings ist die Synagoge von Kapernaum gewiß nicht die, in der Jesus gelehrt hat. Neuere Ausgrabungen legten ganz in der Nähe ein ‹Haus des Petrus› frei, das nach Behauptungen der Archäologen im 2. Jh. und später einer jüdisch-christlichen Gemeinde als Gebetsstätte diente. Als Berg der Seligkeiten gilt seit byzantinischer Zeit die noch heute so benannte Stätte mit einer neueren Kirche; und an die wunderbare Vermehrung der Brote und Fische erinnern seit dem 5. Jh. die schönen Mosaiken in der Kirche von Heptapegon (at-Tabgha) am Fuß dieses Berges. Das Wunder von Kana soll sich in Kefar Kanna bei Nazareth ereignet haben, obschon viele Forscher den höher in den Bergen gelegenen Ort Chirbet Kanna bei Jotapata als den wahrscheinlicheren Schauplatz ansehen. Nach Meinung einiger Gelehrter sollen die gadarenischen Säue bei Zemach, nach Meinung anderer bei Gergesa (Kursi) am Ostufer des Sees ertrunken sein, wo in jüngerer Zeit eine byzantinische Kirche und ein Kloster entdeckt wurden. Die Felsklippe von Paneas (Caesarea Philippi) könnte den Vergleich angeregt haben, Simon Petrus sei ‹der Felsen›, auf dem die Gemeinde errichtet werde *(Matthäus 16, 18)*. Schon in byzantinischer Zeit wurde der Berg Tabor als der ‹hohe Berg› der Verklärung *(Markus 9, 2)* betrachtet und zur Erinnerung an dieses Ereignis dort eine Kirche erbaut. Das Gespräch mit der Samariterin fand nach dem Evangelisten Johannes am ‹Jakobsbrunnen› bei Sychar statt, und daran erinnerte in byzantinischer Zeit bei Askar in der Nachbarschaft von Nablus eine Kirche in Kreuzesform.

Angesichts der außerordentlichen Bedeutung, die der Kreuzigung in der christlichen Theologie zukommt, hat sich die Forschung besonders darum bemüht, die letzten Tage von Jesus in und um Jerusalem topographisch zu erfassen. Der Grund für die Schwierigkeit, die vielen in den Evangelien erwähnten Stätten zu lokalisieren, liegt vor allem darin,

Römische und byzantinische Überreste am Teich Bethesda (‹Schafsteich›), wo nach der Überlieferung die wunderbare Heilung (Johannes 5) stattfand; der tiefe Teich ist aus dem Fels geschlagen und bestand aus zwei durch einen Damm getrennten Becken.

Blick auf die Wüste Juda, in die sich Jesus nach seiner Taufe im Jordan zurückzog.

daß die Altstadt Jerusalems auf dem Gelände der einstigen römischen Kolonie Aelia Capitolina erbaut wurde und sich von der antiken Stadt des Herodes und der Landpfleger wesentlich unterscheidet – ganz abgesehen von der Tatsache, daß sich in den vergangenen neunzehn Jahrhunderten das Straßenniveau an manchen Stellen um bis zu 25 m erhöht hat. Die Lage des Ölbergs und auch die des Tempels sind natürlich gesichert. An das Abendmahl erinnert dagegen das Coenaculum, eine Kreuzfahrerhalle auf dem ‹Berg Zion› in der Nähe des ‹Hauses von Kaiphas›, und diese Lokalisierung ist rein legendär – auch das Haus des Hohenpriesters lag ganz sicher in der Oberstadt. Die Lokalisierung des Lithostrotos (des ‹Hohen Pflasters›), wo Pilatus über Jesus zu

Gericht saß, bleibt umstritten. Nach alter Überlieferung liegt diese Stätte in den Ruinen der Festung Antonia und ist mit dem Pflaster der Krypta in der Kirche der Schwestern Zions beim Ecce-Homo-Bogen gleichzusetzen, der eindeutig später entstand; andere Forscher, darunter einige katholische, verlegen die Gerichtsverhandlung in den Herodespalast beim Jaffa-Tor. Doch nur wenn man der ersten Annahme folgt, gibt die Via Dolorosa in ihrer heutigen Gestalt wenigstens ungefähr den Verlauf des Kreuzweges wieder. Die genaue Festlegung der Stationen im einzelnen — die Geißelung, die Stelle, wo Jesus seiner Mutter begegnete, wo Simon von Kyrene das Kreuz übernahm oder wo die hl. Veronika ihm den Schweiß abwischte — stammt aus der Kreuzfahrerzeit. Die Stätten von Golgatha und des Heiligen Grabes verschwanden in der Römerzeit unter dem Tempel der Aphrodite am Forum von Aelia Capitolina. Über ihre genaue Lokalisierung bestanden einige Zweifel, obwohl die christliche Gemeinde, die nach dem Jahre 135 in Jerusalem weiterbestand, die allgemeine Lage des Heiligen Grabes gekannt haben muß. Die wunderbare Auffindung des Wahren Kreuzes setzte allen Zweifeln ein Ende: an der Stelle des heidnischen Tempels erstand eine konstantinische Basilika, deren Westteil im russischen Kloster bei der Grabeskirche entdeckt und deren Apsis erst vor kurzem unter dem ‹Katholikon› der Kirche selbst ausgegraben wurde. Die jetzige Rotunde, die den Raum des Heiligen Grabes umgibt, ruht noch auf einem konstantinischen Fundament. Und auf dem Fels von Golgatha, von den Baumeistern Konstantins zur Form eines Würfels

Blick auf den ‹Berg Zion› in Jerusalem; in der Mitte die Kirche des Marienschlafs (Dormitio Mariae), rechts das Coenaculum — nach der Überlieferung die Stätte des Abendmahls; darunter das ‹Davidsgrab›, das spätestens seit dem Mittelalter heiliggehalten wird.

behauen, steht heute die Kalvarienkapelle der Kreuzfahrer. Die ursprünglich steinerne Oberfläche des Heiligen Grabes ist nun mit einer Marmorplatte bedeckt und in einem Bau aus der Zeit um 1810 untergebracht. Das Schiff der Grabeskirche stammt aus der Kreuzfahrerzeit, die Krypta der hl. Helena ist dagegen trotz späteren Beiwerks byzantinisch. Die Echtheit dieser ganzen Stätte hängt natürlich vom Verlauf der zweiten Mauer im Jerusalem der herodianischen Zeit ab; doch wie dem auch sei, das sogenannte ‹Gartengrab› außerhalb des Damaskus-Tors wird von den meisten Forschern als apokryph verworfen. An den Schauplatz der Himmelfahrt auf dem Ölberg erinnert seit byzantinischer Zeit eine achteckige Kirche, die größtenteils erhalten ist; und die Fundamente einer byzantinischen und einer Kreuzfahrer-Kirche unterhalb der heutigen Kirche von Gethsemane zeigen, daß diese Stätte mindestens

S. 86/87
Traditionelle Stätte des Gartens Gethsemane; darüber die Ostmauer von Jerusalem.

seit dem 4. Jh. als der Ort verehrt wird, wo mit der Gefangennahme von Jesus sein Leidensweg begann. Zwei heilige Stätten in Jerusalem sind insbesondere mit der Jungfrau Maria verknüpft: der Ort des Marienschlafs (Dormitio Mariae) auf dem Berg Zion, wo eine neuere Kirche an das Geschehen erinnert, sowie ihr Grab im Kidrontal. In Bethanien (al-Azarijja), östlich von Jerusalem, steht eine byzantinische Kirche zum Gedenken an das Haus von Maria und Martha und an das Grab des Lazarus. Vorher lagen an diesem Ort jüdische Gräber aus dem 1. Jh. n.Chr.

Seit byzantinischer Zeit hatte eine rege Förderung immer mehr Stätten und Denkmäler mit einer zeitweiligen Heiligkeit ausgestattet, die nicht selten von einem Ort auf einen anderen übertragen wurde, wenn dieser leichter zugänglich war. Naturwissenschaftliche, historische, topographische und archäologische Untersuchungen erwiesen sich zwar viele der sogenannten ‹heiligen Stätten› als unecht, doch haben sie etwas von Heiligkeit bewahrt durch jene Verehrung, die ihnen jahrhundertelang entgegengebracht wurde. Die Forschung hat allerdings auch konkrete Beweise oder Parallelen zu Einzelheiten in den Evangelien erbracht. So können wir nun den Namen Pontius Pilatus in Stein gemeißelt sehen, auf einem Bruchstück der Widmung eines Tiberius-Tempels in Caesarea. ‹Zinsgroschen› wie die, an denen Jesus vorführte, ‹was des Kaisers ist› *(Matthäus 22, 19–21)*, sind noch erhalten, ebenso das ‹Scherflein der Witwe› *(Markus 12, 42)*. Die riesigen Mauern der Tempelumfriedung lassen uns begreifen, wie sehr die Jünger staunten, als Jesus die Zerstörung des Heiligtums voraussagte *(Markus 13, 2)*. Der ‹Moses-Stuhl›, ein Ehrenplatz in den Synagogen, wurde in der Synagoge von Chorazin entdeckt *(Matthäus 23, 2)*; ‹Rollsteine› *(Matthäus 27, 60)* finden sich noch heute bei den ‹Königsgräbern› und beim ‹Grab der Herodianer› in Jerusalem; und auf dem Ophel in Jerusalem kam eine Inschrift von der ‹Synagoge der Libertiner› *(Apostelgeschichte 6, 9)* zutage, die einen Theodotus als Sohn des Vettenius verzeichnet, d.h. einen Freigelassenen der Familie Vetii.

Die meisten Besucher Israels werden jedoch den Geist der Zeit Jesu in den Landschaften des Heiligen Landes wiederfinden: das blaue Wasser des Sees Genezareth ist immer noch abwechselnd stürmisch bewegt und friedlich-gelassen; die fruchtbare Ebene Genezareth erstreckt sich noch immer weit entlang des Sees, dem sie den Namen gab; die Hügel von Nazareth und der Ölberg bei Jerusalem haben noch ihre Form wie zur Zeit von Jesus, und in der Wüste Judäa hat sich fast nichts geändert. Auch wenn noch so vieles auf der sozialen und politischen Bühne verändert sein mag – die Atmosphäre von Palästina hat sich kaum gewandelt.

Die Zerstörung von Jerusalem. Judäa zur Zeit des Ersten und Zweiten Aufstands gegen Rom

Messianische Inbrunst und die politische Mißwirtschaft der Römer trieben die Mehrzahl der Juden in Palästina schließlich nacheinander zu zwei Aufständen gegen die herrschende Macht. Der traumatische Schock, den der Befehl des wahnsinnigen Kaisers Caligula auslöste, im Tempel solle seine Statue aufgestellt werden, erschütterte alles Vertrauen in die religiöse Toleranz der Römer und lieferte eine irreführende historische Analogie zur Erhebung der Hasmonäer.

Der Aufstand brach 66 n.Chr. in Masada an der Küste des Toten Meeres aus. Die Aufrührer nahmen Jerusalem ein, vertrieben die römischen Garnisonstruppen von den Türmen des Herodes und aus der

Das Innere des Heiligen Grabes.

Festung Antonia und erkämpften sich schnell die Kontrolle über ganz Judäa und Galiläa. Der römische Befehlshaber (und spätere Kaiser) Vespasian und sein Sohn Titus brauchten drei Jahre, um den Aufstand zunächst in Galiläa und dann in Judäa niederzuwerfen. Der Hauptaufstand endete mit der Belagerung Jerusalems (April—August 70) und der Zerstörung des Tempels und fast der gesamten Stadt; der letzte Stützpunkt der Zeloten, Masada, fiel nach einer dramatischen Belagerung im Jahre 74 (nicht 73, wie bisher angenommen).

Neuere Ausgrabungen haben zahlreiche Zeugnisse der Zerstörungen freigelegt, die bei diesen Schlachten und Belagerungen angerichtet wurden. In Jerusalem fand man bei Grabungen längs der Südmauer des Tempelplatzes riesige, sorgsam behauene Quader, die im Jahre 70 auf die 30 m tiefer liegende herodianische Straße hinuntergestürzt wurden und dabei die Pflasterplatten zerschmetterten. Eine weitere eindrucksvolle Illustration der damals in Jerusalem wütenden Zerstörung ist im jüdischen Viertel der Altstadt, der Oberstadt aus herodianischer Zeit, zutage gekommen. Dort wurden die Fundamente eines Hauses entdeckt, die seit der Belagerung durch Titus unberührt erhalten geblieben sind. Diese Untergeschosse, die als Küchen und Keller dienten, sind noch vollständig eingerichtet — mit Marmortischen, Tongefäßen, Maßen und Gewichten, gemauerten Backöfen usw. Ein in den Ruinen gefundenes Siegel gibt den Namen des Hausbesitzers an: Bar Kathros — eine Familie, die in talmudischen Quellen vermerkt ist. Das gesamte Gebiet war in einer ungeheuren Feuersbrunst, die bei der Einnahme durch die Römer dort getobt haben muß, vollkommen niedergebrannt.

Da Jerusalem auch nach dem Jahre 70 ununterbrochen bewohnt blieb, sind die meisten Zeugnisse von der Belagerung und Zerstörung durch Titus schon vor langen Zeiten mit den Häusern der Lebenden zugedeckt worden. Es gibt jedoch einen Ort, der sich seit dem Ersten Aufstand nahezu unverändert erhielt — die Festung Masada. Wir haben gesehen, wie Herodes diesen einsam gelegenen Felsen in einen prächtigen Festungspalast umbaute. Die Ausgrabungen dokumentierten dann das nächste Kapitel in der Geschichte dieses Stützpunktes. Masada wurde gleich zu Beginn des Aufstandes von den Zeloten besetzt und blieb, wie zahlreiche Anzeichen beweisen, mindestens acht Jahre in ihrer Hand. Die Zeloten richteten sich in den herodianischen Palästen und Kasemattenmauern ein, unterteilten sie, bestimmten einige Räumlichkeiten für Wohn-, andere für Verwaltungszwecke und hinterließen überall ihre Spuren. Die Synagoge wurde umgebaut und bekam einen gesonderten kleinen Raum für die Heiligen Schriften. Rituelle Bäder gaben den Kriegern die Möglichkeit, die Reinheitsgesetze zu beachten. Und verschiedene Sgraffiti auf Tonscherben sowie beschriebene Ostraka legen von der Verteilung der Nahrungsmittel und anderer Erfordernisse Zeugnis ab. Eines der Ostraka trägt den Namen des Kommandanten von Masada, [Eleasar] ben Jair. Die Ausgräber fanden Teile des Buchs *Ecclesiasticus* (von Josua ben Sirach), Schriften der Sekte vom Toten Meer, Gebetsriemen usw. Wenn man von Masada auf die Ebene hinunterschaut, kann man noch die einstige Anordnung der römischen Lager überblicken: zwei große Lager für je eine halbe Legion, eins an der Ostseite, das andere an der westlichen etwas höher auf den Klippen, und dazwischen sechs zusätzliche Lager für die Auxilien (Hilfstruppen). Jedes der acht Lager ist von einer Steinmauer umgeben und weist im Innern die gleiche Verteilung von Zweckbauten und Quartieren auf. Zwischen den Lagern verläuft die eigentliche *circumvallatio,* der Belagerungswall aus Stein, mit dem die Festung — abgesehen von einigen praktisch unzugänglichen Klippen im Süden — von allen Seiten abgeriegelt wurde. Dadurch war für Masada jeglicher Entsatz von außen unmöglich gemacht und seine Besatzung innerhalb ihres Horstes eingeschlossen. Hier und da verbreitert sich der Wall; das waren die Stellen, wo die Wurfgeschütze — Katapulte oder Steinschleudern — standen. Auf der Westseite der Festung ist der ‹Weiße Fels› *(Leuke)* zu sehen, von dem aus die Römer mit dem Bau ihres Belagerungsdammes *(agger)* begannen. Die Fundamente des Dammes lassen noch heute

Alte Olivenbäume im Garten Gethsemane.

erkennen, wie er zur Festung hinaufführte. Auf diesem Damm rollten die Römer ihren Belagerungsturm, der mit einem Sturmbock versehen war, nach oben, und sobald sie damit die Mauern von Masada erreicht hatten, war das Schicksal der Festung besiegelt. Die Verteidiger errichteten in ihrer Not hinter der Bresche, die der eiserne Widder des Belagerungsturmes in die äußere Mauer bald geschlagen hatte, eine Schutzwand aus Balken. Doch die Römer setzten sie in Brand – und sie wurde ein Opfer der Flammen. Ihres Sieges gewiß, zogen sich die Römer über Nacht zurück. Während dieser Kampfpause gelang es dem Führer der Zeloten, Eleasar, Sohn des Jair, die Verteidiger zu überzeugen, ihre Frauen und Kinder und sich selbst zu töten, um den Römern nicht als Sklaven in die Hände zu fallen. Das geschah, und am nächsten Morgen fanden die Römer nur noch die Leichen der Festungsbesatzung. Bei den Ausgrabungen von Masada sind zahlreiche Skelette von Männern und Frauen entdeckt worden, die die Wahrheit dieser Tragödie bestätigen.

Nach einer 62 Jahre langen, beklommenen Waffenruhe brach dann im Jahre 132, zur Zeit Kaiser Hadrians, der Zweite Aufstand aus. Sein Hauptanlaß war der Beschluß des Kaisers, das weithin zerstörte Jerusalem als eine römische Kolonie wiederaufzubauen, die Aelia Capitolina heißen sollte. Es wurden bereits die üblichen Gründungszeremonien

S. 92/93
Masada; Blick auf den römischen Belagerungswall und die Lageranlagen.

Das Nordtor und der mittlere Durchgang des ‹Ecce-Homo-Bogens›, Teil eines Triumphbogens des römischen Jerusalem (Aelia Capitolina). Heute in der Kirche der Schwestern Zions.

abgehalten, wozu auch das Führen einer Pflugschar um die Grenzen der künftigen Stadt gehörte. Dieser Akt des römischen Statthalters Tineius Rufus war in jüdischen Augen eine unbeschreibliche Gotteslästerung. Der daraufhin losbrechende Aufstand wurde nach dem Namen seines großen Anführers Simeon ben Kosiba auch als Krieg des Bar-Kochba (des ‹Sternensohns›) bekannt; der Name bezieht sich auf den Bibelspruch ‹Es wird ein *Stern* aus Jakob aufgehen› *(4. Mose 24, 17)*, den seine Anhänger auf Simeon bezogen, in dem sie den verheißenen Messias sahen. Bar-Kochba brachte es fertig, die Römer zum Verlassen Jerusalems zu zwingen und sogar eine reguläre Regierung aufzustellen, die eine neue Ära (der ‹Befreiung Israels›) einleitete und ihre eigenen Münzen, Gerichtshöfe und Katasterämter hatte. Erst nach dreijährigem Kampf und durch den Einsatz von fast sieben Legionen gelang es den Römern, Bar-Kochba und den Rest seines Heeres in der Festung von Beth Ther, südwestlich von Jerusalem, einzuschließen. Dort ist er mit fast allen Kampfgefährten im Sommer 135 gefallen.

Die Geschichte des Aufstandes von Bar-Kochba wird uns heute durch Entdeckungen am Rand der tiefen Grabenbrüche in der Nähe des Toten Meeres wieder lebendig vor Augen geführt: Im Wadi Murabba'at und im Chevertal kamen in Höhlen, die den letzten Aufständischen Zuflucht vor den Römern geboten hatten, Schriftstücke und andere Hinterlassenschaften zutage. Man fand mehrere solcher Höhlen mit römischen Feldlagern auf den Klippen darüber. Denn die Römer konnten die unzugänglichen Höhlen nicht stürmen und waren nur darauf aus, die Belagerten auszuhungern. In einigen Fällen, etwa in der ‹Höhle des Grauens›, scheinen die Belagerten zunächst langsam verhungert zu sein, setzten dann alles in Brand und begingen einen Massenselbstmord. Andere in der gleichen schrecklichen Lage haben sich wohl ergeben, falls sie nicht doch entfliehen konnten. Eine der Höhlen, die ‹Höhle der Briefe›, diente als Zuflucht für Bar-Kochbas Kommandanten von En Gedi. Sie nahmen dorthin ihre amtlichen Archive mit, in denen sich mehrere Briefe von ‹Simeon ben Kosiba, Fürst von Israel› fanden, die aber natürlich von einem Schreiber geschrieben sind. Diese Briefe auf hebräisch, aramäisch und griechisch vermitteln uns ein Bild von den Schwierigkeiten der Revolutionsregierung in Fragen des Nachschubs, der Behandlung von Gefangenen und der Einhaltung der religiösen Vorschriften. Außerdem umfaßten die Archive viele Pachtverträge und andere private Dokumente; und die Dokumente einer Frau namens Babatha, die mit einem der Kommandanten verwandt war, gestatten uns, fast das gesamte Leben dieser begüterten Dame zu verfolgen — ihre Heiraten, ihre Prozesse und deren Ausgang. Schließlich enthielt die Höhle noch eine Fülle von Gegenständen des täglichen Gebrauchs: Körbe, fertiggesponnene Wolle zum Weben, Kleidungsstücke, Schönheitsmittel, Küchengeräte sowie eine Vielzahl von Schlüsseln in allen Größen — offenbar hatten die Familienväter ihre Häuser versperrt und die Schlüssel mitgenommen, weil sie mit einer baldigen Rückkehr rechneten — aus der dann nie etwas wurde. Sehr interessant sind auch die Überreste einer Kriegsbeute, die die Aufrührer bei einem römischen Regiment gemacht hatten: ein Satz von Opferschüsseln und -krügen, von denen manche einmal mit Darstellungen mythologischer Gestalten geschmückt waren. Wenn eben möglich, zerschlitzten die Krieger Bar-Kochbas diese anstößigen Abbilder mit tiefen Messerhieben. Zu dieser Beute gehörten daneben auch schöne, gegossene und geschliffene Glasgefäße, sorgsam in Palmblätter gewickelt.

Nach dem Ende des Aufstands befahl Kaiser Hadrian die Vertreibung aller ‹Beschnittenen› aus dem Gebiet von Aelia Capitolina; sogar die Juden-Christen mußten fortziehen. An ihrer Stelle siedelte Hadrian Syrer und Araber an, und der Name ‹Iudaea› wurde durch ‹Syria-Palaestina› ersetzt. Die Zeit der Aufstände war vorüber, und für das Heilige Land begann eine neue Wirklichkeit: die Juden waren im großen und ganzen auf Galiläa beschränkt, und der Rest des Landes fiel ins Heidentum zurück.

Das römische Palästina

Fast zwei Jahrhunderte vergingen zwischen dem Aufstand von Bar-Kochba und dem Zeitpunkt, als Palästina in die Hände Konstantins, des ersten christlichen Kaisers, überging, und diese Jahre von 135 bis 324 n.Chr. zählen zu den friedlichsten in der Geschichte des Heiligen Landes. Geschlagen und im wesentlichen auf Galiläa beschränkt, wandten die Juden ihre Kräfte nach innen und entwickelten sowohl die Mündliche Lehre wie ihre religiöse Kunst weiter. In der Provinz – einer der kleinsten im Römischen Reich – waren zwei Legionen stationiert: die Legio X Fretensis in Jerusalem und die Legio VI Ferrata (die ‹Geharnischte›) in Legio (Ladschun) in der Ebene Jesreel. Palästina machte die politischen und wirtschaftlichen Wechselfälle des Kaiserreichs mit und hatte teil an der einheitlichen Kultur der römischen Welt. Fast sein gesamtes Gebiet war jetzt in von Städten beherrschte Territorien unterteilt, denn die Römer hatten von den Griechen den Glauben übernommen, daß ein zivilisierter Mensch nur in der Stadt leben könne. Und die Städte waren auch mit allen Annehmlichkeiten römischer Siedlungen ausgerüstet: mit breiten Straßen, Tempeln, Theatern und Hippodromen, mit öffentlichen Bädern, Aquädukten zur Wasserversorgung und mit Mauern und Toren zum Schutz. Zwar wurde der Frieden gelegentlich durch einen Bürgerkrieg oder einen Beduinenüberfall gestört, und das Land litt – wie das ganze Kaiserreich – im 3. Jh. unter einer drückenden Wirtschaftskrise, aber insgesamt gesehen war es eine Periode der ruhigen materiellen Entwicklung.

Die beherrschende Kultur im Palästina dieser Zeit war – durch seine Lage im östlichen Teil des Römischen Reiches – griechisch. Die einzigen Zeichen römischer Vorherrschaft sind die lateinischen Inschriften auf Widmungen, Grabplatten und Meilensteinen, die zumeist auf die Kaiser und das Militär hinweisen. Die im gesamten Land gefundenen Überreste römischer Straßen und Brücken sowie Hunderte von Meilensteinen mit Titeln und Namen der Kaiser, die eine Straße pflastern oder ausbessern ließen, bekunden die Wichtigkeit guter Verkehrsverbindungen für die Regierung des Reiches. Die Römer begannen die Pflasterung ihrer Straßen mit der Küstenstraße von Akko nach Gaza und verbanden sie mit Antiocheia im Norden und Pelusium in Ägypten; dann stellten sie eine Verbindung von Caesarea nach Jerusalem her. Die Errichtung eines Militärstützpunktes in Legio verlangte ein weiteres Straßennetz, das strahlenförmig nach Caesarea und ins Innere von Galiläa führte; und die Gründung von Aelia Capitolina in Jerusalem machte westliche Straßenverbindungen nach Askalon und Gaza sowie eine östliche nach Jericho nötig.

Die Überreste von Aelia selbst sind nicht sehr zahlreich: Der sogenannte ‹Ecce-Homo-Bogen› war ursprünglich ein von der Kolonie errichteter Triumphbogen; unterhalb der Grabeskirche fand man einige Reste einer Nische des Aphrodite-Tempels; die Türme beim Damaskus-Tor und das Tor dazwischen wurden zu einer Zeit wiederaufgebaut, als die Kolonie wegen der wachsenden Unsicherheit im 3. Jh. eine Stadtmauer bekam; und schließlich gibt es ein paar lateinische Inschriften, die den Kaisern von Antoninus Pius bis zu Septimius Severus gewidmet sind. Doch das beständigste Denkmal des römischen Ordnungswillens ist – so paradox es klingt – die Altstadt von Jerusalem. Denn trotz ihrer winkligen und schmalen Gassen hat der Grundriß dieses Viertels – mit kleineren lokalen Abwandlungen – immer noch die Gestalt eines Römerlagers. Die Altstadt ist fast genau ein Quadrat (oder Rhombus) und wird von den beiden Lager-Hauptstraßen *Cardo* und *Decumanus* durchschnitten, deren erstere aus Gründen der örtlichen Topographie in zwei Abschnitte geteilt war.

Jerusalem besaß seit der Spätzeit des ZweitenTempels einen 70 km langen Aquädukt, der das Wasser aus der Nachbarschaft von Hebron heranführte; und es erhielt – vermutlich in den Tagen von Septimius

▷
Askalon; Blick auf die Ruinen des römischen Rathauses mit der Säulenhalle.

S. 98/99
‹Teiche Salomos› in der Nähe von Bethlehem; Teil des römischen Aquädukts von Aelia Capitolina.

Askalon 1, Reliefs aus dem Rathaus; 3. Jh.

Siegesgöttin mit Palmzweig, darunter das Himmelsgewölbe auf den Schultern eines knienden Atlas.

S. 101
Isis und Harpokrates.

Severus – einen zweiten Aquädukt, der die Stadt an die sogenannten ‹Teiche Salomos› bei En Etam im Süden anschloß.

Von den anderen großen Römerstädten enthält Askalon noch heute die Überreste eines halbrunden Sitzungssaals mit einer anschließenden Säulenhalle; ursprünglich von Herodes errichtet, wurde das Gebäude bis zur Zeit von Septimius Severus stark umgestaltet. Unter den typisch spätrömischen Skulpturen finden wir das Relief eines Atlas, der das Himmelsgewölbe trägt, auf dem – als Symbol der göttlichen Gunst, die dem kaiserlichen Hause verliehen war – eine geflügelte Siegesgöttin (Nike) steht, sowie eine Reliefplastik der Isis mit ihrem Sohn Harpokrates.

Caesarea war, als Hauptstadt der Provinz und als ihr wichtigster Hafen, die größte römische Siedlung. Die weitläufige Anlage ist bisher nur sehr stückweise freigelegt worden, aber schon diese Ruinen sind sehr eindrucksvoll. Neben zahlreichen Kunstwerken (z.B. der Statue eines tanzenden Satyrs) und Inschriften besitzt die Stadt noch heute ein ursprünglich herodianisches Theater, das in römischer Zeit umgebaut wurde. Der Ehrenplatz des Statthalters ist noch zu sehen. Das Theater weist viele interessante Eigentümlichkeiten auf – insbesondere ein bemaltes Pflaster der Orchestra, das vierzehn Jahre lang alljährlich erneuert wurde; hier konnten die Ausgräber die übereinanderliegenden Schichten geometrischer Ornamentik eine nach der anderen studieren.

Der Aquädukt von Caesarea ist das imposanteste Zeugnis für einen Zweckbau in Palästina. Ursprünglich war er wohl ein Werk des Herodes; später bekam die Stadt einen zweiten Aquädukt. Der erste, höher gelegene Aquädukt führte Wasser von den Höhen des Karmel-Rückens heran, überquerte auf niedrigen Bögen die Küstenebene, durchbrach

dann eine Hügelkette mit einem Tunnel und wendete sich schließlich auf hohen Bögen, die bis heute erhalten sind, südwärts zur Stadt. Der zweite, tiefer gelegene Aquädukt wurde zur Zeit von Hadrian errichtet — er brachte für die Berieselung der Äcker noch mehr Wasser aus dem Norden und wurde auf Bögen über den Fluß Tanninim (Zerka) geführt.

Während der Regierungszeit von Pontius Pilatus entstanden in Caesarea einige wichtige Tempel, darunter einer für Tiberius und ein anderer, das Hadrianeum, zu Ehren von Kaiser Hadrian. Eine Porphyr-Statue von ihm, die heute nurmehr ein Torso ist, aber immer noch 7 Tonnen wiegt, wurde später von einem byzantinischen Bürgermeister von Caesarea auf einem öffentlichen Platz der Stadt aufgestellt. Sie ist genau dort zu sehen, wo die Ausgräber sie gefunden haben — gegenüber einem Piedestal mit einer weiteren Statue (genauer: den zusammengefügten Bruchstücken von zwei Statuen), die in weißem Marmor Zeus darstellt.

Weiter im Binnenland war die Stadt Sebaste (früher Samaria) ebenfalls eine römische Siedlung, zwar nicht so glanzvoll wie Caesarea, aber doch mit vielen typischen Zügen einer römischen Provinzstadt. Septimius Severus, der Sebaste besonders zugetan war, gab ihr ein Forum und eine sich daran anschließende Basilika, deren Säulen durch die Jahrhunderte über der Erde stehen geblieben sind. Der von Herodes erbaute Augustus-Tempel wurde neu gestaltet. Eine Kolonnadenstraße

S. 102/103
Caesarea; Mole des herodianischen Hafens; in der Kreuzfahrerzeit wieder benutzt, nachdem das Mauerwerk mit römischen Säulentrommeln verstärkt worden war.

verband das Stadttor im Westen mit dem Forum; an ihr stand ein kleiner Tempel der Kore (Persephone) mit einer Statue der Göttin und einer Inschrift, die verkündet: ‹Gott ist Eins; groß ist Kore, die Unbezwungene.› Die benachbarte Stadt Neapolis ist heute unter dem arabischen Nablus versunken; doch auf dem heiligen Berg der Samaritaner, dem Berg Garizim im Süden der Stadt, liegen die Überreste eines Zeus-Tempels, der in römischer Zeit erbaut wurde und am Gipfel einer tausendstufigen Treppe steht; auf römischen Münzen sind sowohl der Tempel wie diese Treppe dargestellt.

Auch Beth Schean (Skythopolis) war eine Römerstadt von Bedeutung. Dort sieht man noch heute das wohl am besten erhaltene römische Theater westlich des Jordans. Die Statuen der heidnischen Götter wurden zwar in christlicher Zeit entfernt, aber die eines jungen Gottes oder Heroen, die in einem Graben versteckt gelegen hatte, fand sich wieder, als das Theater vor ein paar Jahren ausgegraben wurde. Das Theater war ungewöhnlich gut ausgestattet; es hat zwei Türme beiderseits der Bühne, von denen aus die Maschinerie für Götter- und Heroenauftritte aus der Luft zu bedienen war.

In der Nähe der Stelle, wo der Jordan aus dem See Genezareth austritt, liegt die wichtige Ausgrabungsstätte Beth Jerah (auf griechisch nach einer Schwester von Ptolemaios I. auch Philotereia genannt). Wir haben sie bereits anläßlich von Überresten aus der Frühen Bronzezeit erwähnt. Unmittelbar neben dem kanaanitischen Silo stehen eine römische Befestigung in Rechteckform und ein römisches Bad, das über einen Nebenabfluß des Aquädukts von Tiberias mit Wasser versorgt wurde und ein guterhaltenes Beispiel für eine römische Badeanlage in der Provinz ist. Es hat einen Raum zum Kaltbaden *(frigidarium)* mit einem Teich in der Mitte und Bänken rings an den Wänden; Spuren des Marmorpflasters und der halbhohen Abschirmung um den Teich sind noch zu sehen. Der lauwarme und der heiße Baderaum waren als L-förmige Halle angelegt, die unter dem Fußboden, der auf kleinen Ziegelsäulen stand, mit Heißluft beheizt wurde. In die breiten Wände der Halle sind zwei mit Marmorplatten ausgelegte Badewannen eingelassen. Ein großer Ofen und ein Vorratsraum für Holz vervollständigen die Einrichtung. Sogar die Stadt Tiberias besaß, obwohl sie das Zentrum des jüdischen Galiläa war, ein öffentliches Bad, von dem Überreste ausgegraben wurden.

Die nördlichste römische Ruine in Palästina ist, in einsamer Pracht, der Tempel von Kadesch (Kadasa); er hatte ein hohes Portal, geschmückt mit Reliefs, darunter dem einer geflügelten Sonnenscheibe. Zu den römischen Gräbern, die an verschiedenen Stätten gefunden wurden, zählt ein Mausoleum in der Nähe des Dorfes Mazor (das sogenannte Makam an-Nabi Jahja); es ist das einzige Gebäude im römischen Palästina, dessen Dach erhalten ist. Die Sarkophage aus den römischen Gräbern sind mit mythologischen Szenen oder symbolischen Ornamenten geschmückt; dazu gehören zwei Sarkophage, unweit von Caesarea gefunden, von denen der eine die Darstellung einer Amazonenschlacht zeigt, und der ‹Sarkophag der Jahreszeiten und des Dionysos›, den man im Dorf Turmus Aija entdeckte (und der heute in der Jerusalemer Zitadelle steht).

Seit der hellenistischen Periode überlagerten sich im Orient zwei Kulturen: einerseits die offizielle griechisch-römische, gegründet auf der griechischen Sprache, der Verehrung der olympischen Götter und der Literatur, Mythologie und Kunst des klassischen Griechenlands, so wie sie in hellenistischer Zeit abgewandelt worden waren; und andererseits eine Subkultur von orientalischem Charakter, deren Beziehung zur offiziellen Kultur schwankte zwischen Bekämpfung und Anpassung: Die

Der höher gelegene Aquädukt von Caesarea, im 1. Jh. v./n. Chr. von Herodes oder den ersten Prokuratoren erbaut; zur Zeit von Hadrian durch römische Soldaten ausgebessert; das Wasser kam aus 12 km Entfernung vom Berg Karmel.

Orientalen hielten am Wesen ihrer Religion und ihrer nationalen Traditionen fest, zugleich aber paßten sie die äußeren Formen der griechischen Kunst ihren eigenen ornamentalen oder rituellen Bedürfnissen an.

Eine von diesen orientalischen Subkulturen war die jüdische, die im römischen Palästina aufblühte. Nach dem Bar-Kochba-Krieg und der Katastrophe, in die er geführt hatte, folgte eine kurze, aber grausame Zeit der Verfolgung und Unterdrückung aller überlebenden Juden durch Kaiser Hadrian. Doch als diese Maßnahmen angesichts der sprichwörtlichen Unbeugsamkeit der Juden nichts fruchteten, ging Kaiser Antoninus Pius zu einer Beschwichtigungspolitik über. Er ließ den Judaismus als ‹erlaubte Religion› *(religio licita)* mit eigenen Institutionen zu, duldete aber keine Kompromisse, was Jerusalem und das Proselytenmachen anging. Die Römer erlaubten den Juden, in den jüdischen Städten

Caesarea, öffentlicher Platz; im 6. Jh. von Bürgermeister Flavius Strategius angelegt und mit Statuen aus römischen Tempeln geschmückt.

wieder die Verwaltung zu übernehmen, den Sanhedrin (mit dem Patriarchen aus dem Hause Hillel an der Spitze) neu zusammenzurufen, eigene Gerichtshöfe einzusetzen (die durchsichtig als Schiedsgerichte getarnt waren) und ganz allgemein ungestört ihren Tätigkeiten nachzugehen, solange nur der Frieden gewahrt blieb und die Steuern bezahlt wurden. Ernüchtert von den Katastrophen zweier verlorener Aufstände, beruhigten sich die Juden unter der Römerherrschaft und nahmen sie als ‹Strafe des Himmels› auf sich. In gewissem Maße wurden sie auch durch den Glanz und die Macht ihrer Patriarchen getröstet, insbesondere durch Rabbi Juda (Jehuda) I., der mit Kaisern befreundet war und die Mündliche Lehre als Mischnah schriftlich niederlegte. Da ihnen ihr nationales Zentrum, der Tempel, genommen war, wandten die Juden sich mit wachsendem Eifer den Hunderten von Synagogen in ihren Städten und Dörfern zu, die allesamt zu Studierstätten wurden, in

Caesarea; Sarkophag aus dem 3. Jh. mit Darstellung eines Amazonenkampfes; attischer Marmor und attische Steinmetzarbeit; der unbearbeitete Kopf der Denkmalsfigur könnte darauf hindeuten, daß solche Sarkophage auf Vorrat angefertigt wurden. Rockefeller-Museum.

denen die Mündliche Lehre, die ‹jüdische Lebensweise› dieser Zeit sich weiterentwickelte.

Während dieser Periode der Beruhigung und Konsolidierung erfuhr auch die Einstellung der Juden zur griechisch-römischen Kunst einen spürbaren Wandel, insbesondere gegenüber der Darstellung von Menschen und Tieren. Diese war, wie mehrfach erwähnt, in der Zeit des Zweiten Tempels und bis zu den Tagen Bar-Kochbas aufs strengste verboten. Solche Darstellungen wurden als Verletzung des Zweiten Gebots betrachtet: ‹Du sollst dir kein Bildnis noch irgendein Gleichnis machen, weder des, das oben im Himmel, noch des, das unten auf Erden, oder des, das im Wasser unter der Erde ist› *(2. Mose 20, 4)*. Dieses Gebot wurde streng wörtlich ausgelegt. Späterhin änderte sich dann die Meinung der Rabbiner: das Ziel des Gebotes war die Bekämpfung der Götzenverehrung, wie es der nächste Satz deutlich sagte: ‹Bete sie nicht an und diene ihnen nicht.› Der allgemeine Verfall des Glaubens an die olympischen Götter im 3. Jh. dürfte einiges zu dieser liberalen Haltung der Rabbiner beigetragen haben; denn offensichtlich war inzwischen die Gefahr der Götzenverehrung wesentlich geringer geworden. Eine charakteristische Anekdote aus jener Zeit berichtet, daß der Patriarch Gamaliel auch dann das Bad der Aphrodite in Akko ruhig weiter aufsuchte, als man ihm eine Statue der Göttin gezeigt hatte, die es noch schmückte — er betrachtete sie als Verschönerung des Bades und nicht als einen Gegenstand der Verehrung. Auch das größere Selbstvertrauen der rabbinischen Gelehrten, die sich jetzt auf die Errungenschaft einer kodifizierten Mündlichen Lehre stützen konnten, dürfte

◁
Caesarea, Statue der Artemis von Ephesos, gefunden in der Nähe des Theaters. Israel-Museum.

Sebaste (Samaria), römisches Theater.

von Einfluß gewesen sein. Jedenfalls erschienen von nun an Menschen- und Tierdarstellungen und sogar mythologische Szenen in der Ausschmückung jüdischer Synagogen und Gräber.

Die galiläischen Synagogen des 3. und 4. Jh. gehören zur sogenannten ‹frühen› Gruppe. Es sind basilikale Gebäude auf einem quadratischen oder rechteckigen Grundriß mit zwei parallelen Säulenreihen in der Längs- und einer Säulenreihe in der Querrichtung. Diese Synagogen haben im Innern nur schlichte Bänke, die an den Wänden verlaufen, und noch keinen ständigen Platz für die Thorarollen, die ja ein wesentlicher Bestandteil des Synagogen-Gottesdienstes sind. Wahrscheinlich wurden die Rollen jedesmal aus einem Nebengelaß hereingetragen. Der obere Teil des Synagogenraumes war von einer Empore für die Frauen umgeben und mit einem dekorativen Fries in Reliefarbeit geschmückt. Die dekorative Hauptarbeit wurde jedoch an die Fassade gewandt, die immer gegen die Heilige Stadt gerichtet und von deren drei Türen die mittlere höher und breiter war als die zwei anderen. Über den Türen lagen die verzierten Rahmen der Fensteröffnungen und darüber das sogenannte syrische Giebelfeld in seiner üblichen Dreiecksform, aber nun mit einer gekrümmten Grundlinie.

Derartige Bauwerke finden sich in Kapernaum, Meron, Kefar Baram, Chorazin und verschiedenen anderen Orten in Galiläa. Die Baumeister übernahmen den Grundplan, die Säulenordnung und den prinzipiellen Schmuck zwar vom gängigen Stil der römischen Architektur in Syrien, aber die besonderen Kennzeichen, nämlich die Orientierung nach Jerusalem sowie die Anordnung des Innenraumes, waren neu entwickelt. Denn nun galt es, Andachtsstätten zu bauen, die in der Geschichte der religiösen Architektur ganz neue Ansprüche stellten. Bislang hatte man jeden Tempel (den in Jerusalem eingeschlossen) als Aufenthaltsort der Gottheit betrachtet, die dort im Geist oder — bei den heidnischen Tempeln — in der heiligen Statue selbst anwesend war. Das Heiligtum blieb deshalb allein den Priestern vorbehalten, und dessen heiligster Teil, das Allerheiligste, war beinahe unzugänglich. Die Menge der Andächtigen versammelte sich im Vorhof des Tempels um einen Altar unter freiem Himmel. Nach der Zerstörung des Tempels in Jerusalem gab der jüdische Kult alle Opfer auf; die Gebete wurden nun mit einer Belehrung über die Gesetze verbunden, und beide waren für alle Gemeindemitglieder obligatorisch. Als Folge davon brauchte man also Zweckbauten, die viele Menschen aufnehmen konnten, gut beleuchtet waren, um das Vorlesen der Gesetze zu ermöglichen, und in denen nichts die Aufmerksamkeit der Gläubigen ablenkte. Andererseits sollte die Außenseite des Gebäudes in würdiger Form die Allmacht Gottes und die Frömmigkeit der Gemeinde verkörpern und wurde daher so reich wie möglich geschmückt.

Als Erklärung stellte Erwin Ramsdell Goodenough folgende Theorie auf: Er erblickte in dieser jüdischen Kunst des 3. Jh. Anzeichen für einen unorthodoxen, ‹mystischen› Judaismus, der sich der rabbinischen Führung widersetzt habe. Wie wir sehen werden, brachten die Funde von Beth Schearim diese Vermutung zu Fall.

Tatsächlich wirkt die Ausschmückung mancher dieser Synagogen — so vor allem in Chorazin, aber auch in Kapernaum — erstaunlich, wenn wir sie mit dem Schmuck der jüdischen Gräber in Jerusalem vergleichen. Neben eindeutig jüdischen Symbolen: dem siebenarmigen Leuchter (die *menorah*), der inzwischen zum allgemeinen Symbol des Judaismus geworden war, dem Thoraschrank (eine vorspringende Nische mit einem Giebeldach, in der die Thorarollen aufbewahrt wurden) oder dem

Luftbild der Synagoge von Kapernaum und ihrer Umgebung; im Vordergrund die Überreste einer byzantinischen Kirche, unter der nach Ansicht der Ausgräber das ‹Haus des Petrus› stand, das seit dem 2. Jh. heiliggehalten wurde; dahinter die Synagoge — links der Innenraum und rechts der Vorhof.

Teil eines Frieses mit Blattornamentik, Rosetten und magischen Zeichen.

◁
Innenraum der Synagoge von Kapernaum, 3. Jh.; Nordwand und Säulenreihe restauriert.

S. 116/117
Synagoge von Meron; Blick von außen durch das Haupttor.

Tabernakel (ein Kasten auf Rädern mit einem runden Dach), finden wir allgemeine magische Symbole wie das Pentagramm (‹Siegel Salomos›) oder das Hexagramm, das in sehr viel späterer Zeit als ‹Schild Davids› ein weiteres Symbol des Judaismus wurde. Doch entdeckt man auch Elemente, die den Bereichen des Heidentums entstammen: Bilder

Synagoge von Kefar Baram, Ansicht der Fassade mit den drei Eingängen, einem Stützbogen über dem mittleren und Fenstern über den seitlichen; Säulenhalle vor der Fassade noch teilweise erhalten; 3. Jh.

von Greifen, Medusenhäuptern oder Sonnenadlern mit Blattgewinden in den Klauen. Es ist schon erstaunlich, zu sehen, daß der Adler, der einen blutigen Aufruhr auslöste, als Herodes ihn über das Tempeltor setzen ließ, nur ein paar Jahrhunderte später allgemein über den Oberschwellen von Synagogentüren angebracht war. Andere Ausschmük-

kungen stellen Zentauren oder Herkules oder Nike mit dem Palmenzweig des Sieges dar, und auch Szenen aus dem Alltagsleben, etwa von der Weinlese, kamen vor. Und all diese Darstellungen erforderten, auch wenn sie die Götter des großen heidnischen Pantheons selbst nicht mit einbezogen, den Gebrauch figurativer Kunstmittel. Nur freistehende Skulpturen gab es keine, ausgenommen als symbolische Löwengestalten.

Die Entdeckung der riesigen jüdischen Nekropole von Beth Schearim (die seit 1936 von Banjamin Mazar und Nahman Avigad ausgegraben wurde) hat unsere Ansichten über jüdische Kunst von Grund auf verändert. Dieses kleine galiläische Städtchen wurde als Sitz des großen Patriarchen Juda I. und seines Sanhedrins berühmt, und als der Patriarch in Sepphoris gestorben war, wurde er zur Bestattung in ‹sein› Beth Schearim zurückgebracht (sein Grab und das seiner Söhne entdeckte man in Katakombe 14). Vom 3. Jh. an wurde Beth Schearim zu einer zentralen Begräbnisstätte der Juden, die sich aus so fernen Orten wie Palmyra, Beirut oder Sidon hierher überführen ließen. Die Toten wurden in zahlreichen Katakomben beigesetzt, von denen über 30 ausgegraben worden sind. Jede Katakombe bestand aus einer Eingangshalle und einer Grabkammer mit überwölbten Begräbnismulden *(arcosolia)* oder rechteckigen, aus dem Fels geschlagenen Nischen *(loculi)*. In einem Fall, bei der Katakombe 11, war die unterirdische Grabstätte von einem Mausoleum gekrönt; zwei der Katakomben, 14 und 20, besitzen geschmückte Bogenfassaden und oberhalb davon Gebetsstätten im Freien, die gegen Jerusalem gerichtet sind. Der Schmuck des Mausoleums über Katakombe 11 schließt ein Fußbodenmosaik mit der Darstellung von Delphinen ein sowie einen gewölbten Fries mit einem Adler im Scheitelpunkt des Bogens; auf der einen Seite des Frieses ist ein friedlicher Zug von Tieren dargestellt, während sich auf der anderen einige Wölfe gegenseitig in Stücke reißen. Innerhalb des Mausoleums stand ein (offenbar wiederverwendeter) Sarkophag mit den Mythen von Achilleus auf Skyros und von Meleager auf den Längsseiten und dem Mythos von Leda mit dem Schwan auf der Schmalseite. Die dazugehörige Inschrift ist griechisch.

Gewiß, man könnte diese Verwendung der heidnischen Mythologie in einer jüdischen Grabanlage einfach als Zeugnis für die Hellenisierung der jüdischen Diaspora mit einem Schulterzucken abtun; doch die Funde in Katakombe 20 belehrten uns eines Besseren. Denn ihre Inschriften, diesmal hebräisch, nehmen Bezug auf die ‹heiligen Rabbiner› und einen dort begrabenen Verwandten eines Patriarchenhauses. Trotzdem wurden auch in dieser Katakombe Teile von Sarkophagen mit griechischen Mythen gefunden (etwa einem Amazonenkampf), und daneben Steinsärge, die offenbar von örtlichen Steinmetzen angefertigt wurden und auf denen ein Jäger mit seinem Hund, Löwen, die Maske eines bärtigen Menschen, Adler, Stiere usw. dargestellt sind. Es liegt deshalb auf der Hand, daß die offizielle jüdische Kunst im 3. und frühen 4. Jh. derartige Darstellungen gestattete – und diese Ansicht wird auch von einigen Passagen im Talmud gestützt.

Stilistisch verkörpern die noch erhaltenen Beispiele jüdischer Kunst die üblichen Mischformen der östlichen Provinzen: eine starke formale Abhängigkeit von den Vorbildern der hellenistisch-römischen Kunst, verbunden mit einem Festhalten an orientalischen Traditionen bei der Ausführung im einzelnen. In den Tier- und Pflanzendarstellungen finden

◁
Synagoge von Kefar Baram, Blick durch den rechten Eingang auf die Säulenreihe im Innenraum.

S. 122/123
Beth Schearim, Katakombe 20; Inneres der Grabkammer mit verzierten Sarkophagen.

Beth Schearim, jüdische Nekropole aus dem 3./4. Jh.; Fassade der drei Eingänge zur Katakombe 20, jeder Eingang von einem Bogen überwölbt.

◁
Hammath Tiberias, Relief eines siebenarmigen, mit ‹Knäufen und Blumen› verzierten Leuchters aus der Synagoge; 4. Jh. Israel-Museum.

unten
Greif mit Rad, Symbol für die göttliche Vergeltung (Nemesis); 3. Jh., gefunden in Erez unweit von Aschkelon. Israel-Museum.

Kalksteinplatte zum Aufhängen, mit siebenarmigen Leuchtern beiderseits eines Spiegels zur Abwehr des ‹bösen Blicks›; darüber ein Giebeldach mit Rundbogen und ‹Fenstern›; 4./5. Jh. Israel-Museum.

wir viele Beispiele für eine zeichnerische Stilisierung: die Ausnutzung von optischen – im Gegensatz zu plastischen – Effekten verließ sich auf scharfe Kontraste von Licht und Schatten. Und der Schnitt der Oberflächen erinnert an ähnliche Dekorationen auf den jüdischen Ossuarien aus der Zeit des Zweiten Tempels, die wir schon besprochen haben. Bei der Darstellung von Menschen ist eine starke Tendenz zur Frontalansicht (alle Gestalten blicken den Betrachter an) und zur Isokephalie (alle Köpfe sind auf gleicher Höhe) zu erkennen. Die Elemente einer orientalisierenden jüdischen Kunst, die in der Synagoge von Dura-Europos entdeckt wurden, lassen sich auch in Beth Schearim und den galiläischen Synagogen verfolgen.

Im 4. Jh. begann man, Veränderungen am Grundriß der Synagogen vorzunehmen, um die Unbequemlichkeiten einer Fassade zu vermeiden, deren Tore gegen Jerusalem gerichtet waren. Diese Anordnung zwang nämlich die Gläubigen, entweder eine Seitentür zu benutzen und die Hauptportale rein ornamentalen Zwecken vorzubehalten – oder gleich nach dem Eintritt eine Kehrtwendung zu machen. In einigen galiläischen Synagogen und denen im südlichen Judäa (wo ein paar Gemeinden Hadrians Vertreibungs-Dekret überlebt hatten) entwickelte sich daher ein Typ der ‹Breithaus›-Synagoge, bei der eine Längsseite nach Jerusalem gerichtet war und die Türen in der Schmalseite lagen. In der nach Jerusalem gerichteten Mauer befand sich dann eine Nische für den Thoraschrank und beiderseits davon kleinere für zwei siebenarmige Leuchter; die Gläubigen traten durch eine Tür an der Schmalseite ein und wandten ihr Gesicht der Heiligen Stadt zu. Diese südlichen Synagogen in Eschthemoa und Susija besitzen einen Mosaikboden – alle früheren galiläischen Synagogen hatten nur Steinpflaster.

Im Jahre 324 wurde die Geschichte von Palästina durch den Sieg Konstantins, eines erklärten Christen, über seinen Rivalen Licinius völlig verändert: Mit diesem Jahr endete die römische Periode, und die byzantinische nahm ihren Anfang.

Die byzantinische Zeit (324–640)

Die Thronbesteigung eines christlichen Kaisers änderte die Stellung Palästinas vollkommen. Aus einer kleinen Provinz des Reiches, die für die Regierung keine besondere Bedeutung hatte, wurde es zum Heiligen Land einer weitverbreiteten Religion, die der Kaiser selbst propagierte. Unmittelbar nach dem Konzil von Nicaea (325) begannen Konstantin und seine Mutter Helena, Jerusalem in eine christliche Stadt zu verwandeln. Die Kaiserin besuchte Jerusalem, und während ihres Aufenthaltes geschah das Wunder der Auffindung des Wahren Kreuzes. Konstantin beschloß, eine glanzvolle Kirche über dieser Stätte zu errichten, die unterhalb des Aphrodite-Tempels und neben dem Marktplatz von Aelia Capitolina lag. Ein größerer, offener Vorhof *(atrium)* – dessen Überreste im russischen Kloster neben der heutigen Grabeskirche erhalten sind – führte in eine Basilika. Ihre Apsis wurde vor kurzem unter dem Fußboden der Kirche freigelegt. Darauf folgte ein weiterer Hof, der von Säulen umgeben war (auch ihre Sockel sind in jüngster Zeit entdeckt worden). In diesem Hof stand der traditionelle Kalvarienfels, über den sich ein riesiges Kreuz erhob. Dieser zweite Hof führte zu der (in der heutigen Grabeskirche ebenfalls noch vorhandenen) Rotunde, in deren Mittelpunkt das Heilige Grab selbst lag. Die Basilika wurde 335 geweiht. Außerdem erbaute Konstantin in Jerusalem die Eleona-Kirche auf dem Ölberg, von der nur noch die Grundmauern erhalten sind. In Bethlehem errichtete er die Geburtskirche in Gestalt einer fünfschiffigen

Zylindrisches, doppelhenkliges Glasfläschchen; 3./4. Jh. Glas-Pavillon, Ha'aretz-Museum.

Zweihenkliges Salböl-Fläschchen; 4./5. Jh. Glas-Pavillon, Ha'aretz-Museum.

◁
Spätrömischer Glaskrug; 4. Jh. Glas-Pavillon, Ha'aretz-Museum.

Basilika, an deren Ende ein Achteckbau über der Grotte der Geburt stand. Eine weitere Kirche wurde an der traditionsreichen Stätte Mamre nördlich von Hebron erbaut.

Diesen kaiserlichen Bauwerken folgte bald eine Flut anderer Bauten, die von privaten Stiftern errichtet wurden. In Jerusalem zählten dazu die Kirche Johannes des Täufers mit ihrem Kleeblatt-Grundriß und der Achteckbau der Himmelfahrtskapelle, die beide noch stehen, sowie eine Basilika am Garten Gethsemane. Weitere Kirchen wurden in Nazareth und in Caesarea gebaut. Derartige Gedächtniskirchen entstanden nicht nur zur Erinnerung an Ereignisse aus dem Neuen Testament, sondern auch an den Stätten, wo sich nach der Überlieferung die Hauptgeschehnisse des Alten Testaments zugetragen hatten — in Silo, in Gilgal bei Jericho, am ‹Jakobsbrunnen› bei Sychar, in Sichem und auf dem Berg Garizim. Die rege sakrale Bautätigkeit, die im späten 5. Jh. etwas nachließ, wurde von Kaiser Justinian wiederaufgenommen. Er baute in Jerusalem eine glanzvolle Kirche der Jungfrau Maria (die *Nea,* die ‹Neue Kirche›); eine der Apsiden dieser Basilika wurde vor kurzem im jüdischen Viertel der Altstadt von Jerusalem ausgegraben. Auch in den Wüstenstädten des Negev trieb man den Kirchenbau energisch voran:

Sechseckige Glasflasche, sogenannte ‹Eulogia› für geweihtes Öl; 6. Jh. Glas-Pavillon, Ha'aretz-Museum.

Nessana (Nizzanah), Avdat und Mampsis (Kurnub) besitzen je zwei Kirchen und Subeita sogar drei. Nach neueren Schätzungen gab es in den Städten der byzantinischen Zeit etwa eine Kirche für je tausend Einwohner.

Die meisten byzantinischen Kirchen Palästinas folgen mit einem Mittelschiff und zwei durch Säulenreihen abgetrennten Seitenschiffen dem Basilikatyp. Man betritt sie durch drei Eingänge in der Westwand; gegenüber, an der Ostwand, liegt eine Apsis (oder manchmal drei Apsiden) mit einem Altar; die Apsis kann entweder von der Außenmauer umschlossen sein oder aus ihr herausragen. In einigen Fällen, etwa beim Umbau der Geburtskirche durch Justinian zu ihrer heutigen Gestalt, wurden die drei Apsiden kleeblattförmig angeordnet; doch im Negev liegen sie parallel nebeneinander. Die Seitenapsiden (oder, wo es sie nicht gab, schlichte quadratische Kammern) dienten als *prothesis* und als *diakonikon,* also zur zeremoniellen Vorbereitung des Abendmahls und zur sicheren Aufbewahrung des Kirchenschatzes. Der Raum vor dem Altar wurde von der übrigen Kirche durch eine Chorschranke abgetrennt, die oft sehr reich verziert war. Hinter dem Altar befand sich eine Bank für die Geistlichkeit sowie mitunter eine Kathedra, ein Ehrensitz für den Bischof. Vor der Chorschranke stand eine erhöhte Kanzel *(ambo)* für Lesung und Predigt. Dies war der übliche Grundriß, aber es gab auch Kirchen, die rund, achteckig, kreuzförmig usw. angelegt waren.

Eine Drei-Apsiden-Kirche mit dem typischen Grundriß: einem äußeren, offenen Vorhof *(atrium)*, einer inneren Vorhalle *(narthex)* und einem sich daran anschließenden Taufraum *(baptisterium),* wurde in Beth Jerah gefunden; eine Inschrift datiert sie auf das Jahr 529.

Die Bautätigkeit der Byzantiner konzentrierte sich jedoch nicht allein auf Kirchen, sondern auch auf Klöster und, als Werke der Nächsten-

Goldenes Tor in Jerusalem; byzantinisches Tor in der Ostmauer des Tempelplatzes, von den Türken zugemauert, weil Christen und Juden ihre messianischen Hoffnungen damit verbanden.

liebe, auf die Errichtung von Hospizen, Krankenhäusern und Altenheimen für die Pilger, die nun zu Zehntausenden ins Heilige Land strömten. Andere Maßnahmen in diesem Sinne galten dem Schutz der Straßen durch Festungen und Wachttürme. Dies war besonders am Rande der Wüstengebiete nötig, in die sich viele Mönche als Einsiedler zurückgezogen hatten. Ganze Scharen solcher Anachoreten siedelten sich z.B. in der Wüste Juda an. Manche lebten allein in Höhlen, andere schufen große Klosteranlagen, deren berühmteste die von Mar Saba, Castellion (Mird) und Choziba sind.

Neben den Pilgern, die kamen und wieder gingen und höchstenfalls eine literarische Schilderung ihrer Eindrücke vom Heiligen Land hinterließen, kamen andere als Siedler. Die wichtigste Gruppe dieser Neuankömmlinge waren die Flüchtlinge aus Italien, die das Land wegen der Einfälle der Goten und Vandalen im 5. Jh. verlassen hatten. Zu ihnen gehörten fromme ältere Damen, die mit irdischen Gütern wohlversehen waren und sich energisch an den Bau von Klöstern machten. Andere waren Pechvögel, die den kaiserlichen Hof von Konstantinopel verlas-

Kirche von Schavej Zion, Ausschnitt eines Bodenmosaiks in geometrischem Stil mit Kreuzeszeichen in der Mitte; 5. Jh.

sen mußten — Verwandte von gestürzten Kaisern oder in Ungnade gefallene Minister. Die berühmteste von diesen Verbannten war die verstoßene Gattin von Kaiser Theodosius II., die Kaiserin Eudokia. Als sie im Jahre 460 in Jerusalem starb, hatte sie fast eine halbe Million Golddenare für Bauten in der Stadt ausgegeben, darunter für eine neue, größere Südmauer, für Ausbesserungen an der Grabeskirche (der Anastasis, ‹Auferstehungskirche›, wie sie damals hieß) und für eine neue Kirche, die Stephansbasilika außerhalb der Stadtmauern.

Wie Jerusalem und einige andere byzantinische Städte von Palästina ausgesehen haben, ist auf der Madaba-Mosaikkarte aus dem 6. Jh. festgehalten, die das Heilige Land in Vogelperspektive darstellt. Sie zeigt, daß Jerusalem von einer zweiteiligen Kolonnadenstraße durchschnitten wurde, die in der Nähe des Damaskus-Tors an einem großen Platz mit einer Säule begann (das Tor heißt auf arabisch noch heute *Bab al-Amud,* ‹Tor der Säule›). Diese Hauptstraße führte an der Anastasis-(Grabes-)Kirche vorbei und endete bei der ‹Mutter der Kirchen›, einer Basilika auf dem Berg Zion, die nach allgemeiner Ansicht über der Stätte des ursprünglichen Abendmahls stand. Weitere Kirchen verstreuten sich über das ganze Stadtgebiet; eine war sogar in der Südost-

Heptapegon (at-Tabgha), Kirche der wunderbaren Vermehrung der Brote und Fische; Bodenmosaik im Nordflügel des Querschiffs, Vögel auf Lotusblüten; 5. Jh.

ecke des Tempelplatzes errichtet, wo nach christlicher Überlieferung der hl. Jakobus den Märtyrertod gefunden hatte. Der Rest des Tempelplatzes war mit Abfällen bedeckt, er diente als städtische Müllhalde.

Der Übergang von einem heidnischen zu einem christlichen Kaiserreich erhob Palästina nicht nur in den Rang eines Heiligen Landes, sondern brachte ihm auch recht handfeste materielle Vorteile ein. Der Zustrom von Pilgern und Siedlern schuf einen Bedarf an allen möglichen Gütern, besonders aber an verderblichen Nahrungsmitteln, die sich nicht von weither heranschaffen ließen. Infolgedessen mußten die landwirtschaftliche Produktion dringend erhöht und die Anbauflächen vergrößert werden. Daher breiteten sich auch im Negev Siedlungen weiter aus, und fünf Städte – Nessana, Subeita, Elusa, Mampsis (Kurnub) und Avdat – bezeugen mit ihren byzantinischen Überresten die drängenden Forderungen der Zeit. Die Bewohner dieser Städte kultivierten den Boden des umliegenden Landes mit Hilfe einer höchst kunstvollen Methode: sie sammelten das Regenwasser von ausgedehnten Gebieten und leiteten es durch Bewässerungskanäle zu den Feldern in die Täler hinab. Sie legten sogar Weinberge an, deren Überreste, die sogenannten *tulul al-enab* (die ‹kleinen Weinhügel›), noch heute in

Beth Alpha, Bodenmosaik der Synagoge; Opferung Isaaks, linker Ausschnitt mit Abrahams Dienern und dem Esel; 6. Jh.

regelmäßigen Reihen rings um einige dieser Städte zu sehen sind.

Die Städte im Negev waren nicht groß – Subeita hatte etwa 4500 Einwohner, Avdat etwa 1500 – und auch nicht planmäßig angelegt. Sie alle besaßen jedoch mehrere Andachtsstätten und, zur Ergänzung der privaten Zisternen, öffentliche Wasserreservoire. Das Säubern dieser Teiche war eine Verpflichtung, der alle Bürger abwechselnd nachkommen mußten; wir besitzen Arbeitsbestätigungen auf Tonscherben, die das belegen. In einigen Fällen konnten die Byzantiner frühere nabatäische Häuser weiterbenutzen; und da der Negev nach ihrer Zeit nicht mehr besiedelt war, haben sich die Ruinen der byzantinischen Häuser und Kirchen mitunter noch bis zur Höhe des ersten Stockwerks oder der Apsis erhalten.

Aber das Leben im Negev war nicht allein von materiellen Erwägungen bestimmt – Papyri, die in Nessana gefunden wurden, zeugen auch vom literarischen Eifer der Bewohner. Einige studierten sogar Vergil im Original und benutzten dazu ein lateinisch-griechisches Wörterverzeichnis. Für den Kontakt mit der Außenwelt sorgten die Pilger und die Handelsstraßen. Diese Straßen durchquerten den Negev und das Sinaigebiet bis nach Ägypten und zur Hafenstadt Elath am Roten Meer, wo Waren aus Indien angeliefert und gehandelt wurden. Zur Erquickung der Reisenden standen in der Nähe der Handelsstraßen öffentliche Bäder bereit; das von Avdat ist eines der besser erhaltenen.

Die Kunst im byzantinischen Palästina war vorwiegend kirchlich. Die Basiliken sind zumeist schlichte Bauwerke, in denen nur die Kapitelle und Chorschranken architektonischen Schmuck aufweisen. Reliefs gab es selten und freistehende Skulpturen fast gar nicht. Manchmal waren die Wände mit Fresken oder Mosaiken geschmückt, aber sie sind fast alle verfallen. Die einzigen künstlerischen Arbeiten, die in großer Zahl erhalten blieben, sind die Bodenmosaiken, von denen bisher über tausend bekannt wurden.

Die frühen Fußböden in den Kirchen waren streng geometrisch, vermutlich aus Protest gegen den überschwenglich heidnischen Charakter der römischen Fußböden; außerdem hatte Kaiser Theodosius II. in einem Dekret von 427 die Darstellung des Kreuzes oder heiliger Symbole auf dem Kirchenboden verboten – das erkennt man noch heute in der Kirche von Schavej Zion nördlich von Akko. In der Mitte des 5. Jh. schuf ein Mosaikkünstler den Boden der Kirche von Heptapegon (Tabgha) in der Nähe des Sees Genezareth, also an dem Ort, der als Stätte der wunderbaren Vermehrung der Brote und Fische heiliggehalten wurde. Hier stellt das Bodenmosaik zwei Landschaftsszenen dar, die zwar Nillandschaften nachempfunden, aber durch die Tier- und Pflanzenwelt vom Ufergebiet des Sees Genezareth der Umgebung angepaßt sind; die Figuren des Mosaiks stehen frei vor einem weißen Hintergrund. In den späteren Kirchen ist dann der Platz für die Mosaiken nach einem streng geometrischen Muster in Bildfelder unterteilt. Die geometrischen und pflanzlichen Ornamente folgen den Traditionen, die seit hellenistischer und römischer Zeit in Generationen von Mosaiklegern immer wieder weitergegeben wurden. Auf den Bildfeldern werden jedoch offensichtliche religiöse Symbole sorgsam vermieden; zumeist handelt es sich um Medaillons mit Tierdarstellungen in einem Kranz von Weinreben, die aus einer Amphore (einem großen, bauchigen Tonkrug mit engem Hals und zwei Henkeln) herauswachsen.

In Beth Schean finden wir in einem Kloster, das im 6. Jh. von einer adligen Dame namens Maria gegründet wurde, die ‹Arbeiten der Monate› kreisförmig um ein zentrales Medaillon angeordnet, das Personifikationen von Sonne und Mond enthält. Ein anderes Bodenmosaik im selben Gebäudekomplex zeigt ländliche Szenen – die Weinernte, einen wandernden Mohren mit einer Giraffe und einen Mann, der mit seinem Hund spielt. Die ‹Arbeiten der Monate› sind ganz auf das heiße Klima des Beth-Schean-Tales abgestimmt: die Traubenlese kommt zweimal vor, im Juni und September, statt wie sonst üblich nur einmal im Herbst, und die Aussaat erfolgt im Dezember. Die Standardmotive der Mosaikdarstellungen wiederholen sich in den Kirchen des ganzen Landes viele Male. In der Nähe von Beth Schean, in al-Chammeh, zeigt ein Mosaik – mit kleinen Abwandlungen – wieder die Jagd, die Traubenernte und die Arbeiten der Monate. Gelegentlich entdeckt man auch Erinnerungen an alte, heidnische Mythen, etwa einen allegorisch gedeuteten Orpheus. Als dann im 6. Jh. die Kalifen auch den Christen und

S. 138/139
Beth Alpha, Überreste der Synagoge aus dem 6. Jh. und ihres Mosaikbodens; die drei Felder des Mosaiks zeigen die Opferung Isaaks, eine Tierkreisdarstellung und den Thoraschrein.

Beth Schean, Bodenmosaik des Klosters; Kopf im Oktober-Feld der ‹Arbeiten der Monate›; um 569.

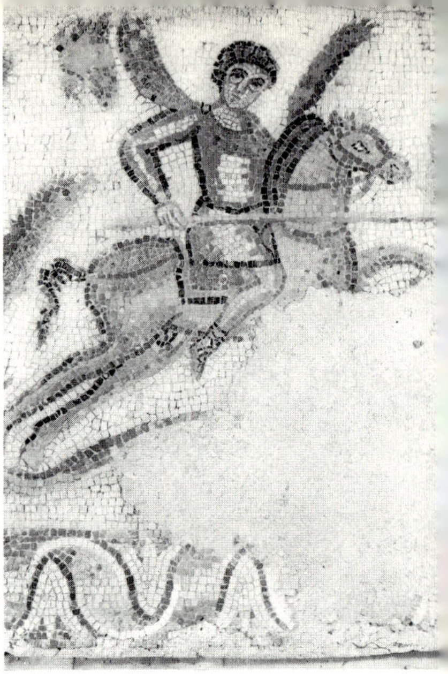

Beth Guvrin, Privathaus; Randleiste des Mosaikbodens mit Jäger zu Pferd; 4. Jh.

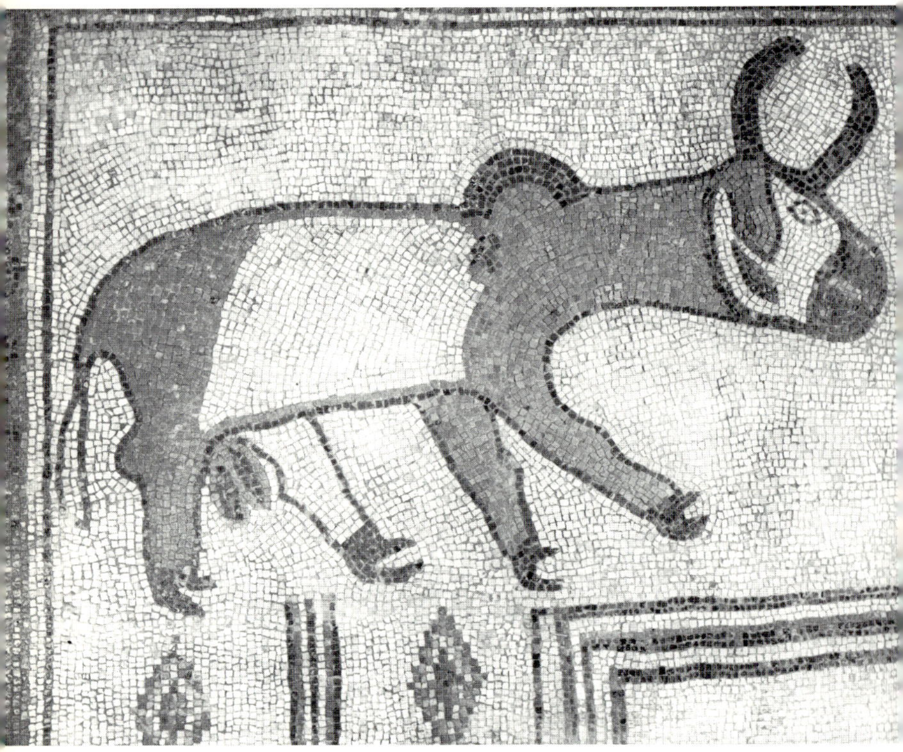

Synagoge von Beth Alpha; Randleiste des Mosaikbodens mit einem Stier neben der Inschrift des Eingangs; 6. Jh.

Juden figürliche Kunst verboten, wurden viele Mosaikböden verstümmelt, um die anstößigen Abbilder von Menschen und Tieren zu beseitigen; in einem Fall, in Chirbet Asida bei Hebron, arbeitete man die Tierdarstellungen in Pflanzenmotive um.

Die weite Verbreitung von Bodenmosaiken blieb jedoch nicht auf kirchliche Bauten beschränkt; auch viele Privathäuser waren mit Mosaiken geschmückt. Eines der schönsten aus konstantinischer Zeit wurde in Beth Guvrin gefunden. Das Mittelfeld stellt Tierpaare dar, jeweils ein wildes und ein zahmes, die in Frieden und Freundschaft zusammenleben; Medaillons versinnbildlichen die vier Jahreszeiten, und die Randleiste des Bodens zeigt die lebendige Darstellung einer Jagd — vom Aufbruch aus dem Haus bis zur triumphierenden Rückkehr.

Obwohl die byzantinische Zeit eine Periode christlicher Herrschaft war, wurde das Heilige Land erst im 5. Jh. wirklich christlich. Aber mitten unter seiner christlichen Bevölkerung gab es immer beträchtliche jüdische und samaritanische Minderheiten. Im Jahre 363 unternahm der antichristliche Kaiser Julian sogar den Versuch, den Tempel wiederaufzubauen; ein Erdbeben erzwang jedoch die Unterbrechung der Arbeiten, und der Tod des Kaisers in Persien setzte dem ganzen Vorhaben ein Ende. Selbst nach diesem Mißgeschick konnten die Juden ihre Stellung im Lande bewahren und nahmen teil an der materiellen Blüte der byzantinischen Zeit, was die zahlreichen Synagogen aus dem 4. bis 7. Jh. beweisen.

Die späteren Synagogen unterscheiden sich von den früheren deutlich im Grundriß, im architektonischen Schmuck und im Bodenbelag. Es waren echte Basiliken mit einer nach Jerusalem gerichteten Apsis und Eingängen an der gegenüberliegenden Seite. Der Thoraschrein, der nun solide gebaut war, stand in der Apsis auf einer Plattform, und die Gemeindekasse darunter. Ein etwas tiefer gelegener Gebetsplatz vor dem Thoraschrein war mit einer Säulenschranke umgeben. Im Gegensatz zu den früheren Synagogen haben diese späteren außen keinen architektonischen Schmuck. Die Tatsache, daß byzantinische Gesetze den Bau von neuen Synagogen verboten und nur die Instandsetzung der alten gestatteten, mag mit dieser äußeren Schlichtheit etwas zu tun gehabt haben. Doch selbst im Innern beschränkte sich die bauliche Ausschmückung auf einige Kapitelle und die Säulenschranken. Soweit wir es heute beurteilen können, bestand der Innenschmuck der Synagogen, abgesehen von möglichen Wandfresken, die verschwunden sind, allein aus dem Mosaikfußboden. Diese jüdischen Mosaiken waren in ihren frühen Formen ebenso bilderfeindlich wie die der frühen christlichen Kirchen, und aus denselben Gründen — aus Abscheu vor dem Heidentum. Allmählich tauchten jedoch figurative Elemente auf; und da es für Synagogen — im Gegensatz zu den christlichen Kirchen — keine gesetzlichen Einschränkungen gab, stellten die Mosaikleger ungehindert biblische Szenen dar. Denn nach der allgemeinen Auffassung der Juden war das geschriebene Wort um vieles heiliger als jedes Bild; das Wort enthielt die wahre göttliche Erleuchtung, während das Bild nur einen schwachen Abglanz bieten konnte. Diese Denkweise wird sehr deutlich, wenn wir uns den einzigen gesicherten Fall von jüdischer Bilderstürmerei ansehen: in der Synagoge von Na'aran (Ain Duk) wurden die anstößigen Bilder sorgfältig entfernt, aber die dazugehörigen Inschriften blieben unberührt.

Der Bildaufbau der Bodenmosaiken in den Synagogen des 5. und 6. Jh. folgt mit einigen Abweichungen meist demselben Schema. Das Mittelfeld ist in drei Abschnitte unterteilt: der erste enthält biblische

S. 142/143
Unterirdische Höhlen bei Beth Guvrin in den Westausläufern des Judagebirges; in den Höhlen wurde eine besondere Kalksteinart gebrochen, die bei byzantinischen Bauten häufig Verwendung fand.

Avdat (Eboda), Kloster aus byzantinischer Zeit.

Avdat (Eboda), Ruinen der St.-Theodors-Kirche; Grabstein eines gewissen Germanos, der 551 im Alter von 17 Jahren unverheiratet starb.

Avdat (Eboda), Ruinen der St.-Theodors-Kirche (Süd-Kirche), Mittelapsis und Chorschranken.

Szenen, der zweite eine Tierkreisdarstellung mit der Sonne *(Helios)* in der Mitte und Sinnbildern der Jahreszeiten in den Ecken, und der dritte Abschnitt, der der Apsis am nächsten liegt, zeigt den Thoraschrein, als ob er sich im Boden spiegelte, eingerahmt von siebenarmigen Leuchtern, Löwen, Palmen usw. Die biblischen Szenen verweisen immer auf eine der wunderbaren göttlichen Rettungen — die Opferung Isaaks (in Beth Alpha), die Arche Noahs (in Gerasa) oder Daniel in der Löwengrube (in Na'aran). Die Darstellung des Tierkreises symbolisiert den geordneten Lauf der Jahreszeiten und der Welt und gibt damit nicht nur die Abfolge der Feiertage wieder, die im Gesetz festgelegt war, sondern die göttliche Ordnung aller Dinge. Die Monate waren mit der Aufeinanderfolge der Priesterordnungen im Tempel verbunden. Das Bild des Helios in seinem Wagen hatte schon seit langem alle Bedeutung als Idol verloren und war einfach zum Sinnbild der Sonne geworden.

Die Ikonographie der Mosaiken in den späteren Synagogen zeigt eine klare Entwicklungslinie. Das früheste Mosaik in Hammath Tiberias (zu Beginn des 4. Jh. von einem konstantinischen Meister aus Antiochien gestaltet) enthält eine Reihe bemerkenswerter Anpassungen griechischer Bildmotive an die üblichen Tierkreiszeichen: als Jungfrau erscheint Kore mit einer Fackel, Radamantes hält die Waage, Kastor und Pollux symbolisieren die Zwillinge. Daß der Mosaikleger kein Hebräisch beherrschte, zeigt sich am Zeichen des Wassermanns, das verkehrt herum, von links nach rechts beschriftet ist.

Subeita (Schivta), die drei Apsiden der Suedkirche bei den Teichen.

Die Synagoge von Gaza hat einen ungewöhnlichen Grundriß von fünf parallelen Schiffen. Auf dem Bodenmosaik im Mittelschiff ist König David in der Kleidung eines byzantinischen Kaisers als Orpheus dargestellt, der die wilden Tiere bezaubert. Ein seitliches Bilderfeld zeigt eine Reihe von Tieren auf einer Schriftrolle. Diese Synagoge in Gaza wird durch eine Inschrift auf das Jahr 508/509 datiert. Bei der Synagoge von Beth Alpha, die 1928 entdeckt wurde, bewachen ein Stier und ein Löwe den Eingang, und im Innern ist die Opferung Isaaks zu sehen: aus einer Wolke ragt die Hand Gottes, Abraham hält das Messer, Isaak ist gefesselt, und die zwei Diener stehen mit dem Esel daneben. Das Ganze ist in einem sehr ländlichen, aber äußerst lebendigen, orientalisierten Stil ausgeführt – die Menschengestalten in strenger Frontalstellung, mit Ornamenten auf den Körpern, stilisiertem Haar usw. In der Synagoge von Na'aran (deren Bodenmosaik als erstes gefunden wurde, nachdem es 1918 von einer Granate freigelegt worden war) wiederholt sich das Grundmuster von Beth Alpha in etwas eingeschränkterer Weise. Hier ist die Darstellung von Daniel in der Löwengrube auf einem Nebenfeld untergebracht. Beth Alpha entstand in der Regierungszeit von Kaiser Justin (wahrscheinlich Justin I., 518–527), Na'aran wohl etwas später.

Die nächste Synagoge in der zeitlichen Reihenfolge dürfte die von Chusifah (Isfija) auf dem Berg Karmel sein. Sie besitzt zwar keine Apsis, aber ihr Mosaikboden reiht sie in der ikonographischen Entwicklung des 6. Jh. nach Beth Alpha ein und zeigt einen weiteren Rückgang in der Darstellung von Lebewesen. Die Bilder der Jahreszeiten sind noch vom üblichen Typ – Mädchen tragen die Symbole landwirtschaftlicher Erzeugnisse; aber die Menschenbilder im Tierkreis werden nun durch Tiere oder Gegenstände ersetzt: der Wassermann ist nicht mehr ein Mann mit einem Krug in den Händen, sondern nur noch der Krug selbst. Ein interessantes Detail ist die Darstellung eines Pfaues vor dem Hintergrund eines Rebenspaliers – ein Motiv, das sich in der Synagoge von Maon wiederholt. Die Pfauen wurden aus der griechischen Mythologie als Paradiesvögel in die Symbolik der christlichen und wahrscheinlich auch der jüdischen Kunst übernommen.

Das Bodenmosaik von Maon (bei Nirim) läßt sich etwa auf 530 datieren. Es zeigt eine bemerkenswerte Anpassung an die üblichen Kirchenmosaiken, nämlich eine Amphore im Unterteil des Mosaikbildes und daraus hervorwachsende Weinreben, die ornamentale Medaillonrahmen bilden. Innerhalb der Medaillons sind in der mittleren Reihe jeweils symmetrische Paare von Tieren oder verschiedenen Gegenständen dargestellt, darunter ein Vogel im Käfig oder Schalen mit Früchten; und die Amphore wird von zwei Pfauen eingerahmt. Dieses Muster, das im armenischen Mosaik in Jerusalem und in der Kirche in Schellal unweit von Maon erscheint (das Mosaik von Schellal befindet sich jetzt in Canberra, Australien), wird in der Synagoge von Maon übernommen – aber mit einem Unterschied: Die christlichen Mosaikkünstler meinten, die Amphore, die Reben und die anderen Darstellungen seien der Symbolik genug; die heiligeren Symbole, z.B. das Kreuz, die Initialen Christi und alle Darstellungen heiliger Personen, blieben für die Wände der Kirchen vorbehalten, damit niemand darauf trat. Der Synagogenkünstler gab sich dagegen mit dem symbolischen Sinn der Amphore nicht zufrieden, sondern setzte in das Feld des Mosaikbodens von Maon, das dem Thoraschrein am nächsten lag, auch noch einen von Löwen und Palmen umgebenen siebenarmigen Leuchter – zusammen mit weiteren jüdischen Kultsymbolen wie dem Widderhorn *(schofar)*, dem Laubstrauß *(lulav)* und der Zitrusfrucht *(ethrog)*, die alle zum Laubhüttenfest gehören.

Auf den Mosaikböden der Synagogen von Beth Schean und von Hammath Gader werden dann nur noch Tiere dargestellt; das Bodenmosaik von Hammath Gader besitzt sogar schon ein rein geometrisches Ornament, dessen Einförmigkeit allein von den Bildern zweier Löwen aufgelockert wird. Die zwei spätesten Synagogen, die von Jericho und En Gedi, zeigen die letzten Stadien der bilderfeindlichen Entwicklung.

Synagoge von Maon, südöstlich von Gaza; Leopard auf dem Bodenmosaik; 6. Jh. Jetzt im Kibbuz Nirim.

Im Bodenmosaik von Jericho finden wir eine Verbindung von geometrischer Ornamentik mit ein paar pflanzlichen Elementen und dazu eine Darstellung des Thoraschreins und die Inschrift ‹Friede über Israel› mit dem Bild eines siebenarmigen Leuchters. In En Gedi schließlich ist das Dekorative fast völlig unterdrückt: bei den Monatsnamen stehen nur noch die Namen der Tierkreiszeichen. Dadurch war innerhalb von zwei Jahrhunderten die figurative Darstellung in den jüdischen Mosaikarbeiten zu ihrem Ausgangspunkt zurückgekehrt.

Abgesehen von den jüdischen Synagogen, wurden auch zwei samaritanische entdeckt; die eine, die Synagoge in Schealvim, ist gegen den

Berg Garizim gerichtet, und eine zweite steht wahrscheinlich in Beth Schean. Wie es bei ihrem strikten Festhalten an den Gesetzen der fünf Bücher Moses zu erwarten war, sind diese samaritanischen Synagogen noch bilderfeindlicher als die jüdischen.

Ein überraschender Fund in einem jüdischen Privathaus (das vielleicht auch öffentlichen Zwecken diente) wurde in Beth Schean gemacht. Der Mosaikboden des Hauses stammt von einem gewissen Leontis, wahrscheinlich einem Juden aus Alexandria. Unter den Darstellungen des Mosaiks entdeckt man die Begegnung von Odysseus mit den Sirenen (wobei der Held, wie es sich gehört, an den Mast seines Schiffes gefesselt ist), den Kampf mit einem Meeresungeheuer und den Nil bei Alexandria. Das Mosaik zeigt, daß die homerischen Epen den Juden des 5. Jh. nicht unbekannt waren.

Beduinenzelte.

Im 7. Jh. brachen mehrere Krisen über das byzantinische Palästina herein. Der seit dem 5. Jh. anhaltende Dogmenstreit zwischen den Orthodoxen und den Monophysiten hatte in der christlichen Mehrheit zu einer Spaltung geführt, die unüberbrückbar blieb. Die straffe Herrschaft von Justinian (527–565) trieb die Samaritaner zu einem Aufstand (529), bei dem viele Kirchen zerstört wurden. Im Jahre 614 fielen die Perser, durch einen jüdischen Aufstand unterstützt, in Palästina ein und besetzten Jerusalem, wo alle Kirchen (auch die Grabeskirche) zerstört wurden. Nach dem Rückzug der Perser im Jahre 627 stellten Kaiser Herakleios und der lokale Patriarch Modestos zwar einige der Kirchen wieder her. Aber im Jahre 630 begann die moslemische Invasion aus Arabien: Jerusalem fiel 638, und innerhalb von zwei Jahren stand das gesamte Heilige Land unter arabischer Herrschaft.

Die Araber (640–1099)

Die neuen Herrscher über Palästina wurden von der Mehrheit der Bevölkerung wohlwollend aufgenommen, weil sie sich zugleich als stark und als tolerant erwiesen natten. Sie gewährten jedem, der sich der Herrschaft des Islams unterwarf, die Erhaltung des Lebens, den Genuß seines Eigentums, Freiheit der religiösen Betätigung und Schutz vor Einquartierungen – und dies alles gegen die Zahlung einer Kopfsteuer. Da sie selbst keinen Verwaltungsapparat zur Verfügung hatten, benutzten die Moslems das von ihnen vorgefundene byzantinische System weiter. Auf den Papyrus-Dokumenten von Nessana kann man noch immer die spinnwebartigen Einträge der griechischen Schreiber von der breiten und schwungvollen Schrift der Sieger unterscheiden.

Zwar ließ sich der Schaden, den die Eroberung angerichtet hatte, im größten Teil des Landes schnell wieder beheben, aber das Wirtschaftsleben im Negev wurde für lange Zeit zugrunde gerichtet. Da die Kalifen selbst Abkömmlinge von Beduinen waren, zogen sie natürlich die Nomaden aus den Wüstengebieten, die am Rande der Siedlergesellschaft lebten, den Stadtbewohnern vor. So wurde allmählich die Sicherheit, die für die Siedlungen im Süden lebensnotwendig war, immer geringer, und die Siedler begannen abzuwandern. Überdies ließ durch den Rückgang der Pilgerströme und des Kapitalzuwachses der Bedarf an bebautem Land nach. Die Karawanenstraßen waren verlassen, und die Städte entvölkerten sich nach und nach. Dahinter stand kein Zwang, die Papyri von Nessana beweisen, wieviel Interesse die arabischen Gouverneure an diesen Gebieten nahmen. Ein eindrucksvolles Beispiel ihrer Toleranz ist noch heute in Subeita zu sehen, wo an die südliche Kirche eine Moschee angebaut wurde, ohne das christliche Bauwerk spürbar zu beeinträchtigen.

Den gleichen Geist der Toleranz zeigte auch Kalif Omar, als er Jerusalem einnahm. Er ließ die Grabeskirche unangetastet, zog weiter zum Tempelplatz und begann – unterstützt durch den Patriarchen Sophronios –, die angesammelten Abfälle selbst wegzuräumen. Schließlich wurde der Fels im Zentrum des Tempelplatzes freigelegt (der früher wahrscheinlich das Fundament des Brandopferaltars gewesen war). Die Moslems entschieden sich jedoch, am Südende des Tempelplatzes, seiner nach Mekka gewandten Seite, eine Gebetsstätte zu errichten. Dort setzten sie ‹große Balken auf allerlei Ruinen und machten einen viereckigen Platz des Gebets, der konnte dreitausend Mann auf einmal aufnehmen›. Dies war die früheste al-Aksa-Moschee, die ‹am weitesten [von Mekka] entfernte›, und von hier aus begann nach islamischer Überlieferung der Prophet Mohammed eines Nachts seine Reise gen Himmel.

Die Stellung von Palästina verbesserte sich erheblich, als Muawija im Jahre 661 die Omajjaden-Dynastie begründete. Der neue Kalif ließ sich in Jerusalem krönen; und von ihrer Hauptstadt in Damaskus aus taten die späteren omajjadischen Kalifen viel für die Entwicklung ihrer südlichen Besitzungen. Zur Zeit des Kalifen Abd al-Malik (685–705) war Mekka in der Hand seines Gegners Abdullah ibn Zubair; um nun den Pilgerstrom in dieser Richtung zu verringern, beschloß der Kalif, in Jerusalem ein neues Zentrum für Pilgerfahrten zu schaffen, und erbaute den ‹Felsendom› (Kubbat as-Sachra, fälschlich auch ‹Omar-Moschee› genannt). Dieses Gebäude wurde 691 vollendet und ist das älteste noch erhaltene Baudenkmal des Islams.

Um die Anlage des Felsendoms zu verstehen, müssen wir auf die Absichten seines Erbauers zurückgreifen. Abd al-Malik wollte nicht nur einen Ersatz für das Heiligtum in Mekka schaffen, sondern zugleich auch Konstantin dadurch übertreffen, daß er in Jerusalem noch ein

Blick auf den Felsendom durch einen Bogen der Wandelhalle des Tempelbergs.

Blick über die Ostmauer der Jerusalemer Altstadt auf den Felsendom.

Felsendom.

S. 158/159
Felsendom, Kuppelinneres mit seinen reichvergoldeten, stilisierten Ornamenten.

zweites Kuppelgebäude errichtete — neben dem über dem Heiligen Grab. Der heiligste, sichtbare Teil des Tempelplatzes war der Fels in seinem Mittelpunkt; deshalb wurde nun eine Kuppel (von 20,40 m Durchmesser und 35,30 m Höhe) darüber errichtet, und zwar auf einem hohen Tambour (runden Unterbau) aus 4 Pfeilern und 12 Säulen, der oben von 16 Fenstern durchbrochen ist. Dieser innere Stützenkreis wurde seinerseits in einen niedrigeren Achteckbau eingeschlossen, von dem jede Seite 20,60 m lang ist und vier Seiten mit Eingängen und die anderen vier mit Fenstern versehen sind.

Da der Zwischenraum zwischen Achteckbau und innerem Stützenkreis unter der Kuppel für Einzelbalken zu breit war, mußte dort noch ein Zwischen-Achteck aus 24 Bögen auf 8 Pfeilern und 16 Säulen eingesetzt werden. Die Kuppel, die Bögen und die Wände im Oberteil des inneren Stützenkreises wurden mit einem reichen Mosaikmuster geschmückt, das zwar von byzantinischen Vorbildern abgeleitet ist, aber nur pflanzliche und geometrische Ornamente aufweist. Der Rest der Wände bekam einen Marmorbelag und die Spannbalken der Bögen sowie die Balken über den Türen vergoldete Blumenmuster. 1552 ließ der türkische Sultan Suleiman die Außenflächen des Achteckbaus mit Fayence-Fliesen verkleiden; das Dach besteht aus Blei, und die Kuppel wurde in jüngerer Zeit vergoldet. Abd al-Malik stellte die ägyptischen Steuereinnahmen von sieben Jahren für die Errichtung dieses Gebäudes zur Verfügung und zog dabei Kunsthandwerker aus Ägypten und offenbar auch aus Syrien heran. Das Bauwerk als Ganzes ist in seiner architektonischen Harmonie und Eleganz eine bewundernswerte Leistung, die die Großzügigkeit des Gesamtplans mit einer minuziösen Feinheit der Details verbindet.

Die an Abd al-Malik erinnernde Inschrift wurde später entfernt und sein Name durch den des abbasidischen Kalifen al-Mamun ersetzt; doch da der Fälscher es versäumte, auch das Datum zu ändern (das Jahr 72 der Hedschra, d.h. 691 n.Chr.), blieb dieser Betrugsversuch erfolglos.

Zu den weiteren Arbeiten der Omajjaden in Palästina zählt die Gründung der Stadt Ramla, die der damalige Statthalter Suleiman im Jahre 712 zur Verwaltungshauptstadt der Provinz machte. Ramla ist die einzige Stadt in Palästina, die von Arabern gegründet wurde. Der Name leitet sich von einem Wort mit der Bedeutung ‹Sand› her, da sie auf sandigem Untergrund erbaut war. Die Stadt wurde militärisches Hauptquartier, erhielt Märkte und Wirtschaftsbetriebe wie Keramikmanufakturen und Färbereien und stand bald in Blüte.

Abgesehen von der Vergrößerung und dem Umbau der ursprünglichen al-Aksa-Moschee, waren die übrigen Bauten der Omajjaden weltlichen Charakters. Sie hielten weiterhin die Verbindung mit ihrer Beduinen-Vergangenheit aufrecht und lebten jedes Jahr einige Monate in der Wüste — allerdings lieber in Wüstenpalästen als in den echten Beduinenzelten. Die Kalifen Walid I. (705—715) und Hischam (724—743) bauten sich außerdem ‹Winterpaläste› im warmen Klima des Jordantals, wo sie sich wohler fühlten als in ihrer Hauptstadt Damaskus, die im Winter unangenehm kalt war. Einer dieser Paläste wurde von Walid in Sinnabra bei Beth Jerah errichtet, wo der Jordan aus dem See Genezareth fließt, aber davon sind keine sichtbaren Überreste mehr erhalten. Ein zweiter Palast von Walid entstand bei Magdala am Ufer desselben Sees, in einem Ort namens Chorvat Minnim (arabisch Chirbet al-Minja); dieser Palast hat die Gestalt einer rechteckigen Festung (73 × 63 m) mit Rundtürmen in den Ecken und halbrunden Türmen in der Mitte jeder Mauer. Zwischen zwei Türmen auf der Ostseite lag ein reichgeschmückter, kunstvoller Tordurchgang. An der Südseite befinden sich eine Moschee (die auch von außen zugänglich war), ein Thronsaal und eine Gruppe von fünf Zeremonienhallen, die mit geometrischen Bodenmo-

Farbiges Glasfenster im Felsendom.

Felsendom, Pfeiler des inneren Achtecks mit ornamentalem Marmorbelag; links dahinter Mosaiken des Tambours mit einer arabeskenhaften Weiterentwicklung des byzantinisch stilisierten, aus einer Amphore herauswachsenden Rebenspaliers.

saiken ausgelegt sind. Die Wohnräume liegen im Norden und die Zweckgebäude (Wachstuben usw.) im Osten und Westen. Das obere Stockwerk erreicht man über eine Rampe, die am Tor beginnt.

Ein weiterer omajjadischer Palast, möglicherweise von Hischam, wurde im Jordantal bei Chirbet al-Mafdschar nördlich von Jericho ausgegraben. Durch das Eingangstor dieses weitläufigen Gebäudekomplexes gelangt man zunächst in einen Vorhof mit einem dekorativen Teich. Der Vorhof führt dann durch ein zweites Tor mit reichen Stuckverzierungen in den Haupthof. Der eigentliche Palast besteht aus Wohnräumen, zu denen ein unterirdisches, mit Mosaiken ausgelegtes Bad gehört, das in der Gluthitze des Sommers sicher ein angenehmer Aufenthaltsort war. In der Südmauer liegt eine kleine Moschee für den Kalifen, an die sich ein quadratischer Minarett-Turm anschließt (während sonst alle Türme im Palastbezirk rund oder halbrund sind). An der Nordseite des Palastes liegt eine große Empfangshalle, die durch eine Säulenreihe geteilt wird, und daran schließt sich im Norden eine große, öffentliche Moschee sowie ein kunstreiches Gebäude an, das anscheinend der Thronsaal war. Er besitzt ein ornamentales Tor mit einer Kuppel darüber und zwei Reihen von Gewölben, die einen zentralen

Felsendom, Detail der geschmückten Unterseite eines Tragebalkens zwischen Säulen; klassische Elemente fügen sich zu einem stilisierten Muster.

Chirbet al-Mafdschar, Palast eines omajjadischen Kalifen; Säulen und Pfeiler des Thronsaals.

Kuppelbau umgeben. Neben dieser Halle liegt ein kleineres Bad, in dem ein Raum mit einem sehr schönen Mosaik geschmückt ist: es zeigt einen Löwen, der unter einem ‹Lebensbaum› Gazellen angreift. Der Boden des Thronsaals ist mit einer verblüffenden Vielfalt von geometrischen Mosaikmustern ausgelegt. Der größte Teil der Palastdekoration besteht aus Stuckschnitzerei und zeigt ungeheuer prachtvolle Motive (zumeist persischen Ursprungs). Am interessantesten sind jedoch zweifellos die freistehenden Plastiken, die in großer Zahl im Palast, und zwar besonders im Thronsaal gefunden wurden. Von den Ausgrabungen in Kusair Amra und an anderen Stätten wußte man zwar bereits, daß die Omajjaden in ihren Palästen Bilder mit figurativen Darstellungen zuließen. Die Einführung dreidimensionaler Plastiken brachte nun jedoch einen neuen Aspekt ihrer Freizügigkeit gegenüber den Geboten des Korans ans Licht. Unter den Plastiken finden wir eine Darstellung des Kalifen selbst – eine bärtige Gestalt in einer glanzvollen persischen Robe; diese Figur stand offenbar über dem Eingang zum Thronsaal. Andere Bildhauerarbeiten zeigen Soldaten in orientalischer und römischer Bewaffnung, halbnackte Tänzerinnen, Köpfe, die als Schmuck des Kuppelgewölbes dienten, Vögel usw. Sie sind alle bunt bemalt, und die ganze Ausschmückung wirkte wohl sehr lebendig, aber auch ziemlich aufdringlich. Die geometrischen und pflanzlichen Ornamente der Fenster und Balustraden zeugen dagegen von erlesenem Geschmack. Der Palast wurde, wie einige bei den Grabungen gefundene Sgraffiti beweisen, mit Hilfe von christlichen und jüdischen Arbeitskräften erbaut.

750 mußte die Omajjaden-Dynastie den Abbasiden weichen, die Bagdad zum Regierungssitz erwählten. Durch diese Verlegung der Hauptstadt von Damaskus weg wurde Palästina in der Folgezeit etwas

Chirbet al-Mafdschar, Stuckbalustraden im Omajjadenpalast.

Chirbet al-Mafdschar, Mittelteil der Kuppel in Stuckarbeit; die stilisierte Blume im Zentrum ist von Männer- und Frauenköpfen umgeben. Rockefeller-Museum.

Chirbet al-Mafdschar, rekonstruiertes Stuckfenster von der Fassade des Palastes. Rockefeller-Museum.

Ramla (789); abbasidische Zisterne, ‹al-Unaizijja›, ein sehr frühes Beispiel für Spitzbögen.

Kuppel der al-Aksa-Moschee über der Südmauer des Tempelplatzes, die sich aus herodianischer (links unten), türkischer (ganz oben) und (im übrigen) omajjadischer Steinmetzarbeit zusammensetzt.

vernachlässigt. Doch immerhin nahmen die abbasidischen Kalifen al-Mahdi und az-Zahir noch Umbauten an der al-Aksa-Moschee vor. Unter al-Mahdi (775—785) wurde aus der Moschee ein großes, rechtwinkliges Gebäude, dessen Mittelschiff zur Kuppel und dem *michrab* (der nach Mekka gerichteten Nische) führte und sieben Seitenschiffe und ebensoviele Eingänge an jeder Seite bekam. Spätere Architekten hielten sich meist an diesen Grundriß; aus der damaligen Zeit blieben jedoch nur die Dachbalken und die Wandplatten erhalten. Die Moschee wurde 780 geweiht, als der Kalif zum Gebet nach Jerusalem kam.

Ein noch vollkommen erhaltener Bau aus der Abbasidenzeit ist die Zisterne Bir al-Unaizijja in Ramla, die 789 unter dem Kalifen Harun ar-Raschid vollendet wurde. Sie ist als unregelmäßiges Viereck (24 x 20,50 m) angelegt und hat im Innern 3 Pfeilerreihen. Diese Pfeiler bilden 6 Kreuzgewölbe, die jeweils in 4 Zellen unterteilt sind. Das ergab insgesamt 24 Zellen, und da jede eine Öffnung nach oben besaß, konnten 24 Menschen gleichzeitig Wasser schöpfen. Das architektonisch Neue an diesem Bauwerk ist die Verwendung von Spitzbögen; hier sehen wir das älteste Beispiel für die planmäßige Nutzung einer Erfindung, die sich im Mittelalter über ganz Europa verbreitete.

In spätabbasidischer Zeit begann der Niedergang der arabischen Herrschaft. Die Kommandeure ihrer seldschukischen oder türkischen Söldner rissen die Macht an sich, während die Kalifen immer mehr zu Marionetten wurden. Die vernachlässigten West-Provinzen lösten sich vom islamischen Reich. Achmad ibn Tulun, der Sohn eines freigelassenen türkischen Sklaven, wurde 868 zum Herrscher über Ägypten und Palästina; er und seine Nachfolger errichteten zwar viele Gebäude, aber nur wenige sind erhalten geblieben. Die Tuluniden wurden dann von den Fatimiden (den Nachkommen von Mohammeds Tochter Fatima) abgelöst (905), die die Rechtmäßigkeit des abbasidischen Kalifats (969—1171) bestritten. In Jerusalem gab der Fatimide az-Zahir der al-Aksa-Moschee im Jahre 1035 ihre heutige Gestalt. Von seinen Arbeiten sind noch das Mittelschiff, die Bögen unter der Kuppel mit ihren Mosaiken sowie der Haupteingang erhalten. Der Rest der siebenschiffigen Moschee folgt zwar dem Grundriß von Zahir, wurde aber in der Kreuzfahrerzeit stark umgebaut — und dann noch einmal in unserem Jahrhundert, in den dreißiger Jahren. Die Fassade stammt von den Ajjubiden und entstand 1217/1218. Die Mosaiken in der Kuppel ahmen die aus dem Felsendom nach, gehören aber in die Zeit von az-Zahir.

Zahirs Vorgänger Hakim (996—1021) erwarb sich durch seinen Befehl, die Grabeskirche abzureißen, einen zweifelhaften Ruhm; sie wurde im 11. Jh. vom Kaiser von Byzanz wiederaufgebaut. Mit dem Niedergang der Fatimidenherrschaft begannen die seldschukischen Türken in wachsendem Maße, die christlichen Pilger auf dem Weg zu den heiligen Stätten zu überfallen und auszurauben. Als die Nachricht davon nach Europa drang, riefen der Papst und die Mönche die europäischen Ritter zur Rettung des Heiligen Grabes vor den Ungläubigen auf; so begann die historische Bewegung der Kreuzzüge, die bis zum heutigen Tag auf dem Antlitz des Heiligen Landes ihre Spuren hinterlassen hat.

Die Kreuzfahrer (1099—1291)

Der erste Kreuzzug war der einzige, der seinen Zweck voll erreichte; er begann 1096 als ein gemeinsames französisch-normannisches Unternehmen, an dem sich die italienischen Hafenstädte beteiligten. Nach verlustreichen Kämpfen stürmten die Überlebenden, angeführt von Gottfried von Bouillon, am 15. Juli 1099 die Stadt Jerusalem und proklamierten dort das Lateinische Königreich von Jerusalem, den ersten Kreuzfahrerstaat. Das Königreich wurde von Balduin I. (1100—1118) gefestigt, der seine Grenzen erweiterte, indem er sich die

Wappenlöwe eines Kreuzfahrerkönigs aus dem Hause Lusignan, gefunden in Akko. Rockefeller-Museum.

Küstenstädte sicherte. Zur Zeit seiner größten Ausdehnung, unter der Regierung von Balduin III. (1143–1163), umfaßte der Herrschaftsbereich der Kreuzfahrer die gesamte Küste bis Askalon, schloß im Binnenland die Höhen östlich des Jordans bis zum Roten Meer ein und war auf dieser Seite – von Schaubak bis zur Isle de Graye – durch eine Kette von Festungen geschützt.

Das Kreuzfahrer-Königreich wurde von ein paar tausend Europäern regiert, die über eine sehr viel größere Zahl von teils christlichen und teils mohammedanischen Orientalen herrschten. Die meisten Ritter, die in den ersten und den folgenden Kreuzzügen kämpften, kehrten nach Hause zurück, sobald sie ihre Gelübde erfüllt hatten, und überließen das Königreich seinem Schicksal. Die in Jerusalem regierenden Könige orientierten sich an der Sozialstruktur im damaligen Europa: sie gründeten ihre Herrschaft auf dem Prinzip des Lehnswesens und verteilten die Ländereien auf ihre Vasallen – den Fürsten von Galiläa oder die Seigneurs von Haifa, Jaffa, Caesarea, Ibelin (Javneh) usw. Da diese Adelsherren aber nur eine festgelegte Anzahl von Tagen im Jahr zu Diensten stehen mußten, war die Streitmacht der königlichen Heere ständig geschwächt. Die italienischen Kolonien, die sich in den Küstenstädten behaupteten, bestanden vorwiegend aus Kaufleuten und konnten bestenfalls nur die lebenswichtige Schiffsverbindung nach Europa aufrechterhalten. Die orientalischen Christen im Kreuzfahrer-Königreich waren unzufrieden, weil sie nun der geistlichen Herrschaft der römi-

Details von Kreuzfahrer-Architektur, wiederverwendet in einer mamlukischen Kanzel (arab. minbar) auf dem Tempelberg.

schen Kirche unterstanden, während sie selbst dem orthodoxen Ritus folgten; und von den Moslems konnte man im günstigsten Fall erhoffen, daß sie sich weiter passiv verhielten. Unter diesen schwierigen Umständen brachte die Gründung der militärischen Kreuzritterorden – der Tempelherren, Johanniter und Deutschherren – einige Hilfe: von der ersten Hälfte des 12. Jh. an wurde ihr stehendes Heer zum Rückgrat des Kreuzfahrerstaates. Aber seit der Zeit von Fulko von Anjou (1131–1143) befanden sich die Kreuzfahrer nur noch in der Defensive. Die Moslems, deren innere Spaltung einer der Hauptgründe für den Erfolg der ersten Kreuzzüge gewesen war, vereinigten sich allmählich unter den Ajjubiden und gingen zum Angriff über, den der große kurdische Kriegsherr Saladin 22 Jahre lang aufrechterhielt. Er errang seinen größten Erfolg in der Schlacht bei Hattin (1187), als das durch innere Streitigkeiten gespaltene Kreuzfahrerheer überwältigt, der König gefangen und schließlich Jerusalem eingenommen wurde. Alles schien verloren, bis die Situation durch den dritten Kreuzzug vorübergehend noch einmal gerettet wurde: 1191 eroberten die Kreuzfahrer Akko zurück und machten es zur Hauptstadt des Königreichs in seiner zweiten Phase. Sie nutzten geschickt die Uneinigkeit unter den Ajjubiden aus, gewannen schrittweise Galiläa zurück, danach die Küste und eine Zeitlang (1229–1244) sogar Jerusalem – allerdings mehr durch Diplomatie als durch Waffengewalt. Die späteren Kreuzzüge hatten dann rein defensiven Charakter. Nach dem Aufstieg der Mamluken und ihren Siegen über die Ajjubiden im Jahre 1250 war das Ende absehbar. Der

Inneres der Kreuzfahrerkirche St. Anna in Jerusalem; romanischer Stil, 12. Jh.

energische Sultan Baibars (1260–1277) nahm eine Kreuzfahrerfestung nach der anderen ein, und sein zweiter Nachfolger, al-Malik al-Aschraf, eroberte 1291 Akko und beendete damit die Kreuzfahrerzeit.

Zum Verständnis der Kreuzfahrerkultur und ihrer erhaltenen Baudenkmäler müssen wir uns folgendes vor Augen führen: Die Kreuzfahrer waren überwiegend Franzosen, untermischt mit einigen Normannen und Deutschen; sie brachten ihre kulturellen und künstlerischen Maßstäbe aus dem mittelalterlichen Europa des 11. Jh. mit. Als sie sich dann im Laufe der Zeit in ihrem neuen Herrschaftsbereich niederließen, begann ein kultureller Austausch mit den Orientalen, unter denen sie lebten. Dies wird besonders auffällig bei den Bequemlichkeiten des täglichen Lebens, in denen der Orient zu jener Zeit allem, was Europa bieten konnte, weit überlegen war. Sodann mußten die Kreuzfahrer, gerade wegen ihrer unsicheren Herrschaft über das eroberte Land, vor allem an ihre Sicherheit denken und wandten deshalb enorme Energien und Mittel auf, um eine Befestigung nach der anderen zu bauen. In offener Feldschlacht konnte das Lateinische Königreich, falls es nicht gelegentlich von europäischen Rittern Hilfe bekam, den Massen der islamischen Krieger nicht standhalten. Deshalb mußten die Ritter in Burgen Schutz suchen, die durch plötzliche Überfälle von Berittenen nicht einzunehmen waren.

Überdies hatten die Kreuzfahrer einen religiösen Beweggrund. Auch wenn bei manchen ganz weltliche Motive – Abenteuerlust, Hoffnung auf Landbesitz oder Reichtümer – mitspielten, war doch der vorherrschende Wille, die heiligen Stätten vom Joch des Islams zu befreien. Deshalb verwandten die Kreuzfahrer, nachdem sie im Heiligen Land erst einmal Fuß gefaßt hatten, kaum weniger Energie auf den Kirchenbau als auf den Bau von Festungen. Bis zum heutigen Tage sind die Hauptmoscheen vieler arabischer Städte, etwa von Gaza, Ramla und Lydda (Lod), ursprüngliche Kreuzfahrerkirchen, die in Gebetsstätten eines anderen Glaubens verwandelt wurden. Sogar der Bau der al-Aksa-Moschee stammt zum größten Teil aus der Kreuzfahrerzeit – selbst hier ist die erstaunliche Tatkraft der Kreuzritter zu erkennen.

In ihrer Kunst folgten die Kreuzfahrer europäischen Meistern, vorwiegend aus Burgund und der Provence – aber auch den orientalischen und byzantinischen Kunsthandwerkern. Ihre früheren Kirchen erbauten sie im romanischen Stil, und einige ihrer schönsten Skulpturen, etwa die in Nazareth gefundenen Kapitelle, sind Meisterwerke spätromanischer Kunst. Gegen Ende ihrer Regierungszeit tauchte dann in einigen Kreuzfahrerkirchen auch der gotische Stil auf; die Forschung ist sich noch uneins, ob die Kreuzfahrer nicht vielleicht den Spitzbogen von islamischen Vorbildern wie der Zisterne von Ramla übernahmen. Im Bereich der anderen Künste mußten sie sich jedoch ganz auf die Byzantiner verlassen. So wurden die Mosaiken an den Wänden der Geburtskirche in Bethlehem und der Grabeskirche in Jerusalem eindeutig von byzantinischen Künstlern gelegt und ähneln denen, die sie für die normannischen Könige in Sizilien schufen, auch darin, daß einige der Inschriften zweisprachig sind, griechisch und lateinisch. Von diesen Mosaiken lassen sich die in Bethlehem heute kaum noch erkennen; in der Kalvarienkapelle der Grabeskirche dagegen blieb (mitten unter vielen neueren Mosaiken) ein Mosaikfeld von damals erhalten, das den Christus Pantocrator zeigt. Die glasierten Keramikgefäße der Kreuzfahrer waren die Arbeiten byzantinischer Töpfer und zeigen mitunter den Einfluß mamlukischer Vorbilder. Die Glasur der Gefäße ist grünlich oder gelb, und ihre pflanzlichen oder geometrischen Muster verbinden sich mit Bildern von Menschen, Tieren und Schiffen.

Die Bautätigkeit der Kreuzfahrer war in Jerusalem natürlich am stärksten. Sie bauten die Grabeskirche wieder auf und gaben ihr ihre

Kreuzfahrerturm und -mauer der Zitadelle von Jerusalem.

heutige Fassade. Die Oberschwelle über der einen der beiden Kirchentüren stellt den Einzug von Christus in Jerusalem dar, das Abendmahl, die Erweckung des Lazarus usw., die andere zeigt eine verschlungene Schneckenverzierung, die mit Menschengestalten durchsetzt ist und an antike ‹Menschen-Girlanden› erinnert. Im Innern der Kirche bekam die Rotunde eine zusätzliche Arkade, und über dem Fels von Golgatha wurde die Kalvarienkapelle errichtet. Weitere Kreuzfahrerkirchen in Jerusalem sind die Kirche der hl. Anna und das traditionelle ‹Mariengrab› im Kidrontal. Die Kirche der hl. Anna wurde (wie Ähnlichkeiten im Entwurf der Westfassade und des Fensters darüber vermuten lassen) wahrscheinlich von den Steinmetzen der Grabeskirche errichtet und ist heute die am besten erhaltene Kreuzfahrerkirche in Jerusalem; sie ist in rein romanischem Stil gebaut, das Kirchenschiff endet unter einer kleinen Kuppel. Die Kirche des Mariengrabes besitzt heute nur noch ihren Eingang aus dem 12. Jh. und im Innern das Kreuzgewölbe einer Krypta, die einen leeren Sarkophag enthält. Ein Gewölbestein mit den Tierkreiszeichen und Bruchstücke eines Giebelfeldes sind in die Mauer der Erlöserkirche unweit der Grabeskirche eingebaut. – Eine

Caesarea, Kreuzfahrermauer, 1251 angelegt durch Ludwig IX. von Frankreich; der nicht mehr erhaltene obere Teil der Mauer stand auf diesem zum Graben hin abfallenden Befestigungsfundament.

weitere Kreuzfahrerkirche, die teilweise restauriert wurde, steht in Abu Ghosch, 12 km westlich von Jerusalem. Sie zeigt die normale Aufteilung des Innenraums in ein Mittelschiff, zwei Seitenschiffe und eine dreifache Apsis. Doch wegen ihrer einsamen Lage sind ihre Mauern ungewöhnlich dick (4 m), damit sie in Notfällen als Festung dienen konnte; eine Quelle unter der Kirche mündet in eine Krypta von 14,20 x 7,50 m.

Ein besonderes Kennzeichen der Kreuzfahrerkirchen ist ihr Glockenturm, denn Glocken wurden nur in den römischen, nicht aber in den orientalischen christlichen Kirchen benutzt. Ein solcher Glockenturm stand in der Nähe des Eingangs zur Grabeskirche, doch wurde sein Obergeschoß unter der Moslemherrschaft wieder abgerissen, damit er die benachbarte Moschee nicht überragte. In Bethlehem schließlich, wo die Kreuzgänge der Kreuzfahrer zum Teil erhalten geblieben sind, weil sie von Säulen jüngeren Datums umschlossen waren, konnte ein Satz Glocken aus dem Mittelalter geborgen werden.

Die zivilen und militärischen Bauten der Kreuzzüge hinterließen viele Überreste, die im ganzen Lande verstreut sind. Die meisten haben zwar

S. 180/181
Caesarea, Bögen über der Kreuzfahrerstraße, die vom Tor aus in die Stadt führte.

Blick auf die Festung Belvoir (1168) in der Ferne.

sehr unter der späteren Bautätigkeit gelitten, weil ihre Mauern als Steinbrüche herhalten mußten; aber sie wurden nie wieder für andere Zwecke in Gebrauch genommen, wie es mit den Kreuzfahrerkirchen im ganzen Land geschah. In Jerusalem geht die Zitadelle in ihrer heutigen Gestalt sowie ein Teil ihrer äußeren Mauern und Türme auf die Kreuzfahrerzeit zurück. Der König von Jerusalem schlug zunächst seine Residenz in der al-Aksa-Moschee auf, die durch mehrere Anbauten in einen Palast verwandelt wurde. Als dann die Tempelherren den Tempelberg übernahmen, richtete der König seinen Regierungssitz beim ‹Davidsturm› ein, dem einzigen herodianischen Turm, der in der Nähe des Jaffa-Tors noch erhalten war. Damit trat er unbeabsichtigt nicht nur in die Fußstapfen des jüdischen Königs, sondern auch in die der römischen Prokuratoren nach ihm.

Die Überreste der Kreuzfahrerzeit in ihrer zweiten Hauptstadt Akko sind zahlreicher. Ein Teil ihrer Uferbefestigung erfüllt noch heute ihre Funktion. Und neuere Ausgrabungen haben das Refektorium des Johanniterordens freigelegt — eine weiträumige Halle aus Kreuzgewölben, die auf einer Reihe von drei (jeweils 3 m dicken) Säulen ruhen. Diese Halle war durch unterirdische Passagen mit verschiedenen anderen Räumen verbunden.

Die Kreuzfahrermauern von Caesarea wurden 1251 unter der Leitung Ludwigs IX. (des ‹Heiligen›) von Frankreich erbaut und stellen die am besten erhaltene Stadtbefestigung aus dieser Zeit dar. Sie besteht aus einer äußeren Mauer von 4 bis 6 m Höhe, einem 7 m breiten Graben, einem 8 m hohen und 60° abfallenden Glacis sowie einer inneren Mauer von 10 m Höhe. Das Ganze folgt dem Vorbild der byzantinischen Mauern um Konstantinopel, die damals die stärkste Festung der christlichen Welt war. Die Mauern in Caesarea bilden ein Rechteck von 650 × 275 m, hatten zwei Tore im Norden und Süden (beim Nordtor führte eine kleine Brücke mit einer einzigen Säule als Stütze über den Graben) und ein Haupttor in der Mitte der Ostmauer. Auch dieses Tor ist wegen des Grabens nur über eine Brücke zu erreichen, und deren innere Hälfte ruht auf einem steinernen Bogen, während die äußere aus Holzplanken bestand, die leicht zu entfernen waren. Doch selbst wenn Angreifer die Brücke überquert hatten, konnten sie erst nach einer scharfen Wendung nach links ans Tor gelangen — und kehrten dabei ihre ungeschützte rechte Flanke dem Torturm zu. Das Tor selbst ist ein Gewölbedurchgang, der auf eine mit Bögen überspannte Straße führt. Unweit des Tores fanden sich Überreste einer Kreuzfahrerkathedrale, die in einem großen Maßstab geplant war, aber nicht vollendet wurde.

Drei Kreuzritterburgen sind gut erhalten geblieben und veranschaulichen die Befestigungsmethoden der drei wichtigsten Ritterorden. Die älteste ist die Festung Belvoir (*Kochav ha-Jarden*, arabisch *Kaukab al-Hawa*); die Johanniter begannen sie 1168 auf einem hohen Berg zu erbauen, der südlich des Sees Genezareth das ganze Jordantal überschaut. Auf drei Seiten wurde die Festung von dem Bergvorsprung, auf dem sie steht, durch einen 20 m breiten und 12 m tiefen Graben abgeschnitten. Nur an der Ostseite, die steil zum Jordantal abfällt, ist sie allein durch ein hohes Glacis gesichert. Der Haupteingang führt vom Südwesten her mit einer Brücke über den Graben und in ein verwickeltes System von Tordurchgängen. Die Festung selbst besteht aus einem äußeren Fünfeck und einem inneren quadratischen Bau. Der äußere Verteidigungsring setzt sich aus quadratischen Türmen in den Ecken und in der Mitte jeder Seite zusammen, die durch Zwischenmauern mit hohen Zinnen verbunden sind; der Ostturm, der am Scheitelpunkt des Fünfecks aufragt, war selbst schon eine ungeheuer mächtige Festung. Die Gewölbe längs der Zwischenmauern sind geräumig und konnten eine starke Garnison aufnehmen; im äußeren Hof liegen ein Badehaus

Blick von Belvoir auf das Jordantal.

Belvoir, Maueröffnung und Schießscharten mit Blick auf das von der Festung beherrschte Jordantal.

und eine große Zisterne, die 500 Kubikmeter faßte. Die quadratische innere Festung besitzt in den Ecken quadratische Türme und einen Torturm mitten in der Westseite. In ihrem Innern gab es eine Backstube, eine Küche, gewölbte Räume und im Obergeschoß eine Kirche mit einem Turm. Einige der Skulpturen aus der Kirche konnten geborgen werden, darunter eine Engelsgestalt — ein Symbol des Evangelisten Johannes.

In zwei späteren Festungen, der von Montfort und der Zitadelle von Safed, wurden dann die quadratischen Türme von Belvoir durch Rundtürme ersetzt. Offenbar hatten die Ritter aus Erfahrung gelernt, daß Rundtürme ein besseres Schußfeld boten, weil sie keine toten Winkel

Akko, Refektorium des Johanniterordens; die Gewölbe ruhen auf drei riesigen Säulen.

hatten, und außerdem mit größerer Wahrscheinlichkeit den mörderischen Steinschleudern *(mangonel)* der Mamluken standhalten konnten. Die Pilgerburg von Athlith (Château des Pèlerins) wurde von den Tempelherren gemeinsam mit Pilgern des fünften Kreuzzuges im Jahre 1218 erbaut. Die Burg besitzt eine Außenmauer mit quadratischen Türmen hinter einem Graben, der vom Meer aus geflutet werden konnte. Die Innenmauer hat zwei sehr hohe Türme, die auch die Außenverteidigung beherrschten. Im Innern der Burg befinden sich gewölbte Hallen, und eine Achteck-Kirche erinnert an den Felsendom, der ja in den Augen der Kreuzfahrer der ‹Tempel Salomos› war. Diese Burg war nicht einzunehmen, solange die Kreuzfahrer das Mittelmeer beherrschten, und sie fiel auch tatsächlich nie, sondern wurde 1291 nach dem Fall Akkos von den Rittern geräumt.

Die Burg Montfort schließlich erbaute der Deutschherrenorden 1228 auf einem Bergvorsprung, der zwei Täler in Galiläa überblickt. In den Fels wurde ein tiefer Graben geschlagen, der die Burg von ihrer Umgebung abschneidet. Strategisch war die Burg wertlos, aber sie sollte auch gar nicht — wie etwa Belvoir — ein weites Gebiet beherrschen, sondern dem Deutschherrenorden vor allem als sicherer Aufbewah-

Montfort, Ruinen der Deutschherrenburg in Nordwest-Galiläa (1228).

rungsort für ihren Schatz und ihre Archive dienen. Die Burg wurde so angelegt, daß ihr stärkster Turm, der riesige ovale Bergfried, genau dort über dem Graben zu stehen kam, wo die Verteidigung am schwierigsten war. Der Rest der Burg breitet sich über Terrassen aus, die zum Kezivtal hin abfallen. Unter den Werkstätten und den Wohnräumen der Ritter liegt die Ordenskapelle, die 23 × 8 m mißt und deren Spitzbögen von achteckigen Pfeilern gestützt werden. Daran schließt sich der Kapitelsaal an, ein quadratischer Raum, der ebenfalls auf Pfeilern ruht, und

darunter liegen Kellergewölbe. Die Burg wurde an ihrem westlichen Ende durch eine runde Bastion verteidigt, und die ganze Anlage war von einer dicken Außenmauer mit Rundtürmen umschlossen. Sie blieb besetzt, bis sie 1271 den Mamluken in die Hände fiel; die Archive des Ordens wurden zunächst nach Akko und von dort nach Europa geschafft, wo der Deutschherrenorden weiterhin eine wichtige historische Rolle spielte. Tatsächlich könnte man sagen, das Königreich Preußen habe in den Mauern von ‹Starkenberg›, wie Montfort auf deutsch genannt wurde, seinen Ursprung genommen.

Im Gesamtbild der Geschichte des Heiligen Landes sind die Kreuzzüge eine Episode geblieben: eine abbröckelnde Mauer, ein paar himmelwärts offene Gewölbe, verrostete Waffen und Stücke von farbigem Glas, die man bei Ausgrabungen fand, sind auch schon alle materiellen Überreste aus einem Gebiet, um das so viel Blut vergossen wurde. Die bleibenden Nachwirkungen dieser Episode lassen sich eher in der Geschichte Europas verfolgen — im Verfall des Lehnswesens, im Aufstieg der Städte, im wachsenden Handel mit Waren aus dem Orient, in der Erhöhung des allgemeinen Lebensstandards und in den neuen Materialien und Gebrauchsgütern. Dies waren die Hauptergebnisse der Mühen jener wackeren Ritter, die nun in den europäischen Kirchen unter ihren Grabplatten liegen — mit übereinandergeschlagenen Knien zum Zeichen dafür, daß sie als christliche Krieger ihre Pflicht getan hatten. Nur hatten sie nicht die einfache Wahrheit begriffen, daß es niemals genügt, ein Land mit Waffengewalt zu besetzen, sondern daß man, wenn der Besitz von Dauer sein soll, im Schweiße seines Angesichts daran arbeiten muß.

Wandelhalle (riwak) im Westen des Tempelbergs.

Die Mamluken (1291–1516)

Wie bei Materie und Antimaterie der modernen Physik gab es auch zu den Kreuzrittern eine Gegenkraft – die mamlukischen Herrscher von Ägypten. Denn die Ajjubiden, von denen Saladin den größten Ruhm errang, waren auch, nachdem sie Jerusalem für den Islam zurückerobert hatten, außerstande, die fränkischen Ritter aus dem Land zu vertreiben. Der letzte Ajjubide wurde 1250 in Ägypten entthront, und die Zügel der Herrschaft übernahm nun der Kommandant seiner türkischen Leibwache, ein ehemaliger Sklave oder Mamluk (wörtlich: ‹einer, der früher jemandem gehörte›). Damit entstand eine Regierungsform, zu der es keinerlei historische Parallele gibt. Die Mamluken waren allesamt ehemalige Sklaven von Sultanen oder Emiren. Zuerst stammten sie hauptsächlich aus der Türkei; doch als nach 1390 die Versorgung mit türkischen Sklaven aufhörte, waren sie vorwiegend Tscherkessen aus dem Kaukasus. Jeder trug den Namen seines früheren Besitzers, und die meisten konvertierten zum Islam. Nur wer ein Sklave gewesen war, konnte Sultan werden; die jeweiligen Nachkommen galten nichts mehr und durften höchstens zivile Aufgaben übernehmen. Wie bei einer Militärkaste nicht anders zu erwarten, war die Mamlukenherrschaft außerordentlich stürmisch. Sultane wurden mit erstaunlicher Schnelligkeit eingesetzt und wieder entthront, und ihre Emire erlitten oft dasselbe Schicksal. Die Historiker unterscheiden zwei Mamluken-‹Dynastien›: die türkischen Bachriten (‹die vom Nil›, weil ihre Kaserne am Fluß stand) und die tscherkessischen Burdschiten (‹die von der Zitadelle›, und zwar von Kairo, wo ihr Hauptquartier lag). Für die

Das ‹Löwentor› in Jerusalem mit den beiden Löwen, den Wappentieren des Sultans Baibars.

Burdschiten-Dynastie hat man errechnet, daß einmal innerhalb von neun Jahren 14 Sultane regierten.

Bis zu dem Zeitpunkt im Jahre 1516, als in Merdsch Dabik bei Aleppo die osmanische Artillerie ihr Schicksal endgültig besiegelte, erwiesen sich die Mamluken als überaus tüchtige Krieger. Einer ihrer ersten Herrscher, Baibars (1260—1277), war der Todesbote des Kreuzfahrer-Königreichs — auch wenn Akko erst von seinem zweiten Nach-

Öffentlicher Trinkbrunnen (sebil) auf dem Tempelberg, errichtet von Sultan Kait Bai (1482); typisch für die Mamluken-Architektur auf ihrem Höhepunkt sind abwechselnde Schichten von roten und weißen Steinen, Schmuckinschriften und Kuppelverzierung.

folger erobert werden konnte. Denn Baibars verfolgte in den Küstengebieten eine systematische Politik der ‹verbrannten Erde›. Da das Mittelmeer immer noch von den christlichen Flotten beherrscht wurde, ließ er, um jede Möglichkeit einer Kreuzfahrer-Landung zu verhindern, alle Städte und Festungen an der Küste schleifen und übergab das ganze Gebiet turkmenischen Schafhirten als Weideland. Im Landesinneren dagegen residierten mamlukische Vizekönige in Gaza und Sa-

Jerusalem, Hauseingänge und Torwege mamlukischer Gebäude in einer Altstadtstraße, die zum ‹Kettentor› und zum Tempelberg führt.

S. 196/197 Eingangsportal zur Medrese al-Aschrafijja am Tempelberg; bemerkenswert die zweifarbige Steinmetzarbeit und das Stalaktitenmuster der Kuppel.

fed. Jerusalem wurde als zweitranging angesehen und diente vor allem als ehrenvoller Verbannungsort für Emire, die am Hofe von Kairo noch nicht so sehr in Ungnade gefallen waren, daß sie eine Hinrichtung verdient hätten. Sie ließen sich in der Heiligen Stadt nieder und trugen mit ihren Spenden und Gebäuden dazu bei, den islamischen Charakter von Jerusalem zu verstärken, und zwar insbesondere in den Gebieten der Altstadt um den Haram esch-Scharif (den Tempelberg).

Trotz ihres Ungestüms und ihrer Rastlosigkeit waren die Mamluken zu Anfang sehr erfolgreiche Herrscher. So richteten sie ein System von Karawansereien und Poststationen zwischen Kairo und Damaskus ein. Überreste ihrer quadratischen Chane (Karawansereien) mit Türmen in den Ecken sind noch in Rosch ha-Ajin an den Quellen des Jarkon zu sehen sowie in Chan Junis bei Gaza und in Chan at-Tudschar am Berg Tabor. Die Verbindungsstraßen zwischen diesen Chanen wurden gut instand gehalten und mit Brücken versehen. Eine dieser Brücken, Dschisr Dschindas, 1273 unmittelbar nördlich von Lydda (Lod) gebaut, trägt noch heute den starken Verkehr zum Flugplatz; sie ist mit einer Inschrift von Baibars geschmückt, die beiderseits von seinem Wappentier, einem Löwen, eingerahmt wird. Dieselben Wappentiere erscheinen als Paar auch zu beiden Seiten des ‹Löwentors› (St.-Stephans-Tor) in der Ostmauer der Jerusalemer Altstadt. Ein weiteres mamlukisches Tor in Jerusalem ist das Damaskus-Tor. Es wird von zwei ornamentalen Türmen flankiert, folgt dem Grundriß des römischen Tors darunter und ist mit seiner Überfülle von nadelartigen Zinnen eines der schönsten Baudenkmäler dieser Zeit.

Erstaunlicherweise besaßen die Mamluken einen sicheren Geschmack und beschäftigten nur die allerbesten Künstler, Architekten und Kunsthandwerker. Als sie darangingen, den Haram esch-Scharif (Tempelberg) mit einem dichten Ring von islamischen Medresen (theologischen Hochschulen, Einzahl *madrasa*), Derwischklöstern (Einzahl *zawija*), Hospizen (Einzahl *ribat*), Palästen und Mausoleen zu umgeben, drückten sie vielem, was vom mittelalterlichen Jerusalem noch übriggeblieben war, das Siegel ihrer eigentümlichen Architektur auf. Die Fassaden der mamlukischen Gebäude sind aus abwechselnden Reihen von roten und weißen Steinen gemauert, in die jeweils Friese mit kunstreichen Widmungsinschriften eingesetzt wurden — mit Passagen aus dem Koran in der schwungvollen *nas'chi*-Schrift des arabischen Mittelalters. Hier und da findet man auch Wappen der verschiedenen Emire, die ihre frühere Aufgabe bei Hofe andeuten: ein Becher den Mundschenk, Poloschläger den Polo-Meister, eine Serviette den Kammerherrn *(dschamedar)* oder Schreibgeräte den Sekretär *(dawadar)*. Zur

Jerusalem, mamlukischer Löwe im Hof des Rockefeller-Museums.

Mittelalterliche Straße in der Altstadt von Jerusalem.

Belebung der glatten Flächen wurden mitunter auch runde Schilde mit reichen Arabeskenreliefs auf die Mauern gesetzt. Die Eingänge der mamlukischen Bauten sind hohe Halbkuppeln mit Stalaktitenmustern. Zu den besten mamlukischen Bauwerken in Jerusalem gehören die von dem Sultan al-Malik al-Aschraf (Kait Bai) 1483 erbaute Medrese Aschrafijja an der Westseite des Tempelberges und gegenüber, in der Nähe des Felsendoms, der öffentliche Trinkbrunnen *(sebil),* 1482 ebenfalls von Kait Bai erbaut, der wohl das schönste Mamlukenbauwerk in Jerusalem ist. An der ‹Kettenstraße› (Street of the Chain), die zum Haram (dem Tempelberg) führt, erbaute der Emir Tankiz 1328/1329 die Medrese Tankizijja, eines der am besten erhaltenen Bauwerke der Mamluken in Jerusalem. Und etwas weiter westlich liegt in derselben Straße das Mausoleum *(sitt)* der Adelsdame Tunschuk, die im Jahre 1398 starb; die Fassade ist mit einem verschlungenen Arabeskenmuster geschmückt.

Außerhalb von Jerusalem befindet sich in Ramla noch die Weiße Moschee, ein ganzer Gebäudekomplex in einer großen Umfriedung von 93 × 84 m. Die Moschee selbst steht im Süden und ist ein langes Bauwerk mit 13 Eingängen, die zum Teil omajjadisch und zum Teil ajjubidisch sind; sie war früher von zwei langen, heute fast völlig in Trümmern liegenden Säulenhallen eingeschlossen, die an ihrer Ost- und ihrer Westseite entlangliefen. Das Haupttor führte von Osten herein. Im Mittelpunkt des Innenhofes liegen zwei geräumige Zisternen mit Spitzbögen, die ein Kreuzgewölbe bilden. Das Minarett von Ramla ist noch heute eine auffällige Landmarke; es wurde im Jahre 1318 an der Nordseite des Komplexes von Sultan al-Malik an-Nasir errichtet. In Safed schließlich finden sich weitere mamlukische Bauwerke, darunter die 1275 von Baibars erbaute Rote Moschee (al-Dschami al-Achmar) und das Grab des Emirs Muzaffar ad-Din Musa, Zawijat Banat Hamid, aus dem Jahre 1372.

Die Osmanen — 1516 bis zum 19. Jahrhundert

1516 wurde das Heer der Mamluken durch die Janitscharen und die Artillerie von Sultan Selim I. (dem ‹Strengen›) aus der osmanischen Dynastie vernichtet. Im gleichen Jahr fiel das Heilige Land in die Hand der Türken und blieb genau 400 Jahre lang eine türkische Provinz. Kulturgeschichtlich läßt sich die osmanische Zeit jedoch in zwei Abschnitte unterteilen: in die Periode der orientalischen Kultur bis zum 19. Jh. und in die Periode der ständig wachsenden europäischen Einflüsse danach — bis zum Ende der osmanischen Herrschaft.

Die neue Regierung im 16. Jh. bescherte dem Land zunächst eine fast paradiesische Zeit der Ausgeglichenheit — dafür sorgten die ersten zwei Sultane, Selim I. (1512—1520) und sein Sohn Suleiman II., der Kanuni (‹Gesetzgeber›), in Europa bekannt als Suleiman der Prächtige (1520—1566). Suleiman führte eine gründliche Neuorganisation der Provinz durch. Er ließ die Mauern der Altstadt von Jerusalem ausbessern und gab ihnen ihre heutige Gestalt, wie eine Inschrift am Jaffa-Tor und ein paar weitere an anderen Stellen der Mauer bezeugen. Im Innern der Stadt sowie auf dem Damm, der zum ‹Berg Zion› hinaufführt, ließ Suleiman öffentliche Trinkbrunnen *(sebil)* errichten, die mit Spitzbögen oder Sparrendächern geschützt sind und als Schmuck Reliefarabesken und Halbkuppeln mit Stalaktitenmustern aufweisen. Zu den späteren

▷

Außenmauer und Minarett der Zitadelle von Jerusalem.

S. 202/203

Ostmauer des Tempelplatzes von Jerusalem.

Denkmälern aus der Osmanenzeit in Jerusalem gehört das vermauerte Goldene Tor, das in der Kreuzfahrer- und der Mamlukenzeit als Osttor des Tempelbergs gedient hatte. Wegen des Volksglaubens, der Messias werde durch dieses Tor in die Stadt einziehen, ließen die Türken es nun zumauern und verzierten den Torturm über den byzantinischen, gewölbten Oberschwellen mit ihren eigenen, kreisförmigen Ornamenten. Suleiman ließ auch die Achteckfassade des Felsendoms durch armenische Kunsthandwerker aus Kutahia (in Kleinasien) mit Fayencefliesen belegen, und dieser elegante, grau-blaue Fayencebelag der Außenseite steht seither in verblüffendem Kontrast zu der vergoldeten Kuppel darüber.

Die zu Beginn der osmanischen Herrschaft erweckten Hoffnungen wurden jedoch bald enttäuscht. Nach dem Tode von Suleiman ließ eine lange Folge von schwachen Sultanen und korrupten Wesiren das Land verfallen. Die Paschas erpreßten von ihren glücklosen Untertanen nicht nur hohe und ständig wachsende Preise für jedes öffentliche Amt, sondern führten auch dauernd Kriege untereinander und mit den lokalen Stammesfürsten. Zeitweilig verloren die Sultane in Konstantinopel praktisch alle Kontrolle. Das war in den Tagen des Drusenemirs Fachrad-Din I. im 16. Jh. der Fall, und es wiederholte sich im 18. Jh. zur Zeit des Beduinenscheichs Dahir al-Omar, der von seiner neu befestigten Residenz in Akko aus Galiläa regierte. In Tiberias erbaute er die Stadtmauern und die Festung nördlich der Altstadt. Dahir verbündete sich mit dem ägyptischen Herrscher Ali Bei und mit den Russen, die damals mit der Türkei im Krieg lagen. 1775, dem Jahr seiner Ermordung, beherrschte er fast ganz Palästina.

Seine Nachfolge trat noch im selben Jahr der Bosnier Achmed Pascha an, der wegen seiner Grausamkeit al-Dschazzar (‹der Schlächter›) genannt wurde. Dschazzar regierte bis zu seinem Tode im Jahre 1804 das nördliche Palästina von Akko aus und ging als der Mann in die Weltgeschichte ein, der Napoleons Versuche, Akko einzunehmen, vereiteln konnte und ihn damit zur Aufgabe seines Zieles zwang, den Orient der Herrschaft Europas zu unterwerfen.

Dschazzar wandte große Mühen darauf, Akko nach dem türkischen Geschmack seiner Zeit zu verschönern; es ist vor allem ihm zu verdanken, daß der ‹Rokoko›-Stil der osmanischen Kultur in Palästina Eingang fand. Seine Moschee von Akko folgt den Vorbildern der Gebetshäuser im kaiserlichen Istanbul und besitzt als einzige Moschee in Palästina eines jener hohen, schlanken Minarette, die das Stadtbild von Istanbul so angenehm abwechslungsreich erscheinen lassen. Im Innern wurde die Moschee nach osmanischer Art mit schwarz-weißen Marmormustern ausgelegt, doch für die Säulenhallen ringsum plünderte Dschazzar die Ruinen von Caesarea. Sein Brunnen vor der Moschee ist ein Beispiel für die Eleganz des türkischen Rokoko. Dschazzars Grab ist vom Turban des wahren Gläubigen gekrönt und an den Seiten mit Reliefs von Körben und Schalen mit Früchten geschmückt. Die Moschee steht in einem Hof, der von vielen kleinen Kuppeldächern umschlossen wird. Das ‹Dampfbad des Paschas›, unweit davon, ist ein klassisches Beispiel für das traditionelle türkische Bad. Heute befindet sich in diesen Räumen das Stadtmuseum von Akko.

Nach der Belagerung durch Napoleon, die den von Dahir al-Omar erbauten Mauern Akkos einigen Schaden zugefügt hatte, befestigte Dschazzar die Stadt mit einem komplizierten System von Mauern, Gräben und Gegenböschungen, um jeden künftigen Angreifer abzuwehren. Sein Nachfolger Suleiman (1804–1818), ein Adoptivsohn, führte Dschazzars Politik, Akko zu einem führenden Handelszentrum Palästinas und der Levante zu entwickeln, weiter und gab der Stadt einen neuen Basar (Marktplätze). Schon Dschazzar hatte einen der zwei

Türkische Bauten in der Jerusalemer Zitadelle (16. Jh.).

Minarett der Omarijja-Moschee; klein im Vordergrund Kuppel und Kreuz der Grabeskirche.

▷
Minarett der Weißen Moschee von Ramla, erbaut von dem Mamlukensultan al-Malik an-Nasir (1318).

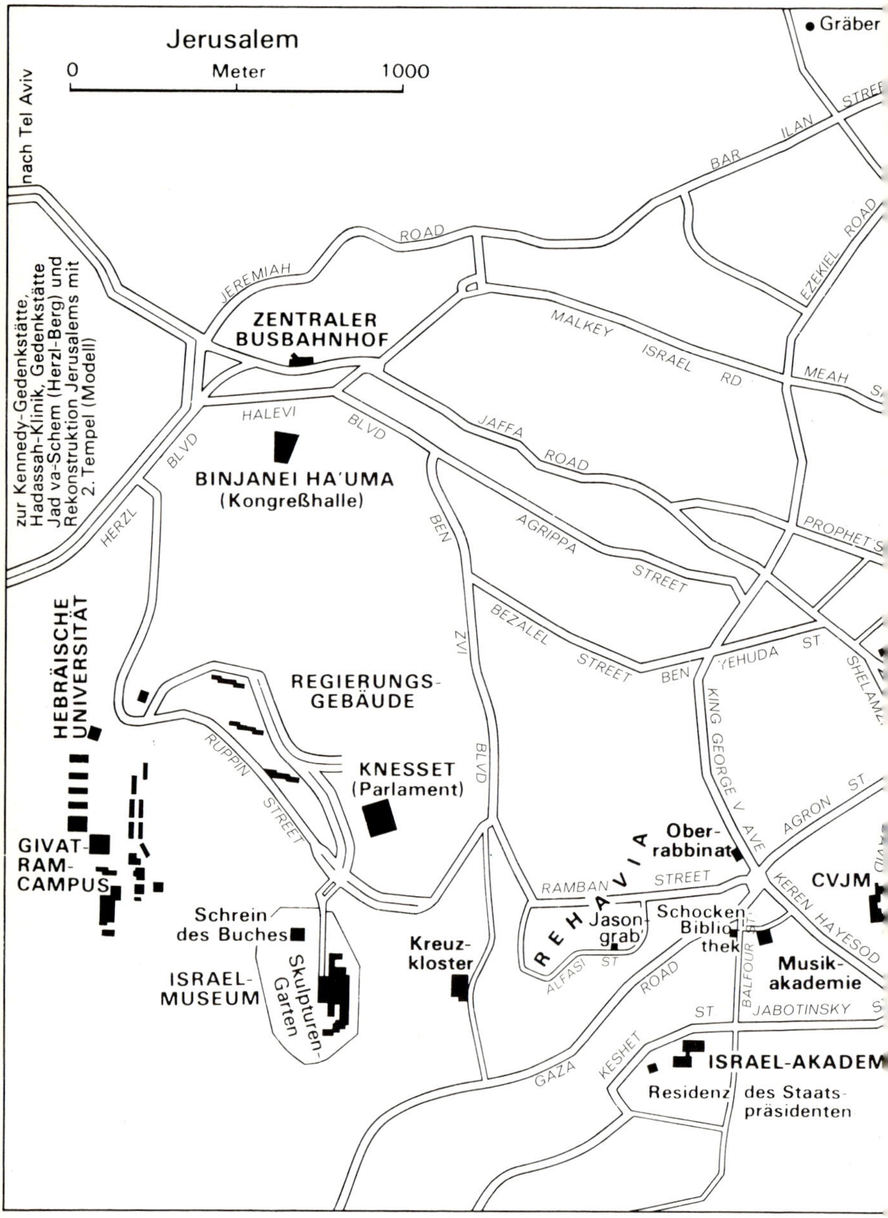

1	Jaffa-Tor	7	Erlöserkirche
2	Zitadelle	8	Basare
3	Neues Tor	9	Armenisches Patriarchat
4	Griechisch-orthodoxes Patriarchat	10	Neue Kirche (Nea)
5	Grabeskirche	11	Klagemauer (Westmauer)
6	Russisches Kloster (Alexandrovskij)	12	Museum für islamische Kunst

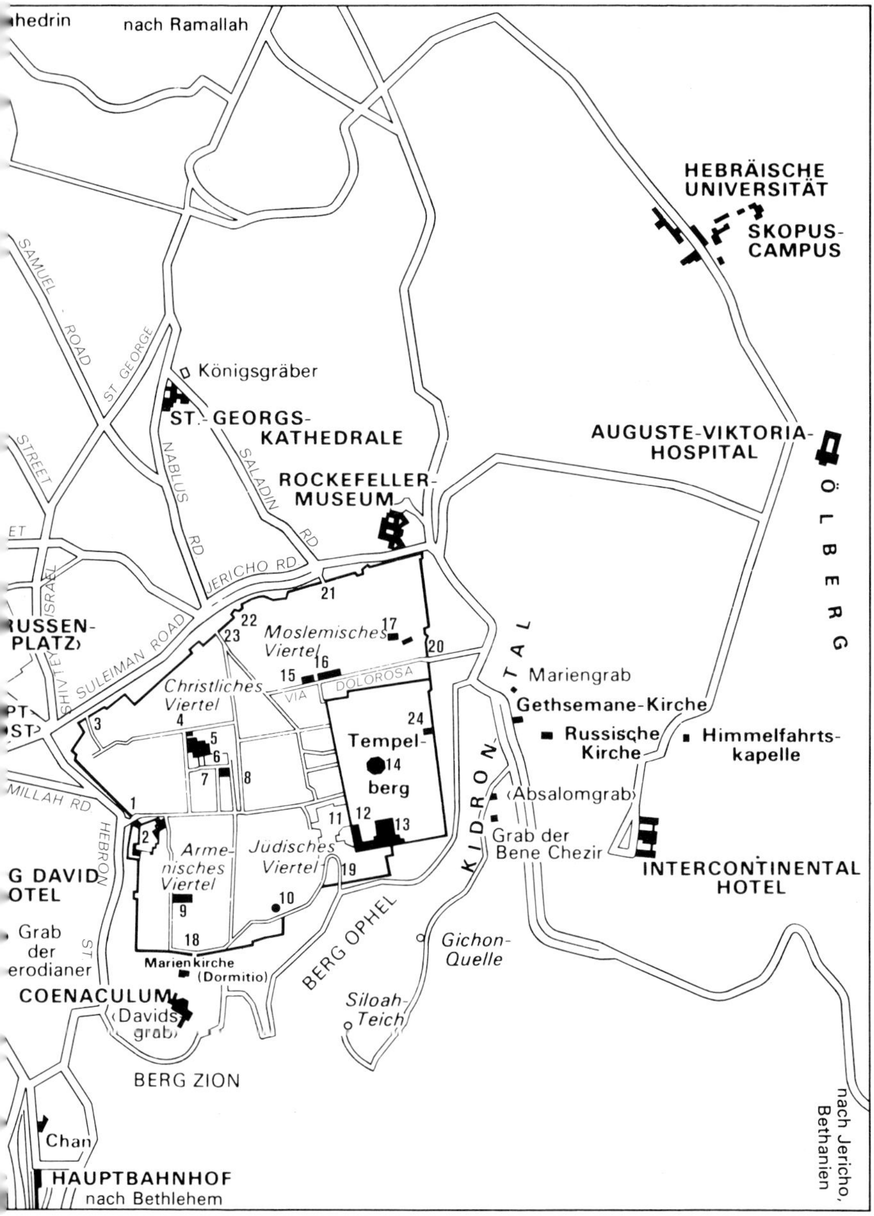

13 al-Aksa-Moschee
14 Felsendom
15 Ecce-Homo-Bogen, Antonia
16 Geißelungskloster (Flagellatio)
17 St.-Anna-Kirche und Teich Bethesda (Schafsteich)
18 Zions-Tor
19 Mist-Tor
20 St.-Stephans-Tor (Löwentor)
21 Herodes-Tor
22 ‹Steinbrüche Salomos›
23 Damaskus-Tor
24 Goldenes Tor

S. 210/211
Straße im armenischen Viertel von Jerusalem an der Stadtmauer.

noch heute erhaltenen Chane errichtet, um den wachsenden Bedürfnissen des Handels entgegenzukommen. Mohammed Abu Nabbut (‹Vater des Knüppels›), ein freigelassener Sklave von Dschazzar, regierte in Jaffa als türkischer Unterstatthalter genauso tyrannisch wie sein Herr; er baute in Jaffa eine Moschee und zwei öffentliche Brunnen, einen am Südeingang zur Stadt und den anderen im Zentrum.

Die christlichen Gemeinden im Heiligen Land hatten unter der türkischen Herrschaft mancherlei Verdruß zu erleiden. So wurden z.B. der franziskanische Besitz auf dem ‹Berg Zion›, das Coenaculum und dessen Umgebung, beschlagnahmt oder die Mönche der Custodia Terra Santa aus ihrem Kloster vertrieben; die Mönche konnten sich schließlich im christlichen Viertel der Jerusalemer Altstadt wieder ein neues Kloster bauen. Während die römisch-katholischen Gläubigen — Mönche aus Frankreich, Italien und Spanien — nur unter dem Schutz der Exterritorialitäts-Vereinbarung (‹Kapitulation›), standen, waren die Mitglieder der griechisch-orthodoxen Kirche im allgemeinen Untertanen des osmanischen Sultans und erfreuten sich türkischer Gunst. Als im Jahre 1808 unter der Rotunde der Grabeskirche ein Feuer ausbrach, wurde daher die griechisch-orthodoxe Gemeinde mit dem Wiederaufbau des Heiligen Grabes betraut. Und so entstand dort jener Raum im türkischen Rokokostil, der die Arbeit eines Kunsthandwerkers aus Mitylene war.

Den Juden ging es unter der osmanischen Herrschaft so lange relativ gut, bis im 17. Jh. die innere Sicherheit zusammenbrach. Schon in der Mamlukenzeit fanden einige Flüchtlinge vor den Verfolgungen der spanischen Inquisition Zuflucht im Lande. Im 16. Jh. ermunterte dann Sultan Suleiman den Spanier Don Joseph Nasi und seine Tante Donna Gracia dazu, die Stadt Tiberias und ihre Umgebung mit Juden zu besiedeln. Die Zeit für die Errichtung einer landwirtschaftlichen Gemeinschaftssiedlung in Galiläa war damals zwar noch nicht reif, aber Tiberias blieb seither größtenteils eine jüdische Stadt. Ein weiteres Zentrum der Juden entstand in Safed im nördlichen Galiläa. Im 17. Jh. siedelten sich dort Gruppen von Kabbalisten unter der Führung von Isaac Luria an, der nach den Anfangsbuchstaben seiner Titel und seines Namens ARI genannt wurde (Adonenu Rabbenu Isaac, ‹unser Herr und Meister Isaac› — wobei *ari* auf hebräisch auch noch ‹Löwe› bedeutet). Zwei alte Synagogen in Safed, eine nach dem sephardischen, die andere nach dem aschkenasischen Ritus, sind seinem Andenken gewidmet. Die ältere, sephardische Synagoge betritt man durch einen kleinen Hof; ein Vorraum führt dann in die Haupthalle, die nach Süden ausgerichtet ist und an eine kleine Höhle grenzt. Die Synagoge besitzt drei Fenster, durch die man die Berglandschaft vor Safed überblicken kann; es wird berichtet, daß ARI selbst gern von dieser Stelle aus die Berge betrachtete. Die Haupthalle hat zwei Gewölbe, und unter einem von ihnen steht das Vorlesepult *(almemor)*. Diese sephardische Synagoge stammt aus dem 17. Jh. und wurde seither unter Bewahrung der ursprünglichen Anlage mehrfach umgebaut. Die aschkenasische Synagoge entstand einige Jahre nach dem Tode von ARI, besitzt reichgeschmückte Fenster über dem Haupteingang und enthält einen hölzernen Thoraschrein, der das Meisterstück eines Holzschneiders aus Kolomea in Galizien ist. Er gestaltete den Schrein im Stil jener Holzschnitzereien, der sich unter den osteuropäischen Juden entwickelt hatte, und schmückte ihn mit einem verschlungenen, offenen Schneckenmuster.

▷

Akko, Chan al-Frandsch — eine der für europäische Kaufleute erbauten Karawansereien.

S. 214/215

Akko, Moschee von Achmad Pascha al-Dschazzar; der Hof der Moschee ist umgeben von kuppelgedeckten Zellen für islamische Theologiestudenten; die Kuppel und das Minarett folgen dem Stil der kaiserlichen Moscheen von Istanbul; vor der Moschee der ‹Rokoko›-Brunnen.

Ein besonders auffälliges Detail daran ist ein mythischer Fisch oder Drache, aus dessen Maul flammenfarbige Bänder hervorquellen und sich dann unter die Blumenornamente winden.

Die Juden in Safed waren jedoch nicht völlig in die mystischen Tiefen der Kabbala versunken. Sie betrieben Weberei und auch andere Gewerbe und konnten sogar stolz darauf sein, in ihrer Stadt die erste Druckerpresse zu haben, die je im Heiligen Land arbeitete. Außerdem blühte in ihrer Mitte die rabbinische Gelehrsamkeit. Einer der Rabbiner von Safed im 16. Jh. war der berühmte Joseph Caro, dessen Gesetzbuch der orthodoxen jüdischen Praxis, *Schulchan Aruch* («der gedeckte Tisch»), noch heute das Standardwerk über dieses Thema ist — mit den Ergänzungen, die Rabbi Isserles aus Krakau in seinem Werk *Mappa* («Tischtuch») dazu beisteuerte.

Das 19. Jahrhundert und die Mandatsverwaltung

Der napoleonische Feldzug nach Ägypten und Palästina endete zwar 1799 mit einem Fehlschlag, doch für die Geschichte Palästinas bezeichnete er einen Wendepunkt. Denn trotz des ständigen Stroms von Pilgern, Kaufleuten und Reisenden hatte das Land bis dahin — unter der unabwendbaren Bürde des osmanischen Paschatums — außerhalb des westlichen Kulturkreises gelegen. Aber nun wurde sich der Orient, zunächst vor allem seine Herrscher, plötzlich der (auf militärischem Gebiet besonders spürbaren) Überlegenheit des europäischen *homo technicus* bewußt. Ägypten, wo Napoleon gleich mit dem ersten Vorstoß durchgedrungen war, zog zuerst seine Lehre daraus: Die albanischen Herrscher des Landes, Mohammed Ali und sein Sohn Ibrahim, nutzten mit Gewinn die europäischen Methoden, als sie Palästina der türkischen Oberherrschaft entrissen; sogar Akko, das Napoleon getrotzt hatte, fiel vor Ibrahim Pascha. Zehn Jahre lang (1831—1841) wurde dann das Land nach beinahe europäischen Prinzipien verwaltet. Doch selbst nachdem die Mauern von Akko noch einmal verstärkt worden waren, konnte die Stadt 1840 dem Angriff einer englisch-österreichischen Flotteneinheit nicht standhalten, und Ibrahim war gezwungen, das Heilige Land zu räumen und aufs neue den Türken zu überlassen. Allerdings bewies dann die Art, wie die osmanische Herrschaft wiederhergestellt wurde, noch einmal die Überlegenheit des Westens: den 1841 zurückkehrenden Türken blieb schließlich gar nichts anderes übrig, als viele Verwaltungsmethoden von den Europäern einfach zu übernehmen. Die Exterritorialitäts-Vereinbarung, die eigentlich zum Schutz der in ein Handelsgetto eingepferchten ‹fränkischen› Kaufleute getroffen worden war, schützte jetzt alle europäischen Missionare, Kaufleute und Forscher. Die mögliche Intervention eines Konsuls der europäischen Mächte, von denen jede weit stärker war als der ‹kranke Mann am Bosporus›, schreckte sowohl die zentrale wie die lokale türkische Verwaltung.

Diese Rückkehr unter westliche Einflüsse — die erste seit dem Ende der byzantinischen Zeit, wenn man von der Kreuzfahrerepisode absieht — war jedoch von einer Rivalität zwischen den Großmächten geprägt, einer Rivalität, die sich vor allem in religiösen Begriffen ausdrückte. Rußland, einer der Hauptrivalen, wurde zum Schirmherrn der griechisch-orthodoxen Religionsgemeinschaft. Aus dem Zarenreich kamen Tausende von Pilgern ins Land, für deren Unterkunft in den Hospizen von Jerusalem und Nazareth Vorsorge getroffen war — im Umkreis ihrer Kirchen mit den typisch russischen Zwiebeltürmen. Bis zum heutigen Tage sind diese Denkmäler einer frommen russischen Vergangenheit am ‹Russenplatz› von Jerusalem und in der Kirche im Garten Gethsemane

Kaimauer in Akko.

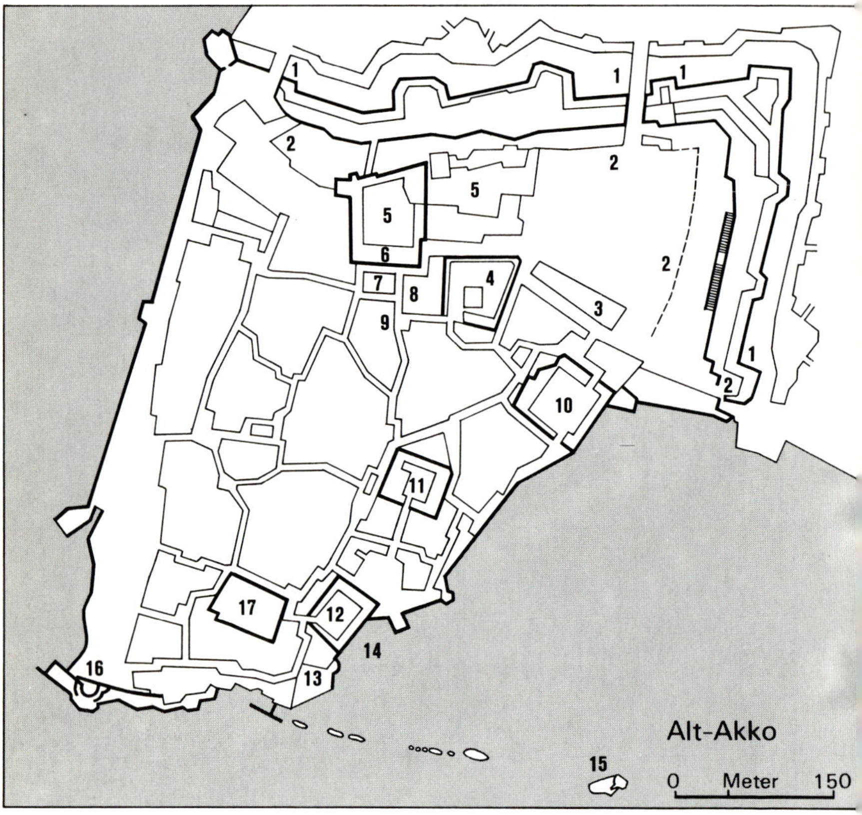

1 Dschazzars Mauer, Graben und Gegenböschung
2 Landtor
3 Tami ar-Rami (Basar)
4 Dschazzars Moschee und Grab
5 Zitadelle
6 Johanniter-Refektorium
7 Hammam al-Bascha (Museum)
8 al-Bosta
9 Türkischer (Alter) Basar
10 Chan asch-Schavarda
11 Chan al-Frandsch
12 Chan al-Umdan
13 Seetor
14 Alter Hafen
15 Fliegenturm und alte Mole
16 Leuchtturm
17 Chan asch-Schuna

zu sehen. Der stärkste Rivale Rußlands war das katholische Frankreich. Wuchtige Bauwerke im Stil der französischen Kirchenarchitektur des 19. Jh. markierten die Landschaft in Jerusalem (Notre Dame), Emmaus, Jaffa usw. Die Rivalität der beiden Mächte führte schließlich zum Krim-Krieg (1854–1856), dessen zündender Funke angeblich in der Grotte der Geburtskirche von Bethlehem überschlug, als orthodoxe Mönche heimlich den silbernen Stern mit seiner lateinischen Inschrift entfernten.

Die anderen europäischen Mächte, Deutschland, Österreich und Italien, handelten jeweils auf eigene Faust, wobei Deutschland den doppelten Vorteil besaß, zugleich katholische und protestantische Interessen zu vertreten. Das italienische Krankenhaus in Jerusalem ahmt einen florentinischen Palast nach. Das massiv gebaute Auguste-Viktoria-Hospital auf dem Ölberg zeigt unverkennbar den Stil des wilhelminischen Preußens. Deutsche Protestanten leisteten jedoch einen noch wichtigeren Beitrag zur Gestalt des Landschaftsbildes, indem sie bei Jerusalem, Haifa und Jaffa Gartenvorstädte errichteten und in Wilhel-

Altstadt von Jaffa; gewölbter Tordurchgang.

ma im Scharon und im galiläischen Bethlehem landwirtschaftliche Kolonien anlegten. Diese hübschen Dörfer mit ihren roten Ziegeldächern und ihren gepflegten Gärten wurden von den ‹Templern› unterhalten, einer protestantischen Sekte, die anschaulich bewies, was Fleiß und Geduld alles in einem Land ausrichten konnten, das noch größtenteils eine Wüste war. Mit der Anlage einer Eisenbahnlinie nach Jerusalem und dem Anschluß der Hedschasbahn nach Haifa begann dann im Heiligen Land der moderne Verkehr.

Außerdem begann im 19. Jh. die naturwissenschaftliche, topographische und archäologische Erforschung Palästinas. Als erstes machte sich die britische ‹Stiftung für die Erforschung Palästinas› (Palestine Exploration Fund) an die Arbeit und ließ das Land in den Jahren 1874 bis 1877 mit wissenschaftlicher Präzision karthographieren. Andere Nationen folgten bald. Der Amerikaner Edward Robinson, der Franzose Charles Clermont-Ganneau und der Deutsche Conrad Schick reisten kreuz und quer durch Palästina, verschafften sich einen Überblick über die Überreste aus seiner Vergangenheit und identifizierten nebenbei die

biblischen Stätten. Die archäologischen Ausgrabungen, denen wir den Hauptanteil der auf den vorangehenden Seiten zusammengefaßten Erkenntnisse verdanken, begannen ebenfalls im 19. Jh. Flinders Petrie kam in Tell al-Chasi auf den revolutionären Gedanken, daß die bescheidenen Tonscherben den Schlüssel zur Chronologie der antiken Stätten enthielten – wodurch nun die Untersuchung von Überresten aus der Vergangenheit völlig neue Bahnen einschlug.

Die schrittweise Verwestlichung Palästinas ging bis zum Ende der osmanischen Herrschaft im Jahre 1918 weiter. Nach dem Umbruch der Kämpfe des Ersten Weltkriegs wurde Palästina dann einer britischen Mandatsverwaltung unterstellt und in den nächsten 30 Jahren durch Hochkommissare verwaltet, die von London ernannt und in den leitenden Positionen durch britische Beamte unterstützt wurden. Diese neue Verwaltung schuf die Grundlagen eines modernen Staates, doch ihre Tätigkeit stieß dabei ständig auf Hindernisse, weil sich ihr ausdrücklicher Auftrag, die ‹Errichtung einer nationalen Heimstätte für das jüdische Volk› zu fördern, politisch nicht mit dem arabischen Nationalismus vereinbaren ließ, der aus den Trümmern des osmanischen Reiches erstanden war. Trotz all ihrer Bemühungen hinterließ die britische Mandatsverwaltung nicht viel Bleibendes.

In Jerusalem erbauten die Engländer einen Palast für ihren Hochkommissar (das ‹Government House›) sowie das Rockefeller-Museum, die beide von Austen Harrison in einem pseudo-orientalischen, eklektischen Stil entworfen wurden und sich nur durch die künstlerische Fähigkeit des Architekten auszeichnen. Weitere Bauwerke aus der Mandatszeit sind das Postamt von Jerusalem (bemerkenswert wegen seiner geschmackvollen Abwechslung von weißen und schwarzen Steinreihen), das Postamt von Jaffa und das Stadthaus von Haifa. Zu den Gebäuden aus jener Zeit, die kirchlicher Initiative zu verdanken

Öffentlicher Trinkbrunnen vor dem Südeingang von Jaffa, erbaut von Abu Nabbut (‹Vater des Knüppels›), einem ehemaligen Sklaven und Unterstatthalter von Dschazzar.

◁
Alte Synagoge von Safed.

S. 222/223
Russische Kirche am Garten Gethsemane.

waren, zählen die von Clifford Holiday errichtete schottische Kirche St. Andrew's und das ‹Bible House› in Jerusalem. Das Jerusalemer Stadthaus und das Gebäude der Barclay's Bank sind weniger gelungene Beispiele im gleichen Stil; und den Eklektizismus des italienischen Kirchenbaus zeigt die überladene Fassade der Kirche im Garten Gethsemane.

Das Grab des Begründers der Baha'i-Sekte, das in Haifa in einem weitläufigen Garten errichtet wurde, stellt mit seiner vergoldeten Kuppel und seinen weißen Marmormauern eine Weiterführung orientalischer Traditionen dar – obwohl sie zu einer Zeit erbaut wurde, als sich die moderne Architektur bereits durchgesetzt hatte.

Ein letzter Typ von Baudenkmälern, mit denen die Mandatsregierung das Land belastete, war eine Reihe von Polizeistationen, die sogenannten ‹Tegart-Festungen›, die ganz Palästina überziehen: riesige und kostspielige Betonklötze, die letztlich weder den Aufstand der Araber verhindern konnten noch der Mandatsverwaltung in der Stunde ihrer Krise Rettung brachten.

Die jüdische Einwanderung – der Staat Israel

Sehr verschiedene Zivilisationen haben nacheinander im Heiligen Land viele Spuren hinterlassen. Doch wird sich der heutige Besucher im wesentlichen einem lebendigen Land gegenübersehen, in dem die Gegenwart (wenn nicht gar ein Vorgeschmack der Zukunft) vor seinen Augen Ausmaße besitzt, die ihn gewiß überraschen werden. Denn fast zwei Millionen jüdischer Einwanderer, ein Strom aus allen vier Himmelsrichtungen, haben sich dort zu einer neuen Bevölkerung und einer kulturellen Ganzheit, also zu einer Gesellschaft verschmolzen, die trotz der ungewöhnlichen Umstände ihrer Entstehung und Entwicklung offenbar mit jeder anderen Gesellschaft unserer technologisch-industriellen Zeit zu vergleichen ist.

Die Etappen dieser bewußten Bemühung um eine moderne Lebensweise entwickelten sich als Reaktion auf Verhältnisse, die oft ganz unerwartet und fast immer dramatisch waren, und sie umfassen bisher nicht einmal ein Jahrhundert. Doch dieses Jahrhundert besitzt bereits eine Geschichte – eine Vergangenheit, die ihrerseits schon wieder Spuren hinterlassen hat. Am Anfang, der in die letzten Tage der osmanischen Regierungszeit zurückreicht, stand eine Idee: die Rückkehr ins Land der Verheißung, und diese Idee bewegte mehrere tausend emanzipierte junge Menschen, die Grenzen ihrer osteuropäischen Gettos zu verlassen. 1878 erfolgte die Gründung der ersten landwirtschaftlichen Siedlung in Petach Tikva, das heute mit 100000 Einwohnern eine Satellitenstadt von Tel Aviv ist. Bis zu jener Zeit war die einheimische jüdische Bevölkerung in kleinen Gemeinden versammelt gewesen, die in den traditionellen heiligen Städten Jerusalem, Hebron, Safed und Tiberias mehrere Jahrhunderte lang ausgeharrt hatten. Nun, nach 1870, entstand eine neue Siedlung nach der anderen: die Landwirtschafts-Schule von Mikve Israel in der Nähe von Jaffa und die Dörfer Sichron Ja'akov im Karmelgebirge sowie Rechovot und Rischon le Zion südlich der alten Straße von Jaffa nach Jerusalem. Dies war nicht nur eine Rückkehr ins Land der Verheißung, sondern viel schlichter eine Rückkehr *auf* das Land selbst: eine sinnbildliche Rückkehr zu Rebstöcken, Weizenfeldern und Orangenbäumen.

Ein paar der alten Häuser sind in diesen Dörfern noch erhalten. Massiv und rechtwinklig stehen die einstöckigen Steinbauten dieser Gegend, oft von ehrwürdigen Zypressen umgeben, unerschütterlich im Mittelpunkt von Sichron Ja'akov oder, ganz in der Nähe, an der einzigen

Baha'i-Schrein in Haifa.

‹Blick vom Ölberg auf Jerusalem›, 1858; aquarellierte Federzeichnung von Edward Lear (1813–1888). Israel-Museum.

Straße des Dorfes Bat Schelmo. In den schmalen Gassen neben der Hauptstraße kann man in Rechovot, Rischon le Zion und Mazkeret Batjah noch eine andere Art von Häusern finden, die an der Vorderfront einen großen, vorspringenden Balkon mit einem Holzdach besitzen. Und weiter südlich, in Gedera, erinnert die seltsame neo-klassische Dekoration der Stadthalle an die neunziger Jahre des vorigen Jahrhunderts. All diese Gebäude legen Zeugnis ab von der Arbeit jener Handwerker, die Baron Edmond de Rothschild nach Palästina geschickt hatte; denn erst seine technische und finanzielle Hilfe ermöglichte den Bau und die Entwicklung der ersten Dörfer.

Eine weitere Variante der Rückkehr ins Land der Verheißung, die noch vor dem Aufkommen des politischen Zionismus im Jahre 1897 entstand, drückte sich in der höchst seltsamen Anlage von Meah Schearim aus, dem alten religiösen Viertel von Jerusalem, das ebenfalls erst gegen Ende des vorigen Jahrhunderts Gestalt annahm. Es bildet tatsächlich ein Getto oder vielmehr: eine Folge von Gettos, die aus

Zentral- und Osteuropa in die Levante verpflanzt wurden: Der dreieckige Hof dieses Viertels ist von theologischen Schulen und Synagogen umgeben, blickt nur nach innen und ist von der modernen Stadt abgeschnitten. Und die Straßen von Meah Schearim bezeugen mit ihren langen, schmucklosen Gebäuden, den sogenannten ‹Warschauer› oder ‹Ungarischen Häusern›, noch heute die Herkunft ihrer Bewohner, genau wie die pelzbesetzten Hüte und schwarzen Samtmäntel, mit denen sich junge und alte orthodoxe Juden weiterhin im Stil der polnischen oder ungarischen Adligen des 17. Jh. kleiden.

Daß diese geschlossene, unveränderliche Gemeinde so existieren kann, ist in keiner Weise ungewöhnlich; dies bestätigt sich nur ein paar hundert Meter weiter in der umfriedeten Altstadt. Ihre islamischen,

S. 228/229
Museum von Tel Aviv.

THE TEL AVIV MUSEUM

‹En Kerem›, 1944; Öl auf Leinwand von Mordecai Ardon. Israel-Museum.

christlichen, armenischen und jüdischen Viertel haben jede ihr eigenes Wesen und sind durch ihre eigene Lebensweise charakterisiert. Die unermüdlich wiederholten Schichten von Steinen, die winzigen Höfe hinter imposanten Eingängen, die Bögen und Kuppeln, das endlose Kommen und Gehen der Händler und Touristen — dies alles zusammen stiftet die Harmonie und Einheitlichkeit der Stadt sowie die Verbindung der Viertel untereinander, und betont zugleich die Beständigkeit von Formen und Lebensarten und Denkweisen, die im Nahen Osten des Mittelalters zu Hause sind.

‹König David beim Harfenspiel›; aus Manuskript 24 der Rothschild-Sammlung, Ferrara, Italien. Detail von einer Seite eines illuminierten Sammelbandes, der über 50 religiöse und weltliche Werke von mindestens drei anonymen Künstlern enthält. Israel-Museum.

האיש אשר לא הלך בעצת רשעים ובדרך חטאים לא
עמד ובמושב לצים לא ישב: כי אם בתורת יהוה חפצו
ובתורתו יהגה יומם ולילה: והיה כעץ שתול על פלגי מים
אשר פריו יתן בעתו ועלהו לא יבול וכל אשר יעשה
יצליח: לא כן הרשעים כי אם כמץ אשר תדפנו רוח: על
כן לא יקומו רשעים במשפט וחטאים בעדת צדיקים
כי יודע יהוה דרך צדיקים ודרך רשעים תאבד:
למה רגשו גוים ולאמים יהגו ריק: יתיצבו
מלכי ארץ ורוזנים נוסדו יחד על יהוה ועל משיחו:
ננתקה את מוסרותימו ונשליכה ממנו עבותימו: יושב
בשמים ישחק יהוה ילעג למו: אז ידבר אלימו באפו
ובחרונו יבהלמו: ואני נסכתי מלכי על ציון הר קדשי:
אספרה אל חק יהוה אמר אלי בני אתה אני היום ילדתיך:
שאל ממני ואתנה גוים נחלתך ואחזתך אפסי ארץ:
תרעם בשבט ברזל ככלי יוצר תנפצם: ועתה מלכים הש

Andere Formen des Wohnens und Lebens prägen traditionell die arabischen Städte und Dörfer. Die alten Basare (Einzahl *suk*) von Jerusalem, die vom Morgengrauen bis zur Abenddämmerung mit wimmelndem Leben erfüllt sind, haben ihre kleineren Gegenstücke in Akko, Nablus, Bethlehem und Nazareth. Rings um diese Basare sind Wohngebiete entstanden, deren schmuckloser Stein oft eine dekorative Rolle spielt – die Form eines Fensters herausgreift oder den Bogen über einer Tür bildet. Aber Jaffa, einige tausend Jahre alt, ist dann wieder ganz anders: auf der Hügelkette, die den alten Hafen überblickt, haben Araber, Türken und Italiener miteinander gewetteifert, Häuser zu bauen, die sich aufeinanderlehnen, mit winzigen Holzbalkonen über den Gäßchen hängen, viele kleine Treppenaufgänge haben und jeder Einzelheit dieser Szenerie ihre ganz besondere Atmosphäre verleihen. Bei den arabischen Dörfern lassen sich zwei Grundtypen unterscheiden: die in den Bergen von Judäa, Samaria und Galiläa kauern dicht an den Hängen und klammern sich an jeden kleinsten topographischen Vorteil der terrassenartigen Felsen, während die weiter unten, zwischen den niedrigen Hügeln, sich mit ihren türkisfarbenen oder blaßblauen Häusern kaum über die Ebene erheben.

Es besteht ein scharfer Gegensatz zwischen diesen traditionellen Städten und Dörfern und der organisierten Verwirrung der jüdischen Städte und Dörfer. Zunächst einmal ist es der Gegensatz zwischen einer Lebensweise, die dem alten Osten nachlauscht und ihn verewigt und vom Westen nur so viel entlehnt, wie zur eigenen vollen Entwicklung nötig ist, auf der anderen Seite dem ganz und gar abendländischen Drang, man müsse eine Stadt oder ein Dorf mittels eines Plans schaffen und versuchen, die Entwicklung zu steuern. Es ist der Gegensatz zwischen einer Stadt, die geduldig von der ganzen Gemeinde aufgebaut wird, und einer Stadt der Architekten und Planer. Es ist auch der Gegensatz zwischen der geschichtlichen Stätte, die aus historischen Beweggründen bevorzugt, und einem Bauplatz, der aus verwaltungstechnischen oder wirtschaftlichen Gründen gewählt wird. Und nicht zuletzt ist es der Gegensatz zwischen dem Osten des Landes, wo die Berge und der Sonnenschein die Dörfer zwingen, sich auf die kleinen Marktstädte zu verlassen, und dem Westen des Landes mit seinem Dynamismus der großen Maßstäbe und seinem Ziel, nichtkultivierte Gebiete völlig umzuwandeln.

Diese tiefgreifende Umwandlung des Landes war das Ergebnis des aufkommenden politischen Zionismus und der Pogrome in Osteuropa. Nach 1900 kamen die Einwanderer nicht mehr in kleinen Gruppen, sondern gleich zu Tausenden. Und die Entstehung der ersten Kibbuzim im Norden war in weit stärkerem Maße als die frühere Gründung erster landwirtschaftlicher Siedlungen das Sinnbild einer neuen Einstellung zum Leben. Außerdem begann damit eine Siedlungsplanung und Architektur, die nicht mehr anonym blieb. Der Kibbuz selbst ist ein Symbol, in dem der Mensch seine künftige Existenz von einem Anfangspunkt aus vorherplanen kann. Der Kibbuz ist Sumpfboden, ausgetrocknetes Land oder Steppe, die in eine Siedlung verwandelt wird. Ein landwirtschaftlicher Prototyp nimmt Gestalt an und ermöglicht Arbeitsteilung, die Planung und den Bau von Wohnungen und gemeinsamen Zweckräumen rund um das Zentrum der Gemeinschaft, das den Speisesaal, Schulen, Lese- und Vortragsräume enthält. Die jeweils gewählten Lösungen erinnern an die Methoden des Dessauer Bauhauses. Der Moschav, die Genossenschaftssiedlung, übernahm das Kibbuz-System und paßte es seinen eigenen Bedürfnissen an. Wieviel rationelle Organisation diese Siedlungsform ermöglicht, verdeutlicht am besten der runde Moschav in Nachalal, der um 1920 nach dem Entwurf des Architekten Richard Kaufmann erbaut wurde.

Aber es reicht nicht aus, die Kibbuzim zu besichtigen, wenn man das Ausmaß der Mühen erkennen will, die auf die Umformung der Natur

Tel Aviv.

Bauhaus-Architektur in Tel Aviv; Arbeiter-Wohnblock von Arieh Sharon.

Moderne Architektur in Tel Aviv (oben) und in Beerscheba (unten). ▷

Rothschild House in Haifa, Berg-Karmel-Theater, erbaut von A. Mansfeld.

Israel-Museum in Jerusalem, erbaut von A. Mansfeld und D. Gad; oben eine Innenansicht, unten eine Gesamtansicht von außen.

Kennedy-Gedenkstätte bei Jerusalem, erbaut von D. Reznik.

verwandt wurde. Man muß in den Süden gehen, nach Beerscheba, in die neue Stadt Arad (die letzten von Menschen bewohnten Anwesen vor dem dramatischen Abstieg zum Toten Meer), oder nach Dimona, einer Stadt von frisch eingewanderten Marokkanern, Persern, aber auch von Juden aus Afrika und von Beduinen. Die Wüste umringt diese Städte, wie früher der Wald die alten Städte Europas umschloß. Die Bäume, die Pflanzungen, die Weizen- und Baumwollfelder liegen in großen Quadraten zerstreut in einer scheinbar endlosen Landschaft. In der ganzen südlichen Hälfte des Landes ist Zivilisation Kultur im ursprünglichen Wortsinn. Und die Zeit der Menschen hier bemißt sich nach der Höhe der Bäume oder der Verblichenheit ihrer Häuser.

Diese Anstrengungen lassen sich in ähnlicher Weise auch in den drei Großstädten des Landes — Tel Aviv, Jerusalem und Haifa — beobachten. Tel Aviv wurde 1909 gegründet und ist heute eine Stadt von 400000 Einwohnern und das kulturelle Zentrum der jüdischen Bevölkerung. Die äußere Erscheinung von Tel Aviv, die kulturellen Einrichtungen, die Entwicklung und die Intensität des Lebens dort legen allein schon hinreichend Zeugnis ab vom schnellen Wachstum der jüdischen Bevölkerung in Palästina und von der Art und Weise, wie eine Masse von Einwanderern sich selbst in eine kulturelle Ganzheit verwandelte.

Die Einwanderungswellen begannen, wie wir gesehen haben, in den letzten Jahren des 19. Jh.; eine zweite Welle folgte nach der Russischen Revolution von 1905. Diese Einwanderer, die vor allem aus Rußland und Polen kamen, gründeten Dörfer oder Kibbuzim oder ließen sich in Jerusalem oder Jaffa nieder. Zu Anfang war Tel Aviv nichts weiter als eine kleine Wohn-Vorstadt, die sich im Randgebiet von Jaffa entwickelte. Den Anstoß zu ihrem schnellen Wachstum gab die dritte Einwanderungswelle nach dem Ende des Ersten Weltkriegs und dem Beginn der britischen Mandatsverwaltung. Bis 1930 war die Bevölkerung auf 50000 angewachsen, und nun wurden hier die ersten Theater gebaut, die erste Sekundarschule — ‹Herzlia› — gegründet und die Zeitungsredaktionen von Jerusalem nach hierher verlegt. Und bei dieser ‹Renaissance› spielte die hebräische Sprache, die zweitausend Jahre lang praktisch in Vergessenheit geruht hatte, eine hervorragende Rolle.

Das ‹alte› Zentrum von Tel Aviv zeigt noch, wie die Stadt vor 1930 aussah: die alte Ge'ullah, Nachlat-Benjamin und die Herzl Street, die heute das Geschäftszentrum enthalten, waren ursprünglich die Hauptverbindungsstraßen zu den ersten Wohngebieten einer bescheidenen

Dubiner House in Ramat Gan, erbaut von Z. Hecker, A. Neumann und E. Sharon.

Vorstadt. Ihre ein- und zweistöckigen Häuser sind in einer seltsamen Mischung von typisch osteuropäischen und phantasievoll abgewandelten einheimisch-orientalischen Stilelementen erbaut. Doch ihre Kuppeln und Dreiecksgiebel über den Fenstern werden heute vom Migdal Schalom überschattet, dem vierzig Jahre später erbauten ersten Wolkenkratzer der Stadt.

Eine vierte Einwanderungswelle brachte 60 000 Juden aus Deutschland und Mitteleuropa ins Land, die nach 1933 vor dem Nazi-Regime geflohen waren. Wiederum änderte sich das äußere Bild der Stadt. In der Achad-Ha'am Street und der Bialik Street und in der Umgebung der Dizengoff Street entstanden Gebäude, die im Entwurf unzweideutig modern sind und durch die Reinheit iher Linien und ihre Ablehnung aller zusätzlichen Schmuckeffekte der Art Nouveau an das Bauhaus Dessau erinnern. Daß sie in Tel Aviv stehen, ist eine echte Kuriosität; zu ihnen zählen das alte Museum, das 1933 eröffnet und jüngst in neue Räumlichkeiten verlegt wurde, sowie die Arbeiterwohnung in der Frug Street, die der Architekt Arieh Sharon, ein ehemaliger Bauhaus-Schüler, entwarf. Weitere bemerkenswerte Gebäude in diesem Sinne errichtete der berühmte deutsch-jüdische Architekt Erich Mendelsohn in Jerusalem: das Bürohaus der Leumi-Bank (1937), die Schocken-Bibliothek (1935), die eine wichtige Sammlung von jüdischen illuminierten Büchern und Handschriften seit dem Mittelalter enthält, und die alte Hadassah-Klinik auf dem Berg Skopus.

Ein eher romantischer Zug läßt sich in der Architektur verschiedener öffentlicher Gebäude entdecken, die vor dem Zweiten Weltkrieg errichtet wurden. Wir haben bereits das Rockefeller-Museum und die Residenz des britischen Hochkommissars erwähnt, die von einem englischen Architekten erbaut wurden. Das Jerusalemer Y.M.C.A.-(CVJM-) Gebäude ist ebenfalls interessant. Wie die Kirche von Sacré Cœur in Paris oder das Rockefeller Center in New York greifen sie auf die Vergangenheit zurück, um einen Ausdruck monumentaler Würde zu gewinnen. In Palästina entstand dabei eine Art byzantinesker Wirkung, die zwar eklektisch war, aber immer die Qualitäten der einheimischen Steine einzusetzen wußte.

Nach seiner Gründung im Jahre 1948 nahm der Staat Israel über anderthalb Millionen weitere Einwanderer auf, zumeist Flüchtlinge aus Europa, Nordafrika und dem Nahen Osten, womit sich die Bevölkerung des Landes mehr als verdoppelte. Dies war der Beginn einer neuen Ära der Stadtplanung und Architektur. Zunächst kam es zu einer neuerlichen Ausdehnung von Tel Aviv und den im Umkreis wie Pilze hervorsprießenden Satellitenstädten Ramat Gan, Holon und Bat Jam. Doch wurden nun auch, was wichtiger war, neue Städte geschaffen, und zwar nach den allgemeinen Grundsätzen, die von der britischen Stadtplanung der Nachkriegszeit vorgezeichnet waren: Wohngebiete entstanden um Einkaufs- und Gemeindezentren und verwuchsen dann zu einem Ganzen, das nicht nur gut gegliedert, sondern auch für eine weitere Ausdehnung vorbereitet war. Die Städte Beerscheba, Kirjath Gat, Dimona und Arad und in neuerer Zeit die Hafenstadt Aschdod gehören zu dieser Gruppe. Sie liegen alle in der südlichen Hälfte des Landes, die bis vor kurzem nahezu unbewohnt war.

In den ersten Jahren nach der Gründung des Staates Israel entstanden nur wenige Gebäude von größerem Interesse. Doch als um 1955 das Tempo der Einwanderungen nachließ, richtete sich die Aufmerksamkeit allmählich auf die Architektur der öffentlichen Gebäude. Der Einfluß des Bauhauses, der noch in Leopold Krakauers Speiseräumen für die Kib-

▷

Wandmosaik im Innenhof des ‹Soldaten-Hauses› (Beit Hachajal) in Jerusalem, von Avigdor Arikha (geb. 1929), 9 m hoch.

S. 242/243
‹Safed›, um 1924; Aquarell von Yossef Zaritsky, Frühwerk eines der führenden Maler der abstrakten Richtung in Israel. Israel-Museum.

buzim von Beth Alpha und Tel Josef zu beobachten war, wich nun den Ideen von Le Corbusier und ganz allgemein dem sogenannten ‹internationalen Stil›. Diese Richtung wird in den neuen Wohnblocks der Architekten Yaski und Alexandroni an der Einfahrt nach Beerscheba sichtbar, in der Zentralverwaltung der Gewerkschaft Histadrut in Tel Aviv (von Dov Karmi) und in der Hebräischen Universität zu Jerusalem, und zwar besonders in ihren Verwaltungsgebäuden, die Dov Karmi entwarf, sowie in der National- und Universitätsbibliothek, die das Werk einer Gruppe von Architekten ist.

In den Jahren nach 1955 entstanden auch originellere Entwürfe. Auf dem Gelände der Hebräischen Universität bauten Heinz Rau und David Reznik die Universitätssynagoge in Form einer Kuppel über einem fensterlosen Oberstockwerk, die ihre gesamte Beleuchtung nur rundum aus dem Erdgeschoß bezieht. Ebenfalls in Jerusalem steht die Gedenkstätte Jad va-Schem, eine Arbeit von Arieh Elhanani; die eindrucksvolle Strenge ihrer quadratischen Massigkeit wird noch verstärkt durch die schweren, schwarzen Basaltblöcke, die von einem Spannbetondach überdeckt sind. Das im Mai 1965 eröffnete Israel-Museum in Jerusalem stammt von Al Mansfeld und Dora Gad; es ist ein weitläufiger Komplex von Pavillons, entwickelt sich als Serie von Variationen über einer quadratischen Grundeinheit und folgt wie ein arabisches Dorf terrassenartig den Konturen des Hügels. Der Billy-Rose-Skulpturen-Garten (mit Plastiken von Rodin, Maillol, Bourdelle, Picasso, Moore, Vasarely, Tinguely usw.) ist ein Teil dieser Museumsanlage und wurde von Isamu Noguchi, einem japanisch-amerikanischen Bildhauer und Landschaftsarchitekten, gestaltet; der Skulpturengarten besteht aus fünf halbkreisförmigen Felsterrassen, von denen aus man die Hügel im Umkreis der Stadt überblickt. Der ‹Schrein des Buches› gehört auch noch zum Israel-Museum; er enthält einen Teil der Schriftrollen vom Toten Meer und andere Funde aus der Zeit des Zweiten Aufstandes gegen die Römer im Jahre 132. Die amerikanischen Architekten dieses Gebäudes (Bartos und Kiesler) gaben ihm ein symbolisches Aussehen — die weiße Dachkuppel bezieht sich auf die Sekte der Söhne des Lichts und die schwarze Mauer darunter auf die Söhne der Finsternis. David Reznik schließlich entwarf für Jerusalem das ‹Soldaten-Haus› (Soldier's House), dessen reine, aber eindrucksvolle Linien beinahe die einer Festung darstellen.

So wird Jerusalem, die Stadt der glänzenden Baudenkmäler aus der Vergangenheit, durch neue Werke verändert und bereichert, die seiner heutigen Lebendigkeit sowie den administrativen und kulturellen Aufgaben entsprechen, die es zu erfüllen hat.

Die Architektur Tel Avivs ist demgegenüber von völlig anderen Gesetzen bestimmt. Der Druck der Übervölkerung, die Industrialisierung und rein wirtschaftliche Faktoren waren die Gründe für seine immer höher aufragenden Bauten und die damit einhergehende Zerstörung der Proportionen aus den dreißiger Jahren. Der erste dieser hohen Klötze, das El-Al-Gebäude nach dem Entwurf von Dov Karmi, ist noch im ‹internationalen Stil› gehalten. Das von Yaakov Rechter 1965 erbaute Hilton Hotel nimmt dann schon mehr auf die Landschaft und das Licht Bezug, indem es seine Balkone halb dem Meer zuwendet. Eine andere elegante und harmonische Leistung ist das neue Museum von Tel Aviv, das von Isaac Yashar und Dan Eytan gebaut und 1971 eröffnet wurde. Sein bewußt bescheidenes Äußeres umschließt hohe und weite Ausstellungsräume, die leicht zu durchschreiten und großartig beleuchtet sind. Das Frederic-Mann-Auditorium (von Karmi und Meltzer), eine der größten und modernsten Konzerthallen der Welt, gehört zu einem kulturellen Gebäudekomplex, in dem sich auch die zwei Säle des Habimah-Nationaltheaters befinden.

‹Tension 1966›, Skulptur von Menashe Kadishman im Billy-Rose-Skulpturen-Garten des Israel-Museums.

Die bisher beschriebenen Gebäude wurden zumeist von Architekten aus Europa entworfen — sie waren die Pioniere der modernen israelischen Architektur. Inzwischen werden sie langsam von jüngeren Architekten abgelöst, die im Lande, am Technion von Haifa ausgebildet wurden. Zwei von ihnen, Zvi Hecker und Eldad Sharon, arbeiteten zunächst als Schüler und Mitarbeiter von Alfred Neumann, der am Technion die Grundsätze einer ‹morphologischen› Architektur verfeinerte. Die Anwendung dieser Theorien läßt sich an zwei Bauwerken des Teams beobachten, an der Stadthalle von Bat Jam und dem Dubiner-Gebäude in Ramat Gan — zwei Orten im Vorstadtgebiet von Tel Aviv. Beide Gebäude sind nach einem formalen System erarbeitet, in dem sich die Konstruktionseinheiten oder -elemente wie Variationen zum ‹Thema› einer komplexen geometrischen Grundeinheit verhalten. So hat etwa die Stadthalle von Bat Jam die Gestalt einer ‹umgekehrten Pyramide› und weist im Dach skulpturenartige ‹Licht-Münder› auf, die das Tetraeder-Motiv umspielen. Das Dubiner-Gebäude erinnert mit seiner Anordnung von übereinandergeschachtelten Wohnungen, die sich zu einer riesigen, phantastischen Skulptur zusammenfügen, an das ‹Habitat› in Montreal — allerdings entstand es früher. Das Gebäude der Maschinenbaufakultät der Technischen Hochschule in Haifa ist ebenfalls ein schönes Beispiel dieser ‹morphologischen› Architektur. Und die Dänische Schule in Jerusalem, das Werk der zwei jungen Architekten Dan und Ilana Alrod, veranschaulicht eine weitere Seite der heutigen israelischen Architektur — den Versuch, moderne Strukturen dem Wesen der Landschaft einzupassen, die Konturen des Grundstücks auszunutzen und die verschiedenen Baueinheiten in Bezug zu ihrer Umgebung zu gruppieren.

Die darstellenden Künste in Israel darf man als relative Neuankömmlinge bezeichnen. Ihre Geschichte ist nur so alt wie der Zionismus und reicht daher nicht weiter zurück als bis zur Jahrhundertwende. Im westlichen Sinne des Begriffs waren bis zu diesem Zeitpunkt alle künstlerischen Schöpfungen mit den Formen und Techniken des orientalischen Kunsthandwerks verbunden geblieben. Zwar gab es in Safed, Tiberias und Jerusalem jüdische Künstler, deren Gelegenheitsdarstellungen biblischer oder religiöser Szenen auf Papier oder Glas noch erhalten sind — viele davon im Israel-Museum. Aber die eigentliche Einführung von Malerei und Plastik in Israel war das Verdienst einer

◁
‹Der Tiberias-See› (See Genezareth), 1923; Öl auf Leinwand von Reuven Rubin, charakteristisches Werk der idealisierenden, naiven Malerei der ersten Künstlergeneration in Palästina. Israel-Museum.

‹Der Hochkommissar›, 1966; Öl auf Holz von Arieh Aroch. Israel-Museum.

◁
Detail von Yigael Tumarkins ‹Beobachtungspostens› bei Arad.

Moderne ‹Grenzmale› von Doron Bar-Adon an der Küste des Toten Meeres.

Gruppe von Einwanderern, die 1906 in Jerusalem eine Kunstakademie gründeten. Diese Akademie wurde unter dem Namen des ersten in der Bibel erwähnten ‹Künstlers› als Bezalel bekannt. Ihr Begründer Boris Schatz und seine Anhänger stammten aus Osteuropa, und ihre Kunst war stark von der Art Nouveau und dem romantischen Naturalismus durchdrungen. Nach dem Ersten Weltkrieg entwickelten ihre Studenten dann so etwas wie eine Jerusalemer Schule. Einer ihrer Künstler, der Plastiker Melnikov, schuf den ‹Löwen› von Tel Chai in Nord-Galiläa, das erste jüdische Denkmal des Landes. Diese Schule, deren Tätigkeit sich fast bis zum Zweiten Weltkrieg fortsetzte, stand stark unter dem Einfluß von Cézanne, den französischen Intimisten und vor allem dem der jüdischen Expressionisten der Pariser Schule. Erst nach 1945 tauchte die palästinensische Kunst aus ihrer langen Isolation auf und stellte sich den Einflüssen der französischen und amerikanischen Nachkriegsschulen. Die Gruppe ‹Neue Horizonte› – eine gemeinschaftliche Gründung von Marcel Janco, dem ehemaligen Zürcher Dadaisten, der 1941 nach Palästina ausgewandert war, und von Yossef Zaritsky, der schon 1923 seine russische Heimat verlassen und seine bemerkenswerten Land-

In einem Basar in Jerusalem.

schaftsbilder während der dreißiger Jahre zur Abstraktion hin entwickelt hatte — trug in großem Maße zu dieser Öffnung gegenüber der Außenwelt bei. Unter dem Einfluß von Zaritsky verließ die lokale Kunst ihre selbstauferlegten Begrenzungen und wandelte verschiedene Formeln der freien Abstraktion zu einer Bildersprache um, in der der Ausdruck oft wichtiger ist als die Form. Janco war auch der Begründer des Künstler-Dorfes En Hod in der Nähe von Haifa, wo Künstler und Handwerker eng zusammenarbeiten. Und noch ein dritter Maler, Mordecai Ardon, beeinflußte sowohl durch seine Kunst wie durch seinen Unterricht junge Künstler, die dann später mit formaleren Ansätzen experimentierten. Ardon war am Bauhaus Schüler von Klee und Feininger gewesen, und seine Arbeiten bringen abstrakte Elemente in einen Zusammenhang, der hauptsächlich symbolisch sein will und sich im wesentlichen mit dem Drama des jüdischen Volkes unter dem Nazi-Regime beschäftigt. Ardons ‹Triptychon› im Israel-Museum ist charakteristisch für seinen Stil.

Die erste wahrhaft israelische Generation, also diejenigen Künstler, die mit dem Staat Israel zusammen aufgewachsen sind, unterscheiden

sich nicht sehr stark von ihren jungen europäischen oder amerikanischen Kollegen. In den Sammlungen des Israel-Museums und des Museums von Tel Aviv ist eine Vielfalt von Richtungen vertreten — von der Abstraktion bis zur neuen Figuration, von darstellender Kunst, die in der jüdischen Tradition wurzelt, bis zum rückhaltlosen Experiment. Und diese Vielfalt der Richtungen läßt sich auch an Reliefs, Mosaiken, Skulpturen und Denkmälern in oder an Gebäuden und auf öffentlichen Plätzen beobachten. Die hervorragendsten Beispiele sollen hier noch erwähnt werden.

Die Entwicklung von Yakov Agam, einem in Paris lebenden Israeli, der dort zu den Pionieren der kinetischen Kunst gehörte, zeigt sich an dem Relief an der Decke der Kongreßhalle (Binjanei Ha'uma) in Jerusalem, an einer großen Skulptur im Israel-Museum und an einem Relief aus dem Jahre 1970 im Museum von Tel Aviv. Avigdor Arikhas Gabe, eine tiefe Geistigkeit durch eine im wesentlichen abstrakte Formensprache auszudrücken, läßt sich von mehreren Gemälden im Israel-Museum und einer bemerkenswerten Mosaikwand im Innenhof des ‹Soldaten-Hauses› von Jerusalem ablesen. Skulpturen von Yigael Tumarkin, die in der neuen Hafenstadt Aschdod und an der Straße nach Dimona stehen, und ganz besonders sein ‹Beobachtungsposten› in Arad, vermitteln durch ihre Kombination abstrakter und symbolischer Elemente ein Gefühl von Raum, Licht und Schatten und sogar einer seltsamen Gegenwärtigkeit. Der ‹Beobachtungsposten›, ein Betondenkmal in einer grandiosen, kahlen Umgebung, fast einer Mondlandschaft, ist das am besten durchdachte und bedeutsamste Werk von Tumarkin. Erwähnt werden sollten auch noch die eisernen ‹Tore› von David Palombo an der Gedenkstätte Jad va-Schem und an der Knesset, dem Parlamentsgebäude in Jerusalem, die mit ihrer abstrakten Formensprache zugleich expressiv und streng wirken. Die gleichen Qualitäten von Würde und Strenge charakterisieren auch Dany Karavans ‹Mauer› im Versammlungs-Saal der Knesset.

Das Erscheinen von Arbeiten ausländischer Künstler an anderen Stellen als nur in Museums-Sammlungen ist eine relativ neue Entwicklung in Israel; sie zeigt, daß die Fortschritte der Architektur und der Stadtplanung von einem gewissen Bedürfnis begleitet werden, den öffentlichen Gebäuden und Plätzen eine ‹persönliche Note› zu geben. In den Jerusalemer Museen selbst gibt es, abgesehen von dem bereits erwähnten Billy-Rose-Skulpturen-Garten, eine einzigartige Sammlung von 130 kleinen Arbeiten von Jacques Lipchitz zu sehen, die eine wirklich umfassende Retrospektive der Variationen über die Hauptthemen seines Lebenswerks bietet; und dazu Gemälde von den impressionistischen Meistern, von Picasso, Braque (insbesondere ein Braque aus der Fauve-Periode) sowie von europäischen und amerikanischen Künstlern der Nachkriegszeit. Im Museum von Tel Aviv gehören das ‹Lieblingszimmer› von James Ensor, bemalte Reliefs von Archipenko und eine große Bronze von Henry Moore zu einer Sammlung von zeitgenössischer Kunst, die ständig vergrößert wird. Außerhalb der Museen sind in Jerusalem mehrere wichtige Werke moderner Meister zu finden, darunter die berühmten, von Marc Chagall bemalten Glasfenster in der Synagoge der Hadassah-Klinik mit seiner Darstellung der zwölf Propheten; sodann in der Knesset Wandteppiche (1965–1968), die ein Triptychon bilden und deren Felder jeweils den ‹Auszug aus Ägypten›, die ‹Schöpfung› und den ‹Einzug nach Jerusalem› wiedergeben. Und 1971 wurde schließlich in der King George Street mitten im Zentrum der Stadt Hans Arps Plastik ‹Die drei Grazien› aufgestellt.

▷
Rosch ha-Nikrah (‹Leiter von Tyros›); Blick auf die Küstenfelsen und die Drahtseilbahn.

S. 254/255
Blick von der Straße nach Jericho auf die Altstadt von Jerusalem.

Das Heilige Land
HAIFA Großstadt
Tiberias Stadt, Ortschaft
Samaria Dorf, Siedlung
CAESAREA Wichtiges Ausgrabungsgebiet
Ausgrabungsstätte
Museum (außerhalb der Ortschaft)
0 km 30
A
B
C
D
E
F
G
H
J
Dan
Majan Baruch
HULEH
Hanita
KADESCH
KEFAR BARAM
Naharija
MONTFORT
Jehiam
HAZOR
Ajjelet ha-Schachar
Schavej Zion
Lochamej ha-Geta'ot
Meron
Akko
Safed
CHORAZIN
KAPERNAUM
HEPTAPEGON (Tabgha)
HAIFA
CHIRBET MINJA
See Genezareth
Tiberias
HAMMATH TIBERIAS
ATHLITH
Nazareth
BETH JERAH
BETH SCHEARIM
TABOR
Scha'ar ha-Golan
Hazorea
Afula
BELVOIR
Ma'agan Michael
MEGIDDO
En Harod
CAESAREA
Beth Alpha
BETH SCHEAN
Sedot Jam
Jenin
Nir David
Hadera
Netanja
Samaria (Sebaste)
Tulkarm
Jordan
MITTELMEER
Nablus
SICHEM
GARIZIM
TEL AVIV-JAFFA
FLUGPLATZ
Rischon le Zion
Dschisr Dschindas
Lod
Ramallah
CHIRBET AL-MAFDSCHAR
Rechovot
Ramla
Aschdod
JERUSALEM
Jericho
TEL ASCHDOD
Abu Ghosch
Ramat Rachel
KUMRAN
Bethlehem
Mar Saba
Aschkelon
Teiche Salomos
HERODIUM
MAMRE
Hebron
Gaza
En Gedi
TOTES MEER
CHIRBET SUSIJA
Eschthemoa
Nirim
MASADA
Arad
Beerscheba
Dimona
Sodom
MAMPSIS
Subeita (Schivta)
AVDAT
ARAVA
nach Elath und zum Roten Meer
nach Elath und zum Roten Meer

Am Freitagnachmittag und am Samstag (dem Sabbat) sind die meisten Museen, sofern nicht anders vermerkt, geschlossen. — Die Schreibweise der Ortsnamen folgt dem bisherigen Gebrauch in diesem Buch; die übliche englische Transkription finden Sie jeweils im Register am Schluß des Bandes. Bei Museumsnamen wird die englische Bezeichnung, wo sie mit der deutschen nicht identisch ist, in Klammern beigefügt.

AJJELET HA-SCHACHAR [DC]
Hazor-Museum
1966 von Ayala und Sam Sachs gegründet, erbaut von D. Reznik. Funde aus Hazor von der Mittleren Bronze- bis zur israelitischen Zeit. Tongefäße, Waffen, Siegel, Skarabäen, Kultgegenstände, Elfenbeinreliefs und Figurinen.

AKKO [DB]
Städt. Museum (Municipal M.)
Altstadt. So.—Do. im Winter 9—17, im Sommer 9—18; Fr. 9—14, vor Feiertagen 9—12.
1954 gegründet im ehemaligen türkischen Bad (Hammam al-Bascha) aus dem 18. Jh. Die Sammlung umfaßt Ausgrabungsfunde von der kanaanitischen bis zur türkischen Zeit: Glas- und Tongefäße (rhodesische Krughenkel); Kreuzfahrer-Reliefs und -Skulpturen; eine Kollektion mittelalterlicher Keramikgefäße aus Persien; Waffen und Rüstungen, darunter Kettenpanzer und Schwerter der Kreuzfahrerzeit. Die ethnologische Sammlung enthält Modelldarstellungen aus dem Dorfleben der Araber und der Drusen, Trachten, Werkzeuge, Schmuck sowie Kunsthandwerk aus der türkischen Zeit: Textilien, Tongefäße und Holzschnitzereien.

BEERSCHEBA [HB]
Negev-Museum
So.—Do. 8—19, Fr. 8—13, Sa. 10—13.
1953 von der Stadt in der alten Moschee eingerichtet. Ausgrabungsfunde aus Beerscheba und Umgebung; kupfersteinzeitliche Überreste aus as-Safadi und Tel Matar; israelitische Grabfunde, darunter Astarte-Figurinen; Fragmente von byzantinischen Kirchenmosaiken; römische und byzantinische Glasgefäße. Ethnologische Sammlung über das Leben der Beduinen; ferner Dokumente und Karten zur Geschichte des modernen Beerscheba.

BETH SCHEAN [EC]
Städt. Museum (Municipal M.)
So.—Do. 8—15.30, Fr. 8—13, Sa. und an Feiertagen 10—13.
1958 im Gebäude der Moschee Dschami al-Arbain al-Ghazzawi (um 1800) in der 1 D Street eingerichtet. Ausgrabungsfunde aus Beth Schean und Umgebung: Werkzeuge seit der Mittleren Steinzeit, Kultgegenstände aus Synagogen, Mosaikfragmente aus römischer u. byzantinischer Zeit.

DAN [DC]
Ussischkin-Haus (Ussishkin House)
So.—Do. im Winter 9—12 und 14—16, im Sommer 9—12 und 14—17; Fr. und vor Feiertagen 9—12.
1958 gegründet, erbaut von L. Krakauer. Naturkundliche Sammlung zur Geschichte des Huleh-Tals; Ausgrabungsfunde aus Tel Dan und Umgebung.

ELATH
Meereskundl. Museum
(Maritime M.)
So.—Fr. 9—12 und 15—17; Sa. sowie vor und an Feiertagen 9—12.
1950 von Jeremiah Halperin gegründet. Aquarium und Museum für Fauna und Flora des Roten Meeres.

EN HAROD [EC]
Kunstpavillon (Art Centre; Mischkan le Omanut)
Täglich 9—12 und 15—17.
1938 begründet von H. Atar, einem Maler, der Mitglied des Kibbuz war; erbaut von S. Bickeles. Das Museum will einen repräsentativen Überblick über die jüdische Kunst in der Diaspora vermitteln. Über 1000 Gemälde, darunter von J. Israels, M. Liebermann, M. Gottlieb, Y. Adler, der Pariser Schule, J. Pascin, Mané-Katz, M. Kisling, J. Adler sowie von jüdischen Malern aus Amerika — R. und M. Soyer, Weber, Lozowick, Kaufmann — und zeitgenössischen israelischen Künstlern; über 300 Skulpturen, 8000 Grafiken und jüdische Volkskunst.

Sturman-Haus (S. House)
So.—Do. 8—16, Fr. und vor Feiertagen 8—14, Sa. und an Feiertagen 9—12.
1941 gegründet zum Gedenken an Haim Sturman, einen der ersten Siedler in der Jesreelebene; erbaut von D. Laskov. Geschichte des Beth-Schean-Tals, dazu Ausgrabungsfunde aus der Umgebung, Tongefäße und Figurinen; Natur- und Wirtschaftsgeschichte; Haganah-Museum.

HAIFA [EB]
Dagon-Museum
Plumer Square. Besichtigung nach Vereinbarung; Führung täglich (außer Fr.) 10.30.
1955 von Dr. R. Hecht gegründet. Archäologisches Museum zur Geschichte der Getreideverarbeitung; Silos der Kupferstein-, Bronze- und Eisenzeit von verschiedenen Fundstätten.

Museum für alte Kunst (M. of Ancient Art)
Town Hall, Bialik 4. Mo.—Fr. 10—13 und 16—19; Sa. sowie vor und an Feiertagen 10—13.
1949 von der Stadt Haifa auf dem Grundstock einer Sammlung von A. Rosh eingerichtet. Römische Skulpturen (Porträt-Plastiken aus röm. Zeit und Sarkophagfragmente im Sidamarastil), Tongefäße und Bronzefigurinen aus Ägypten, Palästina, Griechenland und Italien. Jüdisches

Grabtor aus Tamra. Gläserne und irdene Gefäße von der hellenistischen bis zur byzantinischen Zeit. Jüdische Münzen und Stadtmünzen von der hellenistischen bis zur römischen Zeit. Koptische Stoffe und Wachsporträts aus ägyptischen Gräbern. Ausgrabungsfunde von Tell Abu Hawam und von Schikmona.

Museum für japan. Kunst (M. of Japanese Art)
Shderot ha-Nassi 89. So.–Do. 10–13 und 16–19; Sa. und an Feiertagen 10–14.
1960 von der Stadt Haifa auf dem Grundstock einer Sammlung von Felix Tikotin gegründet; erbaut von M. Rubichek und W. Anker. Zeichnungen, Skizzen und Drucke vor allem aus dem 17. und 18. Jh.; Holzschnitte, Kunsthandwerk in Metall und Lack, Kleinplastiken, Porzellan und Keramik aus dem 18. und 19. Jh.

Museum für moderne Kunst (M. of Modern Art)
Town Hall, Bialik 4. Mo.–Fr. 10–13 und 16–19; Sa. sowie vor und an Feiertagen 10–13.
1951 von der Stadt Haifa gegründet. Gemälde zeitgenöss. Künstler aus Israel und dem Ausland; Grafiken, Plakate, Mosaiken, Keramiken, Plastiken.

Museum für Vor- und Früh- sowie Naturgeschichte (Prehistory and Natural History Museums)
Hatishbi Street 124. Mo., Do. 8–13 und 16–18; So., Di., Mi. 8–13; Fr. und vor Feiertagen 8–12; Sa. und an Feiertagen 9–13.
Von der Stadt Haifa 1952 als Naturkundemuseum gegründet und 1962 um die prähistorische Abteilung erweitert. Die vor- und frühgeschichtliche Sammlung entstand aus der archäologischen Bestandsaufnahme von Haifa und Umgebung; sie enthält Modelldarstellungen und Rekonstruktionen vor- und frühgeschichtlicher Kulturen, Werkzeuge aus verschiedenen Epochen, anatomische Vergleiche zwischen dem heutigen und dem prähistorischen Menschen und die Rekonstruktion zweier jungsteinzeitlicher Häuser aus dem Oren-Tal.

Seefahrtmuseum (Maritime M.)
Allenby Street 198. So.–Fr. 8.30–12.30.
1949 von der israelischen Marine auf dem Grundstock einer Sammlung von E. Ben-Eli eingerichtet und 1955 von der Stadt Haifa übernommen. Modelle antiker Schiffe, Seekarten, Münzen mit Seefahrtmotiven, Ausgrabungsfunde; moderne Seekriegführung, darunter die Überreste des ägyptischen Zerstörers Ibrahim al-Awal.

Volkskundemuseum (Ethnology and Folklore M.)
Arlosoroff Street 19. Mo., Mi. 10–13 und 16–19; So., Di., Do., Fr. 10–13.
1956 von der Stadt Haifa gegründet. Sammlung jüdischer Kultgegenstände in volkstümlichem Stil; Kleidungsstücke und Stoffe orientalischer Juden und palästinensischer Araber; ethnologische Funde aus dem asiatischen Raum.

HANITA [DB]
Heimatmuseum (Regional M.)
Im Sommer So.–Do. 9–12 und 16–18; Fr. und vor Feiertagen 9–12; Sa. und an Feiertagen 9–18. Im Winter täglich 9–12; Sa. und an Feiertagen 9–18.
Von Mitgliedern des Kibbuz 1952 gegründet – in einem Haus im arabischen Stil auf den Trümmern einer byzantinischen Kirche. Archäologische Sammlung zur lokalen Geschichte: vorgeschichtliche Feuersteinklingen und rekonstruierte Gefäße aus der Kupfersteinzeit; Tongefäße, bronzene Objekte und Figurinen aus der Mittleren und Späten Bronzezeit; Mosaiken und ein Modell der byzantinischen Kirche. Dokumentation der Siedlungsgeschichte seit 1938; naturkundliche Sammlung.

HAZOREA [EB]
Wilfrid-Israel-Haus für orientalische Kunst und ihre Erforschung (W.I. House for Oriental Art and Studies)
Sa. und an Feiertagen 10–12.30 und 17–18.30; Di. 20–21.
Eine Gründung des Kibbuz Hazorea zum Gedenken an Wilfrid Israel (der 1943 auf einer Mission nach Europa starb) und unter Verwendung seiner Sammlung; erbaut von A. Mansfeld. Kunstwerke aus dem Mittelmeerraum der Antike: ägyptische Figurinen und Reliefs, griechische Tanagrafiguren, römische Figurinen, koptische Stoffe. Altpersische Keramiken, Bronzen aus Luristan, Kunstwerke aus dem Fernen Osten und Südasien (Indien, Kambodscha, Thailand, China, Japan), darunter ein Buddhakopf aus der Khmer-Zeit und chinesische Rollbilder. Ausgrabungsfunde der Umgebung, vor allem aus der Kupferstein- und der Mittleren Bronzezeit.

HEBRON [HB]
Städt. Museum (Municipal M.)
An der Straße nach Jerusalem.
Funde und Anschauungsmaterial dieser historischen Stätte.

JERUSALEM [GC]
Bibliothek des armen. Patiarchats (Library of the Armenian Patriarchate) *St. Jakobus (St. James), Altstadt, Besichtigung nach Vereinbarung.*
Illuminierte Handschriften.

Bibliothek des griech.-orthod. Patriarchats (Library of the Greek Orthodox Patriarchate)
Christian Street, Altstadt. Besichtigung nach Vereinbarung.
Illuminierte Handschriften.

Geißelungskloster des Studium Biblicum Franciscanum (Flagellatio Monastery)
Via Dolorosa, Altstadt. Besichtigung nach Vereinbarung.
Funde der franziskanischen Ausgrabungen in Bethanien, Dominus Flevit usw. nebst einer großen Münzsammlung jüdischer und palästinischer Städteprägungen.

Herbert-E.-Clarke-Sammlung von nahöstlichen Altertümern (H. E. C. Collection of Near Eastern Antiquities)
Y.M.C.A., 26 David Street. Mo.–Sa. 10–13.
1933 auf dem Grundstock der Sammlung von H. E. Clarke eingerichtet, der in türkischer Zeit amerikanischer Konsul in Jerusalem war. Vorgeschichtliche Feuersteinklingen und Werkzeuge, Ton- und Alabastergefäße sowie Skarabäen aus der Bronzezeit; israelitische Tongefäße, Lampen, Figurinen; römische Bronzen und Gläser, Perlen und griechische Vasen.

Herzl-Museum
Herzl-Berg (Mount H.). So., Mo., Di., 8–13 und 15–17; Fr., Sa. und an Feiertagen 8–13.
1960 von der zionistischen Weltorganisation eingerichtet zum 100. Geburtstag ihres Gründers Dr. Theodor Herzl, der die Fundamente zur Errichtung eines ‹Judenstaates› legte. Herzls Grab (seine sterblichen Überreste wurden 1949, nach der Gründung des Staates Israel, aus Wien überführt), sein Arbeitszimmer, Dokumente und Bibliothek.

Isaac-Wolfson-Museum
Im Oberrabbinat (Hechal Schelomoh), King George Avenue 28. So.–Do. 10–13, Fr. und vor Feiertagen 10–12.
1958 gegründet vom Hechal Schelomoh. Sammlung von jüdischen Kultamuletten, Stoffen, Siegeln der Oberrabbiner aus türkischer Zeit und alten Darstellungen der heiligen Stätten der Juden.

Israel-Museum
Ruppin Street. So., Mo., Mi., Do. 10–18; Di. 16–22; Fr., Sa. 10–14.
1965 aus dem Zusammenschluß des Bezalel-Kunstmuseums mit der Sammlung des Amts für Denkmalpflege und dem Schrein des Buches entstanden; der Hauptgebäudekomplex wurde von A. Mansfeld, A. Noy und D. Gad erbaut, der Schrein des Buches von F. Kiesler und A. Bartos und der Billy-Rose-Skulpturen-Garten von I. Noguchi.
Das *Staatliche Kunstmuseum ‹Bezalel›* wurde 1906 von Boris Schatz gleichzeitig mit der Bezalel-Kunstakademie gegründet; M. Narkiss entwickelte es von 1932 bis 1957 zu einer der größten Sammlungen jüdischer Kunst aus Vergangenheit und Gegenwart; seit 1965 gehört es zum Israel-Museum.
Die erste Ausstellung beim Betreten des Museums zeigt jüdische Kultgegenstände in thematischer Ordnung: Thorarollen und ihren Schmuck, Kultgegenstände zum Sabbat, zu Neujahr, zum Bußtag, zum Laubhüttenfest (mit einer bemalten deutschen *sukkah* aus dem 19. Jh.), Chanukkah-Leuchter, Kultgegenstände zum Purim-, Passah- und zu den Familienfesten; außerdem die Holztüren der Fostat-Synagoge des Maimonides. Darauf folgen illuminierte hebräische Handschriften, darunter die Rothschild-Handschrift 24 aus Italien der Renaissancezeit und die berühmte ‹Vogelkopf›-Haggadah, eine deutsche Handschrift aus dem 14. Jh. Als nächstes sind Beispiele jüdischer Trachten aus dem Jemen, aus Buchara, Kurdistan, Marokko, Algerien und Persien zu sehen, und gleich daneben die vollständige Synagoge von Vittorio Veneto in Italien (18. Jh.), die zerlegt und im Museum wieder aufgebaut wurde, sowie eine Synagoge aus Horb (Württemberg), ebenfalls aus dem 18. Jh. und mit einer bemalten Decke. Eine Abteilung ist der altpersischen Kunst gewidmet und zeigt Keramiken, Luristanbronzen, Figurinen sowie Gold- und Silbergefäße aus der achämenidischen und sassanidischen Zeit; daneben islamische Töpferarbeiten und eine Gebetsnische *(michrab)* aus blauglasierten Kacheln aus Isfahan (17. Jh.).
Die Abteilung für zeitgenössische Kunst bietet eine Werkauswahl europäischer Künstler: Courbet, Renoir, Sisley, Cézanne, van Gogh, Gauguin, Braque, Picasso, Chagall, Soutine, Pascin, Schiele, Kokoschka, Bacon, Ben Nicholson, Appel; von amerikanischen Künstlern: Gorky, de Kooning und Morris Louis; und von israelischen Künstlern: Ardon, Aroch, Arikha, Zaritsky. Ein von Boffrand im 18. Jh. gestalteter Raum des Bankiers Samuel Bernard, der Baron Edmond de Rothschild als Arbeitszimmer diente, wurde im Museum rekonstruiert.
Der *Billy-Rose-Skulpturen-Garten* zeigt im Freien Skulpturen von Rodin (‹Adam›, ‹Balzac›), Calder, Bourdelle, Maillol, Moore, Lipchitz, Picasso (‹Profile de Femme›), Vasarely (‹Screen›), Tinguely usw. Im Lipchitz-Pavillon befindet sich eine außergewöhnlich große Sammlung von 130 Werken des Künstlers.

Das *Samuel-Bronfman-Museum für Bibel- und Altertumsforschung* umfaßt die Sammlungen des 1948 vom Staat Israel gegründeten Amts für Museen und Denkmalpflege, Teile der Sammlung des Instituts für Archäologie an der Hebräischen Universität und aus Privatsammlungen; es wurde 1965 als Abteilung des Israel-Museums eröffnet und 1971 um Kunstwerke von der byzantinischen bis zur Kreuzfahrerzeit, eine Münzsammlung sowie eine Ausstellung von Funden aus den Nachbarländern erweitert.
Die Ausstellung ist nach Epochen geordnet und enthält u.a.: Elfenbeinarbeiten und Ossuarien der Kupfersteinzeit; metallene Kultgegenstände aus der ‹Schatzhöhle› im Chever-Tal; Objekte der Mittleren Bronzezeit aus den Tempeln von Hazor und Naharija; philistäische Tongefäße; ein rekonstruiertes Festungstor des israelitischen Hazor; zwei Altäre aus dem Heiligtum von Arad; proto-äolische Kapitelle und die ‹Balustrade› aus Ramat Rachel; Inschriften in althebräischer Schrift, darunter den Brief von Mezad Chaschavjahu; Ostraka aus Arad; Siegel und die Höhleninschrift von Amaziah; Funde aus dem nabatäischen Avdat und aus Masada; Möbel und Tongefäße aus einem herodianischen Haus in der

Altstadt, und den Sarkophag aus dem ‹Grab des Naziriten› in Jerusalem; eine Auswahl von Ossuarien; die berühmte Inschrift von Caesarea, auf der Pontius Pilatus erwähnt wird; Skulpturen aus Caesarea, Beth Schean und von anderen Ausgrabungsstätten (die Artemis aus Ephesos, den Greifen aus Erez); Synagogenmosaiken aus Jafia (Yafia) u. Beth Schean; jüdische Bleisärge; Siegel; Reliquienkapsel und andere Objekte; spätrömische Mosaiken und Plastiken; islamische Keramiken und Schmuckstücke; Skulpturen der Kreuzfahrerzeit.
Der *Schrein des Buches* (der auch dienstags von 10–22 Uhr geöffnet ist) enthält die ersten, 1947 gefundenen Schriftrollen vom Toten Meer: zwei Jesaja-Rollen, das Bundesbuch, die Danksagungsrolle, das Buch vom Kampf der Söhne des Lichts gegen die Söhne der Finsternis, den Habakuk-Kommentar und das Genesis-Apokryphon. Außerdem sind – aus der ‹Höhle der Briefe› im Chever-Tal – offizielle und private Schriftstücke der Bar-Kochba-Zeit ausgestellt: 15 Briefe aus dem Hauptquartier Bar-Kochbas auf hebräisch, aramäisch und griechisch, und 35 private (zumeist juristische) Dokumente aus dem Besitz einer Dame namens Babatha, die in derselben Höhle Zuflucht gefunden hatte; weiterhin ein paar Dokumente, die bei den Ausgrabungen in Masada entdeckt wurden. Einige der im Chever-Tal gefundenen Gegenstände sind im Korridor zu sehen, der zu dem Kuppelraum der Schriftrollen führt.
Die *Jugendabteilung* zeigt die Arbeiten der Jugendkurse am Museum sowie eine besondere Ausstellung, von und für Jugendliche eingerichtet.
1973 wurde in dem Museum eine kunstgewerbliche Abteilung (Design) eröffnet.

‹Jad va-Schem›-Gedenkstätte für die Opfer der Massenvernichtung
(Yad va-Shem Memorial of the Victims of the Holocaust)
Har ha-Zikaron. So.–Do. 9–17, Fr. und vor Feiertagen 9–14.
1957 gegründet und 1960 eröffnet. Gedenkhalle mit Schrift- und Bilddokumenten; die Tore stammen von D. Palombo.

Modell von Jerusalem zur Zeit des Zweiten Tempels
Holyland Hotel: Im Sommer 8–17, im Winter 8–16.
Modell im Maßstab 1:50 (40 × 25 m) von Jerusalem im Jahre 66 n.Chr.; Freilichtanlage, nach Zeichnungen von Eva Avi-Yonah errichtet unter der Leitung von M. Avi-Yonah, vollendet 1969.

Museum für islamische Altertümer
(M. of Islamic Antiquities)
Haram esh-Sharif, Bab al-Maghrebin. Täglich außer Fr. 8–11 und 13–17.
Gründung des Obersten Rats des Islam. Koran-Handschriften, Funde aus dem Tempelbezirk, islamische Kunst.

Museum für Musikinstrumente
(M. of Musical Instruments)
Rubin Music Academy, Smolenskin 7. Täglich 10–13.
1963 von der Musikakademie gegründet. Musikinstrumente verschiedener Zeiten und Völker, wissenschaftlich geordnet als Idiophone, Membranophone, Chordophone und Aerophone.

Rockefeller-Museum
Jericho Road. So.–Do. 10–18; Fr., Sa. 10–14.
Das Gebäude wurde von John D. Rockefeller gestiftet und 1938 vom Amt für Denkmalpflege der Mandatsregierung eröffnet; es enthält die Ausgrabungsfunde aus der Zeit von 1920 bis 1948 und steht heute unter der Verwaltung des Israel-Museums. Im südlichen Achteckbau befinden sich die Statue von Ramses III., das Löwenrelief und andere Funde aus Beth Schean. Die Süd-Galerie zeigt in chronologischer Ordnung Funde von der Vor- und Frühgeschichte bis zur Bronzezeit: Schädel und Skelette aus den Karmel-Höhlen und dem neolithischen Jericho, Skulpturen der Mittleren Steinzeit, das Hederah-Ossuarium, Funde aus dem frühbronzezeitlichen Heiligtum in Ai, die frühesten Beispiele der Buchstabenschrift aus Sichem, die Kopf-Vase aus Jericho, spätbronzezeitliche Funde aus Beth Schean und Lachisch sowie Schmuck aus Beth Aglajim. Das Mittelgebäude enthält Überreste aus islamischer Zeit (geschnitzte Balken aus der al-Aksa-Moschee, Stuckskulpturen aus Chirbet al-Mafdschar) und aus der Kreuzfahrerzeit (z.B. Oberschwellen vom Heiligen Grab). Zwei Seitenräume zeigen ausschließlich Münzen und Schmuck. In der Nord-Galerie geht dann die chronologische Ausstellung von der Eisenzeit bis zur arabischen Periode weiter: Elfenbeinarbeiten aus Megiddo, Särge in Menschengestalt sowie die Räucheraltäre aus Beth Schean, die Statuetten aus Achzib, die Aphrodite aus Athlith, ein Teil einer Inschrift vom Zweiten Tempel, Glas- und Tongefäße aus römischer Zeit, byzantinische Bronze- und Glasarbeiten, arabische Handschriften aus Chirbet al-Mird in der Wüste Juda, ein rekonstruiertes Hyksos-Grab und einige römische Skulpturen. Im nördlichen Achteckbau werden jüdische Kultgegenstände (z.B. siebenarmige Leuchter) aus verschiedenen Gegenden gezeigt. Im Hof des Museums stehen die Sarkophage aus Caesarea und andere große Skulpturen.

Schocken-Bibliothek (S. Library)
Balfour Street 6. So.–Mi. 9–13 und 16–20; Do. 9–13.
Auf dem Grundstock der Sammlung von Zalman Schocken eingerichtet, seit 1935 in Jerusalem. Hebräische Handschriften, z.B. das Nürnberger Gebetbuch *(machzor)* von 1331, eine Bibel aus dem 13. Jh., Haggadoth (Haggadah-Schriften) aus Nürnberg (14. und 15. Jh.), Inkunabeln, Grafik.

LOCHAMEJ HA-GETA'OT [DB]
Gedenkstätte der Getto-Kämpfer (Ghetto Fighters Memorial Museum)
So.–Do. 9–16; Fr. und vor Feiertagen 9–14; Sa. und an Feiertagen 10–17.
1951 begründet, Eröffnung des Gebäudes von S. Bickeles 1959. Schrift- und Bilddokumente und Modelle der Massenvernichtungslager, der Getto-Aufstände und der Widerstandsbewegung.

MA'AGAN MICHAEL [EB]
Museum für Unterwasser-Archäologie (Underwater Archaeology M.)
Besichtigung nach Vereinbarung.
1959 vom Kibbuz gegründet. Enthält Tongefäße (besonders Weinkrüge), die von Fischern aus dem Mittelmeer geborgen wurden, mykenische Keramik, phönikische Tongefäße und Teile griechischer Rüstungen und Waffen.

MAJAN BARUCH [DC]
Museum für Vor- und Frühgeschichte des Huleh-Tals (Regional Prehistoric Museum of the Huleh Valley)
So.–Fr. 9–12, Sa. und an Feiertagen nach Vereinbarung.
1955 von Kibbuz-Mitgliedern gegründet. Faustkeile der Altsteinzeit, kleine Feuersteingeräte der Jung- und Kupfersteinzeit, Tongefäße der Frühen Bronzezeit, römische Lampen und Gläser, Handmühlen aus Stein und Ölpressen.

NAZARETH [EC]
Museum des Terra-Sancta-Klosters (M. of the Terra Sancta Convent)
Mo.–Sa. 7–18; So. und an kath. Feiertagen 7–12.
1922 von den Franziskanern gegründet. Funde aus der Kreuzfahrer-Verkündigungskirche, darunter Kapitelle mit Bildern aus dem Leben Jesu; französische Skulpturen aus dem 12. Jh., weitere Funde aus Nazareth und Umgebung.

NIR DAVID [EC]
Museum für die Archäologie des Mittelmeerraums (M. of Mediterranean Archaeology)
Mo., Di., Sa. und an Feiertagen 10–15.
1963 auf dem Grundstock der Sammlung von Dan Lifshitz eingerichtet; erbaut von S. Powsner, R. Abraham und E. Rogen. Enthält eine Sammlung kleiner Objekte aus Griechenland, Rom, Etrurien und Süditalien von der frühgeschichtlichen Zeit bis zum 2. Jh. n.Chr.; bemalte archaische Tongefäße und Figurinen aus dem klassischen Athen; Gußformen für Figurinen von der archaischen bis zur hellenistischen Zeit sowie hellenistische Steinreliefs aus Tarent; Figurinen aus Tanagra und Attika, Frauenkopf aus Phönikien, Töpfereiwaren. Glas und Gebrauchsgeschirr aus Rom, etruskische Tongefäße vom Villanova-Typ, Goldschmuck und Bronze-Objekte aus Etrurien; bemalte etruskische und süditalienische Tongefäße; persische Keramik des Mittelalters. Ferner lokale Ausgrabungsfunde aus der Bronze- und Eisenzeit.

SAFED [DC]
Glicenstein-Kunstmuseum (G. Museum of Art)
So.–Do. 9–12 und 15–18; Fr., Sa. und an Feiertagen 9–12.
1953 von der Familie Glicenstein und der Stadt Safed in der früheren Residenz des türkischen Kaimakam gegründet. Skulpturen von H. Glicenstein und eine Sammlung von Gemälden europäischer Künstler.

Museum der Druckkunst (M. of the Printing Arts)
Artists' Quarter. So.–Do. 10–13 und 15–17; Fr. 10–13; Sa. 15–18.
1953 in Jerusalem gegründet und 1961 nach Safed verlegt, weil hier 1577 (zur Osmanenzeit) der hebräische Buchdruck im Heiligen Land begann. Modelle von Druckerpressen, Inkunabeln des 15. Jh., seltene Bücher und Drucke.

SCHA'AR HA-GOLAN [EC]
Museum für Vor- und Frühgeschichte (M. of Prehistory)
Täglich 9–11 und 16–18.
1950 von den Mitgliedern des örtlichen Arbeitskreises für Vor- und Frühgeschichte gegründet. Die Sammlung veranschaulicht die jungsteinzeitliche Jarmuk-Kultur, die in dieser Gegend entdeckt wurde; die Funde geben ein Bild von der Lebens- und Arbeitsweise der ersten Bauern im Heiligen Land und umfassen Werkzeuge, die Anfänge der Töpferei, die Fruchtbarkeitskulte und deren Figurinen sowie die Herstellung von Feuersteinklingen.

SEDOT JAM [EB]
Caesarea-Museum
Täglich 9–12.
1952 von Kibbuz-Mitgliedern gegründet. Funde aus Caesarea und seiner Umgebung aus der hellenistischen, römischen, byzantinischen, arabischen, der Kreuzfahrer- und der mamlukischen Zeit – nach Sachgebieten geordnet: Lampen, Gläser, Tongefäße, Figurinen, Schmuck, Edelsteine, Siegel usw.; Münzen aus Caesarea; römisch-byzantinische Skulpturen, darunter der Torso einer Kaiserstatue aus dem 2. Jh.; Inschriften, auch auf jüdischen Grabsteinen; die Grabinschrift eines römischen Offiziers, der in der X. und VI. Legion gedient hatte; Baureste wie Kapitelle und Säulenstücke; aus dem Mittelmeer geborgene Tongefäße.

TEL AVIV [FB]
Alphabet-Museum (M. of the Alphabet)
Bialik Street 26. So., Mi. 9–14 und 17–19; Mo., Di., Do., Fr. und vor Feiertagen 9–12; Sa. 10–13.
1965 von D. Diringer gegründet. Veranschaulicht die Entwicklung der Schrift von den Ideogrammen (Begriffszeichen) bis zur Buchstabenschrift (mit besonderer Betonung der Entwicklung des hebräischen Alphabets) anhand der bedeutendsten Inschriften.

Altertumsmuseum von Tel Aviv-Jaffa (M. of Antiquities of T.A.-J.)
Mifratz Shelomo Street 10. So., Mi.

10–20; Mo., Di., Do. 10–17; Fr., Sa. sowie vor und an Feiertagen 10–13. 1951 in einem türkischen Gebäude aus dem 19. Jh. eingerichtet. Archäologische Funde von Tel Aviv-Jaffa in chronologischer Ordnung: aus der Jungsteinzeit und der Kupfersteinzeit u.a. Fruchtbarkeitsfigurinen und Ossuarien; aus der Bronzezeit u.a. Hyksos-Waffen; Teil des Tores von Jaffa mit dem Namen des Pharaos Ramses II.; israelitische Funde vom Tell al-Kasileh; Objekte der Hasmonäerzeit, z.B. eine kleine Glasamphore sowie weitere Glasgefäße und -lampen; Töpferarbeiten und Gewichte aus römischer Zeit.

Ha'aretz-Museum
Ramat Aviv. So., Mi. 10–20; Mo., Di., Do. und an Feiertagen 10–17; Fr., Sa. und vor Feiertagen 10–13.
Das Museum hat sechs Abteilungen: Der *Glaspavillon* wurde 1950 auf dem Grundstock der Sammlung von Dr. W. Moses von der Stadt eingerichtet und von den Architekten Witkower und Baumann erbaut. Es führt die Glasherstellung in den verschiedenen Epochen vor: Gläser aus der Späten Bronze- und der israelitischen Zeit, die aus Glassträngen um einen Sandkern gewunden wurden; in Formen gegossene hellenistische Gläser; und geblasene Gläser aus frührömischer Zeit – darunter eine blaue Glasvase, die mit ‹Ennion› signiert ist; ferner Gläser mit Reliefschmuck; Gläser aus byzantinisch-jüdischer und aus christlicher Zeit sowie *fondi d'oro;* geblasene Gläser in verschiedensten Formen und Verzierungen; eine arabische Moscheelampe aus Kairo (13. Jh.); und moderne Gläser seit dem 17. Jh.
Das *Keramikmuseum,* 1966 eröffnet, entstand ebenfalls auf dem Grundstock der Sammlung von W. Moses und zeigt die Töpferei in Palästina seit ihren Anfängen; die technischen Verfahren von primitiven, handgeformten bis zu den auf der Scheibe gedrehten Gefäßen; die Verwendung von Tongefäßen im täglichen Leben; Tonscherben im Dienst der Archäologie und Tonarbeiten in Kunst und Religion.
Das *Kadman-Museum für Numismatik* wurde 1962 mit einer Zusammenlegung der Sammlungen von Moses und Kadman begründet und von Witkower und Baumann erbaut. Die Sammlung umfaßt Beispiele für Zahlungsmittel vor der Erfindung der Münzprägung; das Modell einer antiken Prägewerkstatt; griechische Münzen, jüdische Münzen, Münzen der Provinzstädte des römischen Palästina; nahöstliche Münzen; Münzen der verschiedenen Epochen von der römischen bis zur Mandatszeit; Münzen des Staates Israel, Papiergeld, Münzen als Schmuck und schließlich Gewichte und Waagen aus verschiedenen Zeiten.
Das *Volkskundemuseum* entstand 1963 aus der Gniza-Sammlung jüdischer Volkskunst und der Sammlung der Nationalen Trachtengesellschaft. Es enthält jüdische Kultgegenstände nach Festen geordnet, Leuchter, jüdische Kunst, Heiratsverträge, Zeugnisse der jüdischen Kultgemeinde von Kai-Feng-Fu in China, Trachten, Schmuck und Amulette. Auch dieses Gebäude stammt von Witkower und Baumann.
Das *Museum für Naturwissenschaft und Technik* wurde von P. Fiatli und A. Moskowitch gegründet und 1964 eröffnet. Hier dokumentieren Modelle, Zeichnungen, Diagramme und Instrumente vor allem Luft- und Weltraumfahrt, Mathematik und das Foucaultsche Pendel, Energieversorgung und Nachrichtenwesen.
Tell al-Kasileh, eine archäologische Fundstätte aus der Späten Bronze- bis Eisenzeit, ist innerhalb des Ha'aretz-Museums bewahrt worden.

Historisches Museum von Tel Aviv (Historical M. of T.A.)
Bialik Street 26. So., Mi. 9–14 und 17–19; Mo., Di., Do., Fr. und vor Feiertagen 9–14; Sa. 10–13.
1956 im Shenkar-Haus eingerichtet. Dokumente, Karten, Illustrationen, Modelle und Fotografien zur Entwicklung von Tel Aviv seit seiner Gründung im Jahre 1909.

Mensch und Menschenwerk (Man and His Works; Adam ve-Amalo)
Beeri Street 14. So., Mi. 11–13 und 18–20; Mo., Di., Do. und vor Feiertagen 11–13.
1943 von der Folklore-Gruppe und dem Avschalom-Institut des Allgemeinen Gewerkschaftsbundes gegründet. Gezeigt werden: Arbeitsgeräte und -vorgänge bei Jägern und Bauern; Transport- und Nachrichtenwesen, Energiewirtschaft, Beleuchtung, Schrift, Maße und Gewichte; ferner die dazu verwendeten organischen und anorganischen, metallischen und nichtmetallischen Materialien; und eine Freilichtausstellung landwirtschaftlicher Einrichtungen.

Tel-Aviv-Museum (The T. A. M.)
King Saul Boulevard. So.–Do. 10–13 und 16–19; Fr., Sa. 10–13.
1932 von M. Dizengoff, dem ersten Bürgermeister Tel Avivs, gegründet. Im 1958 eröffneten Helena-Rubinstein-Pavillon finden wechselnde Ausstellungen von israelischen und ausländischen Künstlern statt. Das neue Museumsgebäude von I. Yashar und D. Eytan wurde 1971 vollendet und bietet Raum für die meisten größeren Wechselausstellungen und die Sammlungen des Museums selbst: eine repräsentative Werkauswahl israelischer Künstler seit dem Anfang dieses Jahrhunderts; Gemälde französischer Impressionisten; nachimpressionistische Maler wie Ensor, Utrillo und Vlaminck, die mit mehreren Werken vertreten sind; zeitgenössische Maler wie M. Ernst, J. Pollock, Künstler der Pariser Schule und jüdische Künstler aus der Diaspora. Zur Skulpturensammlung gehören einige bemalte Reliefs von Archipenko und Monumentalwerke von Lipchitz und Moore. Das Museum veranstaltet vor allem Wechselausstel-

lungen, Vorträge, Konzerte und Filmabende.

Zachal-Museum (Zachal = Israelische Verteidigungsstreitkräfte)
Rothschild Boulevard 23. So.–Do. 10–17; Fr., Sa. und an Feiertagen 10–13.
1961 im Hause des ehemaligen Haganah-Kommandeurs E. Golomb eingerichtet. Dokumentiert die Geschichte der Haganah und der israelischen Armee von 1921 bis 1949.

TIBERIAS [EC]
Städt. Museum (Municipal M.)
Am Ufer. Im Sommer So.–Do. 8–12 und 16–19, Fr., Sa. 8–12; im Winter So.–Do. 8–12 und 17–20, Fr., Sa. 8–12.
1952 von Tirzah Ravani gegründet. Sammlung lokaler Altertümer, z.B. Torbögen und andere Steinreliefs aus römischer und byzantinischer Zeit, Inschriften, ein Löwe aus Chorazin, siebenarmige Leuchter aus Tiberias, Münzen, hethitische Reliefs.

Ortschaften und Ausgrabungsstätten

Abu Ghosch [GB]
Arabisches Dorf 12 km westlich von Jerusalem, am Fuße der biblischen Stätte Kirjath Jearim oder Ba'alah *(Josua 15, 9; 18, 14 u.a.)*. Das Dorf trägt den Namen eines berühmten Räuberhauptmanns aus dem frühen 19. Jh., der von Pilgern und Reisenden auf dem Weg nach Jerusalem Zoll verlangte; eigentlich hieß es Kirjath al-Inab. Seit vorgeschichtlicher Zeit hat die Quelle des Orts Siedler angezogen. In Abu Ghosch lagen ein Posten der Legio X und später arabische und mamlukische Chane. Von 1141 bis 1187 hielten dann die Johanniter den Ort und bauten eine romanische Kirche über der Krypta (14,20 × 7,50 m), in der die Quelle entspringt. Die Kirche hat 4 m dicke Mauern, eine dreifache Apsis und Kreuzgewölbe, die auf 6 Säulen ruhen. Sie wurde im 19. Jh. von Mauss restauriert.

Akko (Acre; Akka, Akkon, Ptolemais, St Jean d'Acre) [DB]
Phönikische Hafenstadt am Nordende der Bucht von Haifa. Die bronzezeitliche Siedlung lag auf dem Tell al-Fuchchar (‹Napoleonshügel›) im Osten. Dank seiner vorteilhaften Küstenlage und seiner zwei Häfen war Akko für die Israeliten unter Josua *(Richter 1, 31)* nicht zu erobern und blieb phönikisch. In der Perserzeit galt die Stadt als königliche Festung und war der Hauptstützpunkt der Perser gegen Ägypten; Alexander d. Gr. richtete dort eine königliche Münze ein. Unter Ptolemaios II. Philadelphos wurde Akko in Ptolemais umbenannt und behielt diesen Namen bis zur arabischen Invasion. Es widerstand den Hasmonäern und diente sowohl Herodes wie Vespasian als Brückenkopf ihrer Feldzüge gegen Judäa. Unter Claudius wurde Ptolemais römische Kolonie, war seit dem 2. Jh. der Haupthafen Galiläas und besaß eine beträchtliche jüdische Einwohnerschaft, die gelegentlich von den jüdischen Patriarchen besucht wurde (von denen einer im Aphrodite-Bad badete). Auch Paulus besuchte Ptolemais und seine christliche Gemeinde *(Apostelgeschichte 21, 7)*, eine der frühesten Palästinas. Nach der Einnahme durch die Araber erhielt die Stadt wieder ihren semitischen Namen Akka, und im 10. Jh. vergrößerte Achmad ibn Tulun den Hafen. 1104 nahmen die Kreuzfahrer Akko ein, verloren es 1187 und erkämpften es 1191 von Saladin zurück – in der berühmten Belagerung durch Richard Löwenherz und Philipp II. August von Frankreich. Von 1191 bis 1291 war Akko die Hauptstadt des 2. Kreuzfahrer-Königreiches, beherbergte die Hauptquartiere der Johanniter und Tempelherren, verwaltete die italienischen Kolonien (von Venedig, Genua, Pisa usw.) und bekam 1219 das erste Franziskanerkloster des Heiligen Landes. 1291 fiel Akko an die Mamluken, wurde vollständig zerstört und erst im 16. Jh. unter dem Drusenemir Fachr ad-Din wieder aufgebaut. Im 18. Jh. gab der Beduinenscheich Dahir al-Omar der Stadt neue Mauern, machte sie zu seiner Residenz und herrschte von dort über Galiläa, bis er durch den bosnischen Abenteurer Achmed Pascha mit dem Beinamen al-Dschazzar (‹der Schlächter›) verdrängt wurde. Dschazzar widerstand 1799 der Belagerung von Napoleon und verstärkte danach die Befestigungen Akkos. Die Mauern in ihrem heutigen Zustand sind, abgesehen von einigen späteren Hinzufügungen des Ägypters Ibrahim Pascha, Dschazzars Werk, und Akko blieb auch unter seinen Nachfolgern die Hauptstadt des nördlichen Palästina, bis es 1832 von den Ägyptern besetzt wurde, aber nach dem Artillerieangriff einer englisch-österreichischen Flotteneinheit 1840 wieder unter türkische Herrschaft fiel. Mit dem Aufstieg Haifas verlor Akko dann an Bedeutung. Es wurde am 18. Mai 1948 von der israelischen Armee eingenommen. Seither ist um die Altstadt eine neue Stadt gewachsen.
Die Zitadelle von Akko (heute eine Nervenklinik) kann nur teilweise besichtigt werden. Die Hauptsehenswürdigkeiten der Stadt sind Dschazzars Moschee mit seinem Grab (1804), ein Refektorium des Johanniterordens unter der Zitadelle – dessen Gewölbe auf drei mächtigen Pfeilern ruht – und einige anschließende, jetzt unterirdische Säle, das Dampfbad des Paschas (heute das Städt. Museum) und ein türkischer Markt von 1810. Die Befestigung von Akko, die aus einer doppelten Mauer mit Bastionen, Gräben und Gegenböschungen besteht, wurde in eine Parkanlage umgestaltet.

Aschdod [GA]
Kanaanitische Stadtgründung aus dem 16. Jh. v. Chr.; im 12. Jh. v. Chr. eine der Städte der philistäischen Pentapolis *(Josua 11, 22).* Die von den Philistern entführte Bundeslade wurde mit verheerenden Folgen nach Aschdod in den Tempel Dagons gebracht *(1. Samuel 5)* und die Mauern der Stadt durch Usia von Juda niedergerissen *(2. Chroniken 26, 6).* 711 v. Chr. nahmen die Assyrer Aschdod ein und erhoben es zur Hauptstadt einer Provinz, die bis zur Perserzeit fortbestand *(Nehemia 13, 23. 24).* Aschdod wurde von den Hasmonäern erobert, durch die Römer befreit, und in byzantinischer Zeit entstand am Meer eine neue Stadt – Azotus Paralius.
Die Ausgrabungen in diesem Gebiet begannen 1962 und haben 20 verschiedene Schichten freigelegt, darunter die Überreste eines philistäischen Tores, eine Stadtburg und ein tiefergelegenes Handwerkerviertel um ein Heiligtum.
Das moderne Aschdod entwickelt sich seit 1957 6 km nördlich der alten Stadt; es besitzt den zweiten Hochseehafen von Israel, Industrieanlagen und ein modernes Verwaltungsviertel, in dessen Mittelpunkt eine Skulptur von Yigael Tumarkin steht.

Aschkelon (Askalon) [GA]
Der Aschkelon-Nationalpark (mit den Ausgrabungen) wird von der Nationalparkverwaltung betreut; Öffnungszeiten: April–Sept. 8–17, Okt.–März 8–16.
Kanaanitische Stadt, in ägyptischen Texten seit dem 19. Jh. v. Chr. erwähnt und bis zu den Revolten gegen Ramses II. (1280 v. Chr.) und Merenptah von Ägypten beherrscht. Im 12. Jh. v. Chr. wurde Aschkelon eine der wichtigsten philistäischen Städte *(Josua 13, 3),* geriet aber später unter assyrische Oberhoheit, gegen die es sich zur Zeit von Sargon II., Sanherib und Assurbanipal auflehnte. Aschkelon besaß einen berühmten Tempel der Aphrodite Urania, den Herodot (I, 105) erwähnt, wurde in persischer Zeit eine Stadt der Tyrier und unter den Ptolemäern völlig hellenisiert. Es behielt seine Unabhängigkeit unter den Hasmonäern und blieb zur Römerzeit eine ‹verbündete Stadt›. Herodes, der hier geboren wurde, schmückte die Stadt aus, die in spätrömischer Zeit eine Philosophenschule bekam und sich dadurch zu einem geistigen Zentrum der antiken Kultur entwickelte. Die Araber eroberten die Stadt, und die Fatimiden befestigten sie zu einem islamischen Stützpunkt, der 1153 von den Kreuzfahrern eingenommen, zunächst bis 1187 und dann noch einmal von 1191 bis 1247 gehalten und schließlich von dem Mamlukensultan Baibars 1270 zerstört wurde.
Die Ruinen von Aschkelon bilden einen Halbkreis, der vom Mittelmeer begrenzt wird; an der Küste sind die aufeinandergetürmten Schichten zu erkennen einschließlich der Säulentrommeln zur Verstärkung der Uferbefestigung. Das ganze Gebiet ist von einer byzantinischen, in der Kreuzfahrerzeit ausgebesserten Mauer aus Ziegeln und Hausteinen umschlossen. Zu den Grabungsfunden gehören ein halbrunder Sitzungssaal *(bouleuterion)* und eine anschließende Säulenhalle, die von Herodes gebaut und unter der Severer-Dynastie im 2./3. Jh. umgestaltet wurden. Unter den baulichen Überresten fand man ein Relief der Siegesgöttin Nike mit ihrem Palmzweig – sie steht auf einer Himmelskugel, die von einem knienden Atlas getragen wird. Ein zweites Relief von Isis und Harpokrates bezeugt das Fortwirken ägyptischer Einflüsse selbst im römischen Aschkelon: Isis in ihrem fransenbesetzten, über der Brust verknoteten Umhang trägt die hohe Pharaonenkrone.
Nördlich der klassischen Ruinen wird seit 1953 hauptsächlich von Siedlern aus Südafrika ein moderner Sommer-Ferienort, Aschkelon-Afridar, aufgebaut. Das Verwaltungszentrum enthält ein kleines archäologisches Museum und im Innenhof ein Ziegelrelief von Shalom Sebba.
1972 wurden in dem Vorort Aschkelon-Barnea zwei Marmorsarkophage aus dem 3. Jh. n. Chr. mit mythologischen und historischen Darstellungen gefunden; sie sind im lokalen Kulturzentrum ausgestellt.

Athlith [EB]
Phönikischer Hafen und Kreuzfahrerburg, 20 km südlich von Haifa. Die phönikischen Überreste stammen aus der Perserzeit und gehören zu einer Niederlassung griechischer Söldner, die einheimische Frauen geheiratet hatten. Die Kreuzfahrerfestung wurde von Pilgern des 5. Kreuzzugs gebaut (daher ihr Name *Château des Pèlerins*) und von den Tempelherren bis zur freiwilligen Räumung im Jahre 1291 gehalten. Eine Kreuzfahrerstadt mit einer eigenen Mauer und einer Eckbefestigung lag neben der eigentlichen Burg, die auf einem Felsvorsprung steht und durch einen Mittelmeer-Wassergraben sowie eine doppelte Mauer geschützt ist. Die hohen Türme der inneren Mauer beherrschten auch die äußere Verteidigung. Im Innern des großen Nordturms fand sich eine Gewölbehalle, und weitere, z. T. unterirdische Gewölbe säumen die Küste. Die Kirche der Burg erinnert mit ihrem achteckigen Grundriß an den Felsendom in Jerusalem, den die Kreuzfahrer als ‹Templum Domini› betrachteten.

Avdat (Eboda) [JB]
Betreut von der Nationalparkverwaltung. Öffnungszeiten: April–Sept. 8–17, Okt.–März 8–16.
Nabatäisch-byzantinische Stadt, 65 km südlich von Beerscheba in der Wüste Negev. Um 300 v. Chr. von den Nabatäern gegründet; Grabstätte ihres Königs Obodas III., der als Zeus Obodas vergöttlicht wurde und von seinem Nachfolger Aretas IV. (9 v. Chr. – 40 n. Chr.) einen Tempel geweiht bekam. Avdat war ein bedeutender Umschlagplatz für die Karawanenstraßen von Petra und Elath nach

Gaza. Es wurde im ersten Viertel des 2. Jh. n.Chr. verlassen und im späten 3. Jh. wieder besiedelt, war bis zur Eroberung durch die Araber eine blühende byzantinische Stadt und entvölkerte sich danach allmählich. Zu den von 1958 bis 1960 freigelegten Überresten zählen: ein nabatäischer Tempelsockel mit Treppen, Gräber und landwirtschaftliche Anlagen, eine spätrömische Stadt mit Gräbern, byzantinische Höhlenwohnungen sowie zwei Kirchen. Die nördliche (ältere) Kirche ist eine Basilika mit einer einzigen Apsis, enthält den Ehrenplatz des Bischofs und besitzt einen Säulenhof mit einem Brunnen; in seiner Nähe steht auf dem nabatäischen Tempelsockel ein marmorgefaßtes Taufbecken. Ein nabatäisches Tor zur Stadtburg ist auf deren Nordseite erhalten geblieben. Die südliche Kirche war dem hl. Theodor geweiht, hat drei Apsiden und eine Chorschranke und wird durch Inschriften, die sich in der Kirche fanden, auf die Jahre 541 bis 618 datiert. Neben der Kirche liegt eine Säulenhalle mit Kreuzgang, die als Kloster diente, und östlich von der Kirche ein spätrömisches Haus. Eine große byzantinische Festung (61 × 41 m) schützte Avdat im Osten. Ein byzantinisches Bad mit römischer Warmluftheizung steht am Fuße der Stadtburg. Die baulichen Überreste sind typisch für den byzantinischen Wüstenstil.

Beerscheba [HB]
Biblische Stadt, deren Gründung die Überlieferung Abraham zuschreibt *(1. Mose 21, 31);* nach *Richter 20, 1* der südliche Grenzpunkt des Landes Israel. Das biblische Beerscheba wird heute am Tell Beerscheba ausgegraben, einem alten Ruinenhügel im Norden der modernen Stadt. Es gibt jedoch Anzeichen dafür, daß auch der heutige Stadtbereich in alter Zeit besiedelt war. In der Kupfersteinzeit (etwa 4000–3150 v.Chr.) war Beerscheba der Mittelpunkt einer frühen Kultur, blieb bis zur byzantinischen Epoche als Grenzstadt am Rande des Negev bestehen und diente als Verwaltungszentrum des palästinensischen Limes. Im Mittelalter wurde die Stadt verlassen und erst 1906 unter Leitung deutscher Ingenieure durch die Türken neu belebt. Der Kern dieser Stadt mit der heute als Museum dienenden Moschee und dem Soldatenfriedhof wirkt immer noch türkisch. Nach der Eroberung durch die israelische Armee im Jahre 1948 wurde Beerscheba dann in großem Maßstab zu einer modernen Stadt ausgebaut, ist jedoch für die Beduinen aus dem Negev weiterhin Markt und ein Zentrum ihres Handels. Das moderne Beerscheba beherbergt das ‹Zentrale Institut zur Erforschung der Dürrezonen› *(Arid Zone Research Centre),* eine im Aufbau begriffene Universität, ein Kulturzentrum, eine moderne Klinik und eine Reihe höchst interessanter Experimente im modernen Wohnungsbau Israels, die die besonderen Lebensbedingungen in der Wüste berücksichtigen. An der Nordzufahrt zur Stadt zeigen Wohnblocks der Architekten Yaski und Alexandroni den Einfluß von Le Corbusier auf die israelische Architektur nach 1955; und das ‹Negev Zentrum› von Ram Karmi ist mit seinen Fußgängerstraßen, die das Gebäude durchschneiden, eine interessante Lösung für die Probleme der Hitze und der unerbittlichen Helligkeit. Ein alter Brunnen im Süden der Stadt heißt heute noch ‹Abrahamsbrunnen›.

Belvoir (hebr. Kochav ha-Jarden; arab. Kaukab al-Hawa) [EC]
Betreut von der Nationalparkverwaltung; Öffnungszeiten: April–Sept. 8–17; Okt.–März 8–16.
Kreuzfahrerfestung über dem Jordantal, 16 km südlich vom See Genezareth. Die Festung wurde von den Johannitern erbaut, nachdem sie das Schloß 1168 dem Seigneur Ivo Velos abgekauft hatten. Belvoir blieb auch nach der Niederlage von Hattin im Besitz der Johanniter, hielt Saladin noch zwei Jahre stand, kapitulierte 1189 und wurde 1219 von den Moslems zerstört. Die Ausgrabung im Jahre 1966 ergab folgendes: Ein tiefer, in den Fels gehauener Graben schützt die Festung an der Süd-, West- und Nordseite; im Osten fällt der Berg steil zum Jordantal ab. Die Außenbefestigung besteht an jeder Seite aus drei Türmen mit Zwischenmauern. Im Osten bilden die Zwischenmauern einen Winkel, so daß ein Fünfeck mit einem mächtigen Bergfried im Scheitelpunkt entsteht. Der äußere Hof, den man durch ein kompliziertes System von Tordurchgängen erreicht, hat einen Brunnen und ein Badehaus. Das Schloß im Innern ist quadratisch, hat Türme an den Ecken und einen weiteren in der Westmauer. Es enthielt eine Küche, ein Refektorium und andere Gewölberäume; die Kapelle stand in der Südwestecke des Innenhofs.

Beth Alpha (Chefzibah) [EC]
Nationale Ausgrabungsstätte. April bis Sept. 8–17, Okt.–März 8–16.
Mosaikfußboden und andere Überreste einer alten Synagoge, die 1928 unterhalb des modernen Kibbuz Chefzibah ausgegraben wurde. Eine Inschrift datiert die Synagoge in die Zeit des ‹Königs› Justin (wahrscheinlich Kaiser Justin I., 518–527). Die ursprüngliche Anlage bestand aus einem Säulenhof *(atrium),* einem Vorraum *(narthex)* und einer Basilikahalle, die in einer nach Jerusalem gerichteten, erhöhten Apsis endete. Der Fußboden ist mit figürlichen Darstellungen geschmückt. Am Eingang stehen sich ein Löwe und ein Stier als Wächter der Schwelle gegenüber. Dazwischen liegen die Weihinschrift auf aramäisch und eine griechische Inschrift, die den Künstler Marinos und seinen Sohn Hanina erwähnt. Das Bodenmosaik des Mittelschiffs ist in drei Felder unterteilt. Nächst dem Eingang wird die Opferung Isaaks dargestellt: Abraham steht mit einem Messer in der Hand bereit, und rechts von ihm befinden sich der (gefesselte) Isaak und der lodernde

Opferaltar; links sieht man einen Widder an einen Baum gebunden, darüber taucht eine symbolische Hand Gottes aus einer Wolke auf, und zwei Diener stehen bei einem Esel. Die Inschriften sind hebräisch. Das zweite Mosaikfeld zeigt eine Tierkreisdarstellung mit der Sonne (*Helios* in seinem Wagen) in der Mitte und Symbolen der Jahreszeiten in den Ecken. Auf dem dritten Feld, nächst der Apsis, sieht man einen Thoraschrein, der von siebenarmigen Leuchtern und von Löwen umrahmt ist. Eine Schmuckleiste mit ländlichen Symbolen faßt das Mosaik des Mittelschiffs ein, und die Seitenschiffe haben geometrische Muster. Diese Mosaiken von Beth Alpha sind ein hervorragendes Beispiel für die orientalisierende jüdische Volkskunst in byzantinischer Zeit.

Beth Jerah [EC]
Ursprünglich kanaanitische und später hellenistisch-byzantinische Siedlung an der Stelle, wo der Jordan den See Genezareth verläßt. In der Frühzeit lag die nach dem Mondgott benannte Stadt östlich des Jordans und war nur über eine schmale Landenge mit der Küste verbunden; die Befestigungen aus der Frühen Bronzezeit schützten sie von dieser Seite. Die Ausgrabungen zwischen 1944 und 1964 erbrachten aus der Frühen Bronzezeit eine π-förmige, große Plattform aus Steinen, die oben mit runden Löchern für Grundpfeiler versehen ist und wahrscheinlich zugleich ein Silo und ein Heiligtum war. Überreste einer frühbronzezeitlichen Mauer wurden am Südende des alten Ruinenhügels, einem der größten in Kanaan, freigelegt. Unmittelbar neben den bronzezeitlichen finden sich Überreste der hellenistisch-römischen Stadt Philotereia, später auch Sennabris genannt. Dazu gehört eine rechteckige Befestigung und ein Bad: der Raum zum Kaltbaden *(frigidarium)* ist mit Bänken ausgestattet und hat einen Teich in der Mitte; die lauwarmen und heißen Baderäume waren von Säulen getragen. Im Innern der Befestigung wurde der Mosaikboden einer Synagoge aus dem 6. Jh. entdeckt. Und weiter nördlich stehen die Überreste einer byzantinischen Kirche, die auf 529 datiert ist und aus einem Säulenhof *(atrium)*, einer Vorhalle *(narthex)*, einer Basilika mit drei Apsiden und einem anschließenden Taufraum *(baptisterium)* besteht. Die Überreste der alten Stadt liegen im Park des Ohalo-Jugendhospizes.

Bethlehem [GB]
Stadt 9 km südlich von Jerusalem, die im Alten Testament im Zusammenhang mit dem Tod und Begräbnis der Rachel erwähnt wird *(1. Mose 35, 19)*. Es war die Stadt von Boas *(Ruth)* und somit die Heimatstadt Davids. Ein Hinweis auf Bethlehems Ruhm als Geburtsort des Messias findet sich in *Micha 5, 1*. Nach der christlichen Überlieferung wurde Jesus in Bethlehem geboren, und zwar nach Meinung der Kirchenväter in einer Höhle, über der zu heidnischen Zeiten ein Heiligtum des Thammuz-Adonis stand. Kaiser Konstantin erbaute dort die erste Basilika; sie schloß mit einem Achteckbau ab, der genau über der Höhle steht. Teile des Mosaikbodens sind im Innern der Basilika noch zu sehen. Justinian ließ die Basilika umbauen und gab ihr eine kleeblattförmige, dreifache Apsis. Der Zugang zur Grotte der Geburtskirche führt über eine enge Treppe durch ein Kreuzfahrerportal, dessen Bronzetüren aus der Zeit Justinians stammen. Im Innern der Grotte ist die überlieferte Stätte der Geburt mit einem silbernen Stern aus dem 18. Jh. gekennzeichnet. Die katholische Kirche neben der Basilika besitzt einen mittelalterlichen Kreuzgang, von dessen alten Pfeilern die spätere Säulenverkleidung wieder abgelöst wurde.

Beth Schean (griech. Skythopolis, arab. Beisan) [EC]
Nationale Ausgrabungsstätte. April bis Sept. 8–17; Okt.–März 8–16.
Stadt im Harod-Tal in der Nähe des Jordans. Ursprünglich ein kanaanitischer Stützpunkt, dessen Überreste auf dem hohen Schutthügel (Tell) ausgegraben wurden; danach unter ägyptischer Herrschaft mit einer philistäischen Garnison belegt. In der Zeit von Ptolemaios II. wurde Beth Schean dann zur griechischen Stadt Skythopolis, die unter der byzantinischen Herrschaft ein bedeutendes Zentrum der Textilindustrie und die Hauptstadt der Provinz Palaestina Secunda war und in der auch jüdische und samaritanische Gemeinden lebten. Beth Schean verfiel unter der Araberherrschaft und wurde 1948 von neuem besiedelt. Zu den freigelegten Überresten zählt, abgesehen von den bronze- und eisenzeitlichen Ruinen auf dem Hügel, das am besten erhaltene römische Theater westlich des Jordans, das 1961/1962 ausgegraben wurde. Die Rückwand der Bühne *(scenae frons)* war 90 m breit; das Theater konnte 8000 Zuschauer aufnehmen. Die Anordnung der Ausgänge *(vomitoria)* ist architektonisch seltsam. Der seitliche Eingang und die Türme, von denen aus die Theatermaschinerie bedient wurde, sind z.T. noch zu sehen. Eine römische Brücke, die jetzt verfallen ist, überspannte den Harod. Am anderen Ufer grub die ‹Pennsylvania Expedition›, die von 1922 bis 1933 an diesem Ort arbeitete, ein Kloster aus, dessen Mosaiken – eine Dorfszene, ein Kalender mit Bildern der Monate und mit Sonne und Mond im Mittelpunkt – erhalten blieben. In einem der späteren Stadtviertel in der Nähe des Theaters wurde der Mosaikboden einer Synagoge aus der Erde geborgen; außerdem das Bodenmosaik eines reichen jüdischen Hauses, Besitz eines gewissen (Kyrios) Leontis, auf dem der homerische Mythos von Odysseus und den Sirenen dargestellt ist. Schließlich wurde 1962 eine samaritanische Synagoge in der Nähe des Klosters ausgegraben; ihr Mosaikboden ist heute im Israel-Mu-

seum in Jerusalem. Die wichtigsten Funde der Ausgrabungen von Beth Schean befinden sich im Rockefeller-Museum in Jerusalem, darunter eine Statue von Ramses III., eine Steinplatte mit zwei Tierreliefs und die Stele des Gottes Mekal.

Beth Schearim [EB]
Nationale Ausgrabungsstätte. April bis Sept. 8–17, Okt.–März 8–16. Gelände einer zerstörten jüdischen Stadt aus der talmudischen Zeit (2. bis 4. Jh. n. Chr.); eine Zeitlang Sitz des jüdischen Patriarchen Juda (Jehuda) I. und seines Sanhedrin. Der Patriarch und seine Familie wurden hier beigesetzt, und um ihr Grab entstand im 3. Jh. eine zentrale jüdische Nekropole, in der u.a. Juden aus Phönikien, Palmyra, Himjar in Arabien bestattet und von der bislang 30 Katakomben ausgegraben wurden. Die Katakomben 14 und 20 heben sich durch ihre gebauten Fassaden hervor, die jeweils aus drei Bögen bestehen und einen nach Jerusalem gerichteten Gebetsplatz im Freien haben. Katakombe 14 war das Grab des Patriarchen und seiner Söhne, der Rabbiner Simeon, Gamaliel und Hanina. Weitere Mitglieder der Patriarchenfamilie und andere berühmte Rabbiner, von denen einige als Märtyrer für ihren Glauben starben, waren in Katakombe 20 beigesetzt, die mit über 200 Gräbern die größte der bisher freigelegten Katakomben ist. Die im Innern dieser Katakomben gefundenen Sarkophage und Steinsärge zeigen, wieweit in der jüdischen Kunst des 3. Jh. die Darstellung von Menschen und Tieren erlaubt war. Auf den am Ort hergestellten Särgen finden sich zumeist recht grobe, orientalisierte Nachahmungen klassischer Motive. Daneben wurden jedoch Bruchstücke von vermutlich wiederverwendeten Marmorsarkophagen mit Darstellungen aus der griechischen Mythologie entdeckt (ein Sarkophag mit dem Mythos von Leda und dem Schwan steht im Rockefeller-Museum). Die Grabinschriften von Beth Schearim sind zu 80 Prozent griechisch, die übrigen hebräisch oder aramäisch. In der Stadt selbst, über den Katakomben, wurden Überreste einer Synagoge gefunden, eine basilikale Halle (wahrscheinlich Gerichtssaal und Lehrhaus), große Häuser und eine Glasmanufaktur. Ein riesiger Block aus unbearbeitetem Glas, das den Manufakturen der Gegend als Rohmaterial diente, fand sich in einer der Katakomben, die heute als Heimatmuseum eingerichtet ist.

Caesarea [EB]
Nationale Ausgrabungsstätte. April bis Sept. 8–17, Okt.–März 8–16. Früher ‹Stratonsturm›, eine phönikische Gründung aus der Perserzeit zwischen Haifa und Jaffa. König Herodes baute die Stadt weiter aus und gab ihr einen Hafen (dessen Überreste noch heute unter Wasser zu sehen sind), einen Tempel, der Rom und Augustus geweiht war, ein Theater, ein Hippodrom und andere Gebäude. Caesarea wurde die Hauptstadt der römischen Provinz Iudaea – später Syria Palaestina –, und Vespasian machte es zur römischen Kolonie ‹Colonia prima Flavia Augusta Caesariensis›. Im 1. Jh. gründete der Apostel Petrus hier eine christliche Gemeinde, und hierher wurde Paulus vor den Statthalter Felix gebracht, der ihn nach Rom schickte. Mitten unter den ‹Heiden› bestanden auch eine jüdische und eine samaritanische Gemeinde, und der Streit zwischen Griechen und Juden zählte zu den Gründen des Ersten Aufstands im Jahre 66. Hadrian blieb während des Bar-Kochba-Kriegs in Caesarea, wo dann ihm zu Ehren ein Tempel, das Hadrianeum, errichtet wurde. In byzantinischer Zeit wurde Caesarea Sitz eines Erzbistums und erhielt eine berühmte Gelehrtenschule mit so prominenten Lehrern wie Origines und Eusebius Pamphili. 640 wurde die Stadt von den Arabern erobert, 1101 von Balduin I. eingenommen und 1251 von Ludwig IX. (dem Heiligen) von Frankreich befestigt; 1265 fiel sie den Mamluken in die Hand und wurde von Baibars völlig zerstört. Die Ausgrabungen sind seit 1951 im Gange.

Die Trümmer der Stadt bilden – innerhalb einer byzantinischen Mauer – ein Oval. Auf einem Hügel außerhalb stand eine Kirche mit einem schönen Mosaikfußboden. Hinter dem Osttor liegt das Hippodrom, dessen riesige Wendesteine *(metae)* aus Porphyr noch stehen. Die mit Bastionen befestigte innere Mauer der Kreuzfahrer sowie der Graben davor wurden freigelegt und der Tordurchgang restauriert. Im Innern liegen die Überreste einer unvollendeten Kathedrale auf einem römischen Podium, dessen tragende Gewölbe bereits zu den Hafenanlagen gehören. Der Hafen selbst war nämlich schon in byzantinischer Zeit größtenteils versandet. Eine Kreuzfahrer-Mole, bei der viele Säulen aus Porphyr und Syenit wiederverwendet wurden, ragt ins Mittelmeer hinaus und trägt die Mauerreste einer Befestigung. Außerhalb des Kreuzfahrertors ist ein über Stufen zu erreichender öffentlicher Platz aus dem 6. Jh. freigeräumt worden, den der byzantinische Bürgermeister Flavius Strategius angelegt und mit Statuen aus heidnischen Bauwerken geschmückt hatte; zwei von ihnen, ein Porphyr-Torso des Hadrian und eine zusammengesetzte weiße Marmorstatue des Zeus, stehen sich dort noch heute gegenüber. Südlich der inneren Kreuzfahrerstadt von Caesarea liegt das römische Theater, das von Herodes errichtet und mindestens dreimal umgebaut wurde; der Ehrenplatz des Statthalters ist noch zu erkennen, ebenso Teile der Bühnenwand *(scenae frons).* In späterer Zeit wurde hinter der Bühne eine halbrunde Nische mit erhöhten Sitzen *(exedra)* angebaut, und in byzantinischer Zeit diente das Ganze als Festung. Das Theater ist heute teilweise restauriert, und jeden Sommer finden dort während des Israel-Festivals Konzerte und Aufführungen statt. Neben dem Theater liegt der Kibbuz Sedot Jam, der ein Museum mit Funden aus Caesarea unterhält. Im Norden der Kreuzfahrerstadt findet man die Überreste von ‹Stratonsturm› und des um eine Synagoge gruppierten jüdischen Viertels, das an der Küste ausgegraben wurde. Am Nordende der Stadt stehen noch zwei Rundtürme der herodianischen Mauer, und dahinter die beiden Aquädukte von Caesarea: der hohe, von Herodes erbaute, der durch mehrere Legionskommandos ausgebessert wurde, wie die Inschriften besagen, und der niedrige aus späterer Zeit, der zur Bewässerung der Felder diente.

Chorazin [DC]
Galiläisches Dorf nördlich von Kapernaum an einer Abzweigung der Straße von Tiberias nach Safed. Der Ort wird in den Evangelien *(Matthäus 11, 21; Lukas 10, 13)* und in der Talmud-Literatur erwähnt. Ausgrabungen von 1905, 1926 und 1962/1963 legten die Überreste einer Synagoge und des dazugehörigen Dorfes frei. Die Synagoge ist ein nach Süden gerichteter länglicher Bau (23 × 17 m); drei Säulenreihen unterteilen das Innere, zwei in der Längsrichtung, eine an der Nordseite. Vor dem Gebäude lag eine Terrasse, die man über Stufen erreichte. Die Synagoge wurde aus hartem Basalt erbaut und mit prächtigen Steinmetzarbeiten geschmückt. Zu den Funden zählen die Überreste eines ‹Mosesstuhls› *(Matthäus 23,2)* — heute im Israel-Museum — und ein reichdekorierter Fries mit Darstellungen von Kentauren, Szenen von der Weinlese und einem Medusenhaupt. Allgemein reichte die Ausschmückung dieser Synagoge weiter in die heidnische Kunst hinein als bei allen anderen Synagogen; hier fand sich sogar eine dreidimensionale Löwen-Skulptur, die wahrscheinlich an einer Seite des Thoraschreins stand (der zweite Löwe fehlt).

Dschisr Dschindas [GB]
Brücke zwischen Lod und dem Flugplatz von Tel Aviv, die vom Mamlukensultan Baibars gebaut wurde und zwei Löwen — seine Wappentiere — im Relief zeigt.

En Gedi [HC]
Kibbuz in einer Oase an der Westküste des Toten Meers. En Gedi wird im Alten Testament zum erstenmal im Zusammenhang mit Davids Flucht vor Saul erwähnt *(1. Samuel 24, 1)*, und die Weingärten von En Gedi kommen im *Hohenlied Salomos 1, 14* vor. In der Zeit des Zweiten Tempels war der Ort ein wichtiges Zentrum der Balsam-Herstellung und wurde während des Bar-Kochba-Aufstandes ein Kommandoposten und Nachschubzentrum der Rebellen, wie Dokumente aus den Höhlen des Chever-Tals beweisen. Plinius bezeichnet En Gedi als einen der Hauptorte der Essener-Bewegung. Es bestand als jüdisches Dorf bis in die byzantinische Zeit. Zu seinen Überresten gehört ein länglicher Tempel aus der Kupfersteinzeit (20 m lang) mit einer geheiligten Umfriedung davor. Auf dem Tel Goren fand man bei den Ausgrabungen von 1961 bis 1965 Siedlungen aus israelitischer und persischer Zeit. Die Funde von israelitischen Häusern bezeugen den Betrieb von Balsam-Manufakturen am Ort. Zur Hasmonäerzeit entstand auf dem Hügel ein Turm, und in der Ebene, am Fuße des Hügels, wurden ein römisches Bad und die Überreste einer Synagoge gefunden. En Gedi besitzt einen Naturschutzpark rings um die reichfließende Quelle im Davidstal.

Eschthemoa (arab. as-Samu) [HB]
Arabisches Dorf südlich von Hebron, in dem die Überreste einer Synagoge ausgegraben wurden. Ihre Westmauer ist noch bis zur Höhe von 9 m erhalten. Die Synagoge hatte ein ‹Breithaus›, das man aus einem Vorraum im Osten betrat, eine Gebetsnische in der Nordwand und war mit einem Mosaikboden ausgelegt. Im Alten Testament wird Eschthemoa unter den Städten Judas als eine Stadt der Leviten aufgeführt *(Josua 15, 50; 21, 14)*. Es blieb bis in die byzantinische Zeit ein jüdisches Dorf des Gebietes, das ‹Daromas› (der Süden) hieß.

Berg Garizim [FC]
881 m über dem Meeresspiegel gelegenes Heiligtum der Samaritaner, die dort ihren Tempel erbauten, nachdem sie sich in persischer Zeit vom jüdischen Glauben getrennt hatten. In hellenistischer Zeit wurde auf dem Berg ein Tempel des Zeus Xenios errichtet und in römischer Zeit umgebaut. Die Überreste dieses Tempels sind erst unlängst ausgegraben worden; er war mit der Stadt Neapolis (Nablus) am Fuße des Bergs durch eine Treppe verbunden, die man von Münzen her kannte und von der man jetzt auch Spuren entdeckt hat. Die samaritanische Opferstätte für das Passahfest lag auf einem zweiten Gipfel. Sie wurde von den Byzantinern übernommen, die dort 484 eine achteckige Kirche errichteten; Kaiser Justinian umschloß sie nach 529 mit einer Befestigung.

Gaza [HA]
Arabische Stadt nahe der Südküste von Israel. Gaza diente seit früher Zeit als Stützpunkt der Ägypter und war vom 12. Jh. v. Chr. an eine Stadt der Philister. Simson starb dort, als er den Tempel Dagons über allen Philisterfürsten zum Einsturz brachte *(Richter 16)*. In hellenistischer Zeit stand Gaza als Endpunkt der nabatäischen Handelsrouten von Elath und Petra in Blüte. Es wurde von Alexander Jannaios eingenommen, von Pompeius wieder befreit und blieb während der ganzen Römerzeit und bis weit ins 5. Jh. hinein ein wichtiges Zentrum des Heidentums: seine Bewohner verehrten den kretischen Gott Marnas. In der islamischen Periode diente die Stadt eine Zeitlang als Hauptstadt für ganz Südpalästina, und es bestand dort eine bedeutende

jüdische und samaritanische Gemeinde. Im Ersten Weltkrieg war Gaza ein türkischer Stützpunkt, verlor dann während der Mandatszeit etwas an Bedeutung und gewann sie zurück, als es 1948 von den Ägyptern besetzt und zur Hauptstadt des ‹Gazastreifens› mit seinen vielen Flüchtlingslagern gemacht wurde. Die israelischen Streitkräfte eroberten. Gaza 1956/1957 und dann wieder 1967. Die Stadt ist größtenteils modern; ihr wichtigstes Gebäude ist die Große Moschee, eine Kreuzfahrerkirche aus dem 13. Jh. mit wiederverwendeten Säulen einer Synagoge. 1968 wurde an der Küste eine Synagoge aus dem Jahre 508/509 ausgegraben.

Gibeon
Kanaaitische und israelitische Stadt 12 km nordöstlich von Jerusalem, heute das arabische Dorf al-Dschib. Gibeon war die führende Stadt des Chiviterbundes, der sich mit Josua zusammenschloß *(Josua 9)*. Bis zu den Tagen von Josia erhielt sich die Stadt als wichtiges Kultzentrum. Am Teich zu Gibeon trafen die Truppen Davids und die aus dem Hause Sauls aufeinander *(2. Samuel 2, 12–17)*. Nach der Ersten Heimkehr nach Zion wurde Gibeon aufs neue besiedelt und wird immer noch mit dem römischen Angriff auf Jerusalem im Jahre 70 in Verbindung gesetzt. Die Ausgrabungen von 1957 bis 1962 legten ein ausgedehntes Wasserversorgungssystem mit einem Teich frei (Durchmesser 11,80 m, Tiefe 10,80 m), der in den Fels geschlagen ist und eine Wendeltreppe hat. Von dort führte ein 24 m langer, mit Stufen versehener Tunnel hinab zu einer Quelle außerhalb der Stadtmauern; 3000 Tonnen Gestein wurden bewegt, um diese Versorgungsanlage zu schaffen. Zu den Funden in Gibeon gehören auch eine Weinkellerei, die 95 000 l Wein fassen konnte, und viele Krughenkel mit den Namen der Weinbergbesitzer.

Haifa [EB]
Wichtigste Industrie- und Hafenstadt des nördlichen Israel. Haifa wird im 4. Jh. zuerst in byzantinischen und talmudischen Quellen erwähnt, war eine islamische Stadt, als die Kreuzfahrer es im Jahre 1100 angriffen, und wurde dann von Baibars zerstört. Die Siedlung lebte im 18. Jh. wieder auf und überflügelte mit der Eröffnung des Hafens im Jahre 1931 das konkurrierende Akko am Nordende der Bucht. 1948 wurde Haifa von der israelischen Armee eingenommen und hat sich seither über den Karmelrücken und in das Industriegebiet der Bucht von Haifa ausgebreitet. Zu seinen Bauten zählen der Dagon-Silo beim Hafen, die Museen für alte und moderne Kunst, ein Seefahrtmuseum und, in einem persischen Garten, der Schrein der Baha'i-Sekte, dessen vergoldete Kuppel eine auffällige Landmarke ist. Das Technion von Haifa ist die bedeutendste technische Hochschule von Israel; auf dem Berg Karmel sind neue Institutsgebäude entstanden, unter denen die Maschinenbau-Fakultät, gebaut von den Architekten Zvi Hecker und Alfred Neumann, besonders hervorragt. Im ‹Karmel-Zentrum› baut Alfred Mansfeld das Beth-Rothschild-Theater, und an der Straße von Haifa nach Isfija wird die Universität Haifa nach Plänen des deutsch-brasilian. Architekten Oscar Niemeyer angelegt.

Hammath Tiberias [EC]
Nationale Ausgrabungsstätte. April bis Sept. 8–17; Okt.–März 8–16.
Stadt im Süden von Tiberias an der Küste des Sees Genezareth, deren heiße Quellen noch heute medizinisch genutzt werden. Der Ort, der schon im Alten Testament erwähnt ist *(Josua 19, 35)*, entwickelte sich in talmudischer Zeit zu einer wichtigen jüdischen Stadt. Das bezeugen die Überreste von zwei Synagogen, von denen die eine 1921 und die andere 1961 bis 1963 ausgegraben wurden. Nur die letzte ist zu besichtigen; sie weist drei übereinanderliegende Gebäudeschichten aus dem 2., 4. und 6. Jh. auf. Am interessantesten ist die Synagoge des 4. Jh.: ein beinahe quadratisches Gebäude (13 × 15 m), das von drei Säulenreihen in einen Basilikateil aus Hauptschiff und zwei Seitenschiffen gegliedert wird und im Osten einen Anbau besitzt. Der südliche Teil der Anlage war vom Rest des Gebäudes durch eine Trennwand abgeteilt, denn dieser Teil diente zur Aufbewahrung der Thorarollen; auf einem niedrigen Podium davor wurde gebetet. Das Hauptinteresse gebührt in dieser Synagoge jedoch den Bodenmosaiken, insbesondere dem im Hauptschiff, das in drei Felder unterteilt ist. Das Feld nächst dem Eingang stellt zwei Löwen dar, zwischen denen die Weihinschriften auf griechisch liegen. Das Mittelfeld, das durch eine spätere Mauer teilweise zerstört wurde, enthält ein Tierkreisbild mit Helios-Apollon als Wagenlenker in der Mitte. Die Tierkreiszeichen zeigen viele klassische Merkmale: die Jungfrau z.B. wird durch ein Bild von Kore-Persephone wiedergegeben, die Waage durch Minos, der Wassermann durch einen nackten Knaben usw. In den Ecken schließlich sind die vier Jahreszeiten mit ihren jeweiligen Sinnbildern dargestellt. Dieses Mosaik von Hammath Tiberias ist das schönste und ‹freizügigste› der erhaltenen Synagogenmosaiken.

Hazor [DC]
Nationale Ausgrabungsstätte. April bis Sept. 8–17; Okt.–März 8–16.
Kanaanitische und israelitische Stadt, die zum erstenmal in den ägyptischen Ächtungstexten um 1900 v.Chr. erwähnt wird, und dann in den Mari-Texten aus dem 18. Jh., den al-Amarna-Texten aus dem 14. Jh. und dem Papyrus Anastasi I aus dem 13. Jh. v.Chr. Im Alten Testament wird Hazor die ‹Hauptstadt aller dieser Königreiche› des nördlichen Kanaan genannt *(Josua 11, 10)*. Die Israeliten nahmen sie ein und brannten sie nieder. Unter Salomo von neuem besiedelt, wurde die Stadt eine wichtige Festung von Ahab, bis

Tiglatpileser III. von Assyrien sie 732 v. Chr. eroberte und zerstörte. Wie die Ausgrabungen von 1955 bis 1958 und von 1968/1969 ergaben, besteht die Gesamtanlage aus einer Stadtburg, die in kanaanitischer und israelitischer Zeit besiedelt war, und einer rein kanaanitischen Unterstadt. In der erhöhten Stadtburg fanden sich eine Kasemattenmauer und ein Tor von Salomo sowie von Ahab eine Festung, ein säulengetragenes Verwaltungsgebäude und ein tiefer Brunnenschacht. Die Unterstadt besitzt ein kanaanitisches Tor, ein Glacis und mehrere Tempel, von denen einer genau wie der spätere salomonische Tempel in drei Teile untergliedert ist: in Vorhalle, Heiligtum und Allerheiligstes. Die Brunnenanlage aus der Zeit Ahabs mit ihren Schäften und Treppen ist sehenswert.

Hebron [HB]
Alte kanaanitische Stadt, ‹sieben Jahre gebaut vor Zoan in Ägypten› *(4. Mose 13, 22)*, also etwa im Jahre 1727 v. Chr. Abraham kaufte dort die Machpelah-Höhle als Begräbnisstätte für sich und seine Familie *(1. Mose 23)*. Nach der Eroberung durch Josua wurde Hebron zur Hauptstadt des Stammes Juda, und David regierte hier sieben Jahre, ehe er König über ganz Israel wurde *(2. Samuel 5,5)*. Zur Zeit die wichtigste Stadt im Süden des westjordanischen Gebietes, von Arabern bewohnt, die sich auf die Herstellung von Glas- und Töpferarbeiten spezialisiert haben. Im Mittelpunkt der Stadt erhebt sich der Haram (das Heiligtum) über dem traditionellen Ort der Machpelah-Höhle. Diese rechteckige Anlage wird von einer hohen herodianischen Mauer umschlossen, die unten glatt gefügt und oben mit Pfeilern versehen ist. Im Innern wurde eine Gewölbekirche der Kreuzfahrer zur Moschee umgebaut, und dort stehen die ‹Grabdenkmäler› der Patriarchen und ihrer Frauen aus farbigem Marmor. Die Gräber selbst sollen in den unzugänglichen Höhlen darunter liegen. Eine schöne Kanzel, die Saladin aus Ägypten mitbrachte, steht neben der Gebetsnische der Moschee.

Heptapegon (arab. at-Tabgha; hebr. En ha-Schivah) [DC]
Ortschaft am Ufer des Sees Genezareth nördlich von Tiberias; in byzantinischer Zeit als Stätte der wunderbaren Vermehrung der Brote und Fische identifiziert. Im 4. Jh. wurde dort eine Kirche errichtet und im 5. Jh. umgebaut. Diese spätere Kirche war mit Mosaiken ausgelegt, von denen zwei im Querschiff eine Nillandschaft mit Vögeln, Pflanzen, Gebäuden und sogar einem Nilpegel darstellen, die nur in Fauna und Flora der Genezareth-Landschaft angepaßt ist — eines der schönsten Mosaiken im Heiligen Land.

Herodium [GC]
Nationale Ausgrabungsstätte. April bis Sept. 8–17; Okt.–März 8–16.
Festung und Grabstätte des Königs Herodes südöstlich von Bethlehem, kreisförmig auf einem künstlichen Hügel angelegt. Sie bestand aus einer doppelten Mauer mit drei Halbtürmen und einem Rundturm an der Ostseite. In der Festung befinden sich u.a. eine Säulenhalle und ein römisches Bad. Nach Josephus liegt Herodes hier bestattet, aber sein Grab wurde noch nicht gefunden. Die Zeloten (oder vielleicht auch Herodes selbst) verwandelten einen der Innenräume in eine Synagoge. Die Festung diente Bar-Kochba von 132 bis 135 als Befehlszentrale und wurde in byzantinischer Zeit ein Kloster. Unterhalb des Hügels sind Reste herodianischer Paläste und eines Schwimmbeckens zu sehen.

Jaffa [FB]
Alter Hafen im mittleren Palästina, heute mit Tel Aviv verbunden. Ursprünglich eine kanaanitische Stadt, die seit dem 15. Jh. v. Chr. in ägyptischen Texten (das Heer von Thutmosis III. hatte Jaffa durch eine List erobert) und in den al-Amarna-Briefen aus dem 14. Jh. v. Chr. erwähnt wird. Es war die nördlichste Stadt der Philister. Salomo ließ für den Ersten Tempel die Zedern aus dem Libanon übers Meer nach Jaffa bringen, und Jonas brach von hier aus zu seiner Unglücksreise auf. Während der Besetzung der Stadt durch die (ursprünglich äthiopische) ägyptische Dynastie im 7. Jh. v. Chr. lag es nahe, die Sage von Perseus und Andromeda, die eine äthiopische Prinzessin war, in Jaffa zu lokalisieren. Zur Perserzeit fiel die Stadt an die Sidonier; die Hasmonäer besetzten dann den Hafen als Zugang ‹aufs Meer und in die Inseln› *(1. Makkabäer 14, 5)*, und Jaffa blieb bis zur byzantinischen Zeit eine jüdische Stadt und war weit über die Kreuzfahrerzeit hinaus der Haupthafen für die Pilgerreisen nach Jerusalem, bis es zuerst von Haifa und dann von Tel Aviv überflügelt wurde. Die alte Stadt lag auf einem Ruinenhügel, der den ehemaligen Hafen überblickte. Ausgrabungen förderten dort Überreste ägyptischer Befestigungen aus der Zeit von Ramses II. zutage, ferner Überreste von israelitischen und hellenistischen Mauern sowie von der Römerstadt Flavia Joppe. Die Einzelfunde liegen heute im Altertumsmuseum von Tel Aviv-Jaffa. Die Altstadt wurde von den Architekten Frenkel, Mendel und Yaar als Künstlerviertel und Touristenzentrum restauriert.

Jehiam [DC]
Nationale Ausgrabungsstätte. Im Winter 8–16, im Sommer 8–17.
Kreuzfahrerburg in Nordgaliläa, 14 km östlich von Naharija. Ursprünglich eine Burg des Tempelherrn Judin, später Sitz der Deutschherren; 1265 von Baibars eingenommen und von Dahir al-Omar als befestigter Palast wieder aufgebaut.

Jericho [GC]
Der alte Ort liegt in einer Oase des Jordantals nahe der modernen Stadt Jericho und dem Brunnen von Elisa (En as-Sultan) und ist eine der ältesten

Städte der Welt, die schon in der Jungsteinzeit, im 8. Jahrtausend v. Chr., eine Mauer und Türme besaß. Im Verlauf der Ausgrabungen (durch eine österreichische Gruppe 1907–1909 sowie zwei englische 1930–1936 und 1952–1958) zeigte sich, daß die Mauern aus der Frühen Bronzezeit direkt auf jungsteinzeitlichen Resten ruhten und in der Mittleren Bronzezeit erneuert und mit einem großen, stützenden Glacis umgeben wurden. Da von einer Mauer aus der Späten Bronzezeit keinerlei Spuren zu entdecken sind, nimmt man an, daß die Kanaaniter in jener Zeit noch diese früheren Mauern benutzten, die Josua durch die berühmten Posaunenstöße zum Einsturz gebracht haben müßte. Der jungsteinzeitliche Turm ist ein riesiger Bau mit einer Treppe im Innern. 2,5 km westlich der Stadt wurde ein herodianischer Palast gefunden, und in der Nähe der kanaanitischen Siedlung eine byzantinische Synagoge mit einem guterhaltenen Mosaikboden, der weder Menschen noch Tiere darstellt, sondern nur den Thoraschrein und einen siebenarmigen Leuchter mit der Inschrift ‹Friede über Israel›. Eine weitere Inschrift von sechs Zeilen berichtet vom Bau der Synagoge.

Jerusalem [GC]
In den Bergen Judäas, östlich der Wasserscheide gelegen. Heute besteht Jerusalem aus einer mauerumschlossenen Altstadt, die die meisten alten Baudenkmäler enthält, und einer modernen Stadt, die sich nach Süden, Norden und besonders nach Westen ausbreitet.

Die Altstadt und ihre Umgebung

Al-Aksa-Moschee. Die ‹entfernteste› Moschee, in der 17. Sure des Korans erwähnt bei der Beschreibung von Mohammeds nächtlichem Ritt zum Himmel auf seiner Stute al-Burak. Erste islamische Gebetsstätte in Jerusalem an der Südmauer des Tempelplatzes. Die ältesten Teile der heutigen al-Aksa (Fassade, hintere Apsis und Mosaiken des Bogens) sind fatimidischen Ursprungs; die anderen Teile stammen aus der Kreuzfahrerzeit oder sind modern und imitieren den alten Baustil. Unterhalb der al-Aksa liegt das Doppeltor aus herodianischer Zeit mit einem unterirdischen Tunnel.
Antonia-Festung. Ihre Überreste, zu denen eine Doppelzisterne *(struthion)* sowie das Pflaster des Innenhofs *(lithostrotos)* gehören *(Johannes 19, 13)*, sind im Innern der Kirche der Schwestern Zions an der Via Dolorosa zu besichtigen. Die Antonia wurde von Herodes zum Schutz des Tempels an dessen Nordseite erbaut; hier soll Pilatus nach Meinung vieler Forscher Jesus verurteilt haben.
Coenaculum. Mittelalterliche Spitzbogenhalle über dem ‹Davidsgrab› auf dem ‹Berg Zion›. Nach der Überlieferung die Stätte des Abendmahls.
Davidsgrab. Legendäre Stätte – das wirkliche Grab liegt auf dem Berg Ophel, dem echten ‹Zion›. Der sehr große Kreuzfahrer-Sarkophag des ‹Grabes› ist von einer bestickten Decke umhüllt, denn der Raum dient als jüdisches Gebetshaus. In der Rückwand befindet sich eine Apsis, möglicherweise von einer Synagoge des 4. Jh. Eine nach Mekka gerichtete Gebetsnische *(kibla)* ist in der Südmauer des Vorraums zu sehen, da der Ort auch den Moslems zum Gebet diente. Über diesem ‹Grab› liegt das Coenaculum.

Ecce-Homo-Bogen. Mittelstück eines römischen Bogens über der Via Dolorosa beim Kloster der Schwestern Zions. Das nördliche Seitenportal und der Rest des Mittelportals sind in der Kirche des Klosters zu sehen. Wahrscheinlich ein nach der Gründung von Aelia Capitolina für Hadrian erbauter Triumphbogen.
Felsendom (fälschlich als Omar-Moschee bezeichnet). Achteckiges Bauwerk über der Felsspitze im Mittelpunkt des Tempelberges, im Jahre 691 erbaut vom Omajjadenkalifen Abd al-Malik. Die äußeren Mauern sind unten mit Marmorplatten und darüber mit türkischen (von Sultan Suleiman II. gestifteten) Fayencefliesen verkleidet. Im Innern befinden sich ein stützendes Achteck mit marmorverkleideten Pfeilern sowie ein innerer Stützenkreis (Tambour) von Säulen aus römischen Tempeln, der die Kuppel trägt. Elegante Mosaiken mit Blumenornamenten und Arabesken schmücken Kuppel und Tambour.
Gethsemane. Garten mit Olivenbäumen östlich der Altstadt auf dem Ölberg. Dort steht eine katholische Kirche über den Grundmauern einer byzantinischen und einer Kreuzfahrer-Kirche; oberhalb davon liegt die Russische Kirche. Nach der Überlieferung ist dies die Stätte, wo Jesus ‹zu trauern und zu zagen› begann und gefangengenommen wurde *(Matthäus 26, 36–56)*.
Grab der Herodianer. Nach Josephus ein Grab, das Herodes für die Mitglieder seiner Familie bauen ließ. Heute in der Nähe des Hotels King David. Es hat einen Rollstein-Eingang und mehrere unterirdische Kammern, deren Wände mit Steinplatten bedeckt sind.
Grabeskirche. Wichtigstes christliches Heiligtum in Jerusalem, erbaut auf den Überresten der Basilika und Rotunde Konstantins. Fassade und Glockenturm stammen aus der Kreuzfahrerzeit. Im Innern umgibt die von einer Kuppel überwölbte Rotunde den Raum, in dem eine Marmorplatte den Stein des Grabes von Jesus bedeckt. Die anschließenden Arkaden sind ebenfalls aus der Kreuzfahrerzeit und haben eine Apsis aus dem 19. Jh.; von den Arkaden gelangt man zur Kalvarienkapelle über dem hochragenden Fels, der als Golgatha identifiziert wurde, sowie zur Krypta der hl. Helena, wo im Jahre 325 das Wahre Kreuz aufgefunden sein soll.
Gräber des Sanhedrin (Richter-Gräber). Gruppe von aus dem Fels gehauenen Gräbern mit Fassadenschmuck in einem Park am oberen Ende des Kidrontals. Die Gräber

stammen aus der Zeit des Zweiten Tempels.

Gräber im Kidrontal. In den Fels gehauene Gräber aus der Zeit des Zweiten Tempels am Osthang des Kidrontals. Dazu gehören das ‹Absalomgrab› und das Grab der Priesterfamilie Bene Chezir, von dem ein Teil als ‹Jakobusgrab› und ein anderer als ‹Zachariasgrab› bezeichnet wurde.

Haram esch-Scharif s. Tempelberg.

Himmelfahrtskapelle. Byzantinische Kirche mit Erweiterungen aus der Kreuzfahrerzeit auf dem Ölberg, wo nach der Überlieferung *(Lukas 24, 51)* die Himmelfahrt Christi stattgefunden hat. Die Kirche ist ein Achteckbau mit einer nach oben offenen Säulenrotunde im Innern.

Klagemauer oder *Westmauer (Besichtigung: 8.30–11.30, 18.30–20).* Teil der westlichen Umfassungsmauer des herodianischen Tempels, wo die Juden seit Jahrhunderten zu beten pflegen. Der Platz vor der Mauer wurde nach 1967 wesentlich vergrößert. Nördlich der Mauer ist (nach der Durchquerung vieler unterirdischer Durchgänge aus dem Mittelalter) ein Bogen der alten Brücke über das Tyropoion-Tal (der ‹Wilson-Bogen›) zu besichtigen.

Königsgräber. Monumentale Grabanlage der Könige von Adiabene (Königin Helena und deren Kinder) aus dem 1. Jh. n. Chr. Die Familie nahm den jüdischen Glauben an und ließ sich in Jerusalem nieder. Die Grabanlage besteht aus einer gewaltigen Treppe und einem Hof, die beide aus dem Fels gehauen sind, einem Portal mit dorischem Fries und einem Relief aus Pflanzenmotiven darunter. Der Eingang zur Grabhöhle war durch einen Rollstein verschlossen.

Maria die Große. Kreuzfahrerkirche in der Nähe der Grabeskirche, über der die deutsche *Erlöserkirche* errichtet wurde. Einige romanische Baureste sind noch zu sehen.

Marienkirche (Dormitio) auf dem Berg Zion und *Mariengrab* im Kidrontal. Nach der Überlieferung wurde Maria in einem Haus bei der späteren Zion-Kirche vom Schlaf überfallen. Eine neuere Kirche ist in der Nähe dieses Ortes errichtet worden. Ihr Grab mit einer Fassade der Kreuzfahrerzeit wird im Kidrontal gezeigt, unterhalb des Löwentors, das daher auch Marientor heißt.

Nea. Die ‹Neue› Kirche der Jungfrau Maria, von Justinian gegenüber dem Tempelberg erbaut, eine der größten Kirchen im byzantinischen Jerusalem. Die Grundmauer einer ihrer Apsiden wurde 1970 im jüdischen Viertel der Altstadt gefunden.

Oberstadt. Im jüdischen Viertel haben Ausgrabungen die Überreste von Häusern aus dem 8. und 7. Jh. v. Chr. freigelegt sowie eine Mauer aus der Zeit von Hiskia, die durch das Gebiet lief. Zu den jüngeren baulichen Überresten gehören u. a. die nach der Zerstörung durch Titus übriggebliebenen Ruinen von Häusern aus hasmonäischer und herodianischer Zeit; ein Haus zeigt noch die Spuren des Brandes von 70 n. Chr.

Ophel. Die unter Archäologen gebräuchliche Bezeichnung für die ‹Stadt Davids›, einen langen, schmalen Hügelrücken südöstlich der Stadtmauer zwischen dem Tyropoion- und dem Kidrontal. Am Osthang tritt die Gichon-Quelle hervor, deren Wasser durch den Tunnel von König Hiskia zum ‹Siloah-Teich› in das gegenüberliegende Tal geführt wird. In der Umgebung der Quelle findet man Mauerüberreste des jebusitischen Jerusalem sowie Überreste von israelitischen Mauern und Häusern; und weiter oben sind ein Turm und eine Bastion aus der Hasmonäerzeit zu sehen.

Russisches Kloster (Alexandrovskij) bei der Grabeskirche. Überreste des Tores zum römischen Forum und Teile der Basilika von Konstantin unter Wiederverwendung herodianischer Bauteile.

St.-Anna-Kirche und *Schafsteich.* Kreuzfahrerkirche am traditionellen Teich Bezetha oder Bethesda, auch Piscina probatica oder Schafsteich genannt. Der Doppelteich war durch einen Damm getrennt, auf dem mit Hilfe von Stützbögen eine byzantinische und eine Kreuzfahrerkirche erbaut wurden. Die jetzige Kirche ist rein romanisch; sie wurde von Saladin in eine Moschee verwandelt, aber auf Intervention von Napoleon III. den Katholiken zurückgegeben.

St. Jakobus. Armenische Kathedrale im armenischen Viertel der Altstadt. Das Innere ist mit glasierten Kacheln geschmückt; ein Teil der Kirche stammt aus dem Mittelalter, ein anderer aus dem 18. Jh.

Steinbrüche Salomos (Besichtigung: 9–17). Ausgedehnte unterirdische Höhlen, von Josephus ‹Königliche Höhlen› oder volkstümlich nach dem letzten König von Juda ‹Höhle des Zedekia› genannt. Sie erstrecken sich vom Damaskus-Tor tief unter der Altstadt hindurch in Richtung Tempelberg.

Tempelberg oder *Haram esch-Scharif* (‹Das erhabene Heiligtum›; *Besichtigung: 8–11, 13–17).* Erhöhter Platz mit Stützmauern aus herodianischer Zeit, der etwa ein Sechstel des Altstadtgebietes umfaßt. Hier stand der Zweite Tempel (die Höfe des Ersten, salomonischen Tempels waren kleiner). Den Mittelpunkt nimmt seit 691 der Felsendom mit seinem erhöhten Sockel ein, und am südlichen Ende steht die al-Aksa-Moschee. Der ganze Bezirk wird von Wandelhallen und islamischen Theologie-Schulen und Klöstern *(madrasa* und *zawija)* umschlossen und enthält u. a. den Brunnen des Kait Bai, verschiedene kleinere Kuppelbauten, Kanzeln und Gebetsstätten. Unter der Erde befinden sich zahlreiche Zisternen, von denen die größte, al-Kas (‹der Becher›), bei der al-Aksa-Moschee liegt und den Moslems zur rituellen Reinigung vor dem Gebet dient.

Tore und Mauern der Altstadt. Die heutigen Mauern der Altstadt folgen dem fast quadratischen Grundriß der römischen Kolonie Aelia Capitolina und stehen z.T. auf älteren Fundamenten. In ihrer gegenwärtigen Gestalt sind sie das Werk des osmanischen Sultans Suleiman II. (Inschriften u.a. am Jaffa-Tor). Es gibt zur Zeit sieben Tore zur Altstadt: das *Jaffa-Tor* mit dem danebenliegenden Mauerdurchbruch für den feierlichen Einzug des deutschen Kaisers Wilhelm II. im Jahre 1898; das *Neue Tor* des Sultans Abd-ul Hamid II.; das von den Mamluken reich geschmückte *Damaskus-Tor,* das als nördliches Haupttor dient und auf arabisch *Bab al-Amud,* ‹Tor der Säule›, heißt — zur Erinnerung an eine römische Säule, die dahinter stand und auf der Madaba-Mosaikkarte abgebildet ist; unter dem jetzigen Tor ausgegrabene römische Türme und Torreste; das *Herodes-Tor,* auf arabisch nach dem islamischen Viertel *Bab az-Zahira* genannt; das *St.-Stephans-Tor (Löwentor)* als einziges im Osten (weil das Goldene Tor zugemauert ist), an der Außenseite geschmückt mit Reliefs von Löwen, den Wappentieren des Mamlukensultans Baibars; das *Mist-Tor* in der Südmauer, unweit von der ‹Klagemauer›; und schließlich das *Zions-Tor* zwischen dem armenischen Viertel und dem Berg Zion.

Via Dolorosa. Weg von der Antonia-Festung nach Golgatha, den Jesus nach der Überlieferung mit dem Kreuz gehen mußte. Er beginnt beim Löwentor und führt mit zwei scharfen Wendungen nach Westen. Diese Festlegung des Verlaufs stammt aus der Kreuzfahrerzeit; die heutige Straße liegt mehrere Meter höher als zur Zeit von Jesus.

Zitadelle (Besichtigung: 8.30–17). Neben dem Jaffa-Tor, zum Teil über dem alten Herodes-Palast errichtet. Am nordöstlichen Turm ist der herodianische Unterbau des Phasael-Turms bis zu einer Höhe von 20 m erhalten. Die übrigen Türme und Zwischenmauern sind Kreuzfahrer- und Mamlukenarbeiten. Im Innern wurden die Fundamente der ersten Mauer Jerusalems aus hasmonäischer Zeit freigelegt, in die der Phasael hineingesetzt war, außerdem einige Grundmauern des Herodes-Palastes. Ein römischer Sarkophag mit Bildern der Jahreszeiten steht im achteckigen Eingang.

Historische Stätten außerhalb der Altstadt

Zu ihnen gehört das Kreuz-Kloster, im 11. Jh. auf byzantinischen Grundmauern an der Stelle errichtet, wo nach der Legende der Baum stand, aus dem das Kreuz Christi gezimmert wurde. Dahinter erstreckt sich das repräsentative Gebiet des modernen Jerusalem: das Israel-Museum von A. Mansfeld und D. Gad mit dem Schrein des Buches von F. Kiesler und A. Bartos und dem Billy-Rose-Skulpturen-Garten von I. Noguchi; die Knesset (das Parlament) von J. Klarwein mit Mosaiken und Wandteppichen von Chagall; der Givat-Ram-Campus der Hebräischen Universität mit der Synagoge von H. Rau und D. Reznik (der alte Skopus-Campus im Osten der Stadt wird derzeit umgebaut). Weiter westlich liegen der Herzl-Berg mit dem Grab von Theodor Herzl, dem Gründer der Zionistischen Organisation, und die ‹Jad vaSchem›-Gedenkstätte für die Opfer der Massenvernichtung von A. Elhanani. Noch weiter außerhalb liegen die Hadassah-Klinik, deren Synagoge farbige Glasfenster von Chagall besitzt, und die Kennedy-Gedenkstätte von D. Reznik. Das von einer Pyramide gekrönte Jasongrab aus hasmonäischer Zeit wurde an der Alfasi Road ausgegraben und rekonstruiert (und kann nach Vereinbarung mit dem Amt für Denkmalpflege besichtigt werden).

Kadesch (Cadasa) [DC]
Ruine bei Hazor mit Überresten eines römischen Sonnentempels aus dem 2./3. Jh.

Kapernaum (hebr. Kefar Nahum, ‹Dorf des Nahum›) [DC]
Fischerdorf an der Nordküste des Sees Genezareth; bevorzugter Aufenthaltsort von Jesus, daher in den Evangelien ‹seine Stadt› genannt *(Matthäus 9, 1).* Kapernaum liegt an der galiläischen Grenze und besaß ein Zollhaus, aus dem der Apostel Matthäus berufen wurde; Petrus, Andreas und mehrere andere Apostel waren dort Fischer. Die römische Garnison unterstand einem Centurio, der eine Synagoge baute und dessen Diener von Jesus geheilt wurde. In späterer Zeit war Kapernaum als Zentrum der Judenchristen bekannt. Die Ausgrabungen des Gebietes, das der franziskanischen Custodia Terra Santa gehört, begannen 1905 und wurden 1921 und 1968 wiederaufgenommen. Zu den wesentlichen Überresten zählt eine Synagoge aus dem 3. oder — nach Ansicht der jetzigen Ausgräber — aus der Mitte des 4. Jh., in der somit Jesus nicht gepredigt haben kann. Sie ist fast quadratisch (20 × 18 m) und mit ihrer Fassade und den drei Portalen nach Jerusalem gerichtet; man betrat sie über eine vorgelagerte Plattform mit Stufen. Im Innern des Gebäudes standen zwei Längsreihen und eine Querreihe von Säulen; im Nordwesten schloß sich ein kleiner Raum an, und im Osten lag ein von Säulen umgebener Hof. Die nördliche Mauer und Säulenreihe sind restauriert worden. Unter den baulichen Überresten fand sich ein reichgeschmückter Fries (wahrscheinlich von der Frauen-Empore) mit Reliefs von jüdischen und magischen Symbolzeichen, Pflanzen und Tieren. Ein weiteres Relief stellt die Bundeslade in der Wüste als kleinen Tempel auf Rädern dar. Südlich der Synagoge lag eine achteckige byzantinische Kirche mit einem Mosaikboden. Darunter haben die Archäologen Reste von Fischerhäusern aus der Römerzeit freigelegt und sehen eines davon als Haus des Petrus an, das später in eine christliche Andachtsstätte verwandelt worden sei.

Kefar Baram [DC]
Nationale Ausgrabungsstätte. Im Sommer 8–17, im Winter 8–16.
Zerstörtes Dorf nahe der libanesischen Grenze. Die baulichen Überreste seiner Synagoge sind von allen galiläischen Synagogen des frühen Typs (3. Jh.) am besten erhalten. Die Synagoge mißt 20 × 15 m. Von ihrer Fassade, die nach Jerusalem blickt, sind die drei Portale bis zur Höhe des Stützbogens über dem Haupttor und der Fenster über den Seitentüren stehengeblieben, ebenso auch ein Teil des Säulenvorhofs. Der Innenraum war schlicht und hatte an zwei Wänden Bänke. Drei Reihen von Säulen auf hohen Piedestalen (zwei in der Längs-, eine in der Querrichtung) trugen das Dach. Über dem Hauptportal ist ein Blattgewinde aus dem Stein gehauen, das von zwei fliegenden Gestalten getragen war; diese wurden von späteren Bilderstürmern abgemeißelt.

Kumran, Chirbet (Mezad Chassidim) [GC]
Nationale Ausgrabungsstätte. Im Winter 8–16, im Sommer 8–17.
Zerstörtes Kloster der Sekte vom Toten Meer, in Küstennähe südlich von Jericho. Das Kloster wurde 1951 bis 1956 ausgegraben, nachdem 1947 in einer der Höhlen von einer Klippe jenseits des Tals die Schriftrollen vom Toten Meer entdeckt worden waren. Die Sekte siedelte sich hier in der Zeit von Johannes Hyrkanos I. (134–104 v. Chr.) an, verließ Kumran zur Zeit des Herodes auf kurze Dauer, kehrte unter seinem Sohn Archelaos (4 v. Chr. – 6 n. Chr.) wieder zurück und blieb hier, bis die Römer das Kloster 68 zerstörten. Die Ruinen bestehen aus einem quadratischen Hauptgebäude, einem Schreibersaal, einem Versammlungsraum und einer Küche. Daran schlossen sich verschiedene andere Gebäude an: ein großer Speisesaal für die gemeinsamen Mahlzeiten, Ställe, eine Töpferwerkstatt usw. Das Wasser wurde über einen Aquädukt aus den judäischen Bergen vom Westen herangeführt und in vielen, mit Stufen versehenen Badeteichen gesammelt, von denen man sieben gefunden hat. Die Sekte legte in ihrem Ritual besonderen Wert auf reinigende Waschungen. Einer der Teiche zeigt deutlich die Spuren eines Erdbebens – wahrscheinlich aus dem Jahre 31 v. Chr.

Mafdschar, Chirbet al- [GC]
Winterpalast eines Omajjadenkalifen, vielleicht Hischam (724–743); von 1932 bis 1939 ausgegraben. Man betritt die Gesamtanlage durch ein verziertes Tor und gelangt in einen Hof mit einem skulpturengeschmückten Brunnen. Der Palast selbst erhebt sich im Westen, und seine Räume sind um einen offenen Hof angeordnet. Der Torweg dorthin ist mit Bänken versehen, und seine Wände sind reich geschmückt mit Stuckreliefs von Arabesken und menschlichen Köpfen. An der Südseite findet man eine Privatmoschee neben den quadratischen Grundmauern eines Minaretts, im Westen einen Thronsaal mit einer unterirdischen Krypta für heiße Tage und im Norden einen Speisesaal. Der Palast besaß ein oberes Stockwerk, dessen verziertes Mittelfenster rekonstruiert wurde. Neben dem Palast stand eine öffentliche Moschee und weiter nördlich eine weiträumige Halle, die früher mit vielen, von Säulen getragenen Kuppeln überwölbt war und deren gesamte Bodenfläche mit Mosaiken ausgelegt ist. Dahinter befindet sich ein öffentlicher Abort und ein kleines Bad, dessen Boden von einer schönen Mosaikarbeit geziert wird – einem Lebensbaum und einem Löwen, der Gazellen reißt. Vorderfront, Wände und Dach der großen Halle waren mit Stuckfiguren geschmückt, die den Kalifen, Soldaten, Tänzerinnen, Tiere und Vögel darstellen (heute im Rockefeller-Museum). Dieser Palast bietet merkwürdige Aufschlüsse über die Omajjadenkultur am Kalifenhof.

Mampsis (arab. Kurnub; hebr. Chorvat Mamschit) [JB]
Nationale Ausgrabungsstätte. Im Winter 8–16, im Sommer 8–17.
Nabatäisch-byzantinischer Ort 40 km südöstlich von Beerscheba. Die Stadt bestand vom 2. bis 8. Jh. n. Chr. und besaß eine Mauer sowie mehrere Dämme in einem nahen Tal. Innerhalb der Mauern sind Überreste nabatäischer Häuser, die von den Byzantinern wiederverwendet wurden, z. T. noch bis zur Höhe des 1. Stockwerks und mit ihren Wendeltreppen erhalten. Neben den Häusern lagen die Ställe. Man fand außerdem eine Karawanserei und ein öffentliches Bad mit einem Teich. Über einigen der nabatäischen Mauerreste wurden zwei byzantinische Kirchen mit Mosaikböden errichtet.

Mamre (arab. Ramet al-Chalil; hebr. Beth Ilanim) [HB]
Nach der Überlieferung der Ort des Eichenhains von Mamre, 3 km nördlich von Hebron. 1926 bis 1928 legten Ausgrabungen eine herodianische Umfriedung mit einem Brunnen in der Südwestecke frei – dem ‹Brunnen Abrahams›, an dem die Pilger ihre Opfergaben niederlegten. Die herodianische Quadermauer (65 × 50 m) wirkt ausgesprochen monumental. Zur Zeit Konstantins wurde am Ostende der Umfriedung eine Kirche erbaut, die aus einem Mittelschiff mit einbeschriebener Apsis und aus zwei Seitenschiffen bestand, an deren Wände sich *prothesis* und *diakonikon* anschlossen.

Mar Saba [GC]
Kloster in der Wüste Juda im Kidrontal; gegründet vom hl. Sabas (439–532), dem großen Vorkämpfer des Mönchtums in der byzantinischen Zeit. Es liegt hoch über der Talschlucht und bewahrt die Atmosphäre der frühchristlichen Einsiedeleien fast unverändert weiter.

Masada [HC]
Besichtigung 8–16.
Jüdische Festung auf einem freistehenden, 300 m hohen Felsen, der die Westküste des Toten Meers überblickt. Alexander Jannaios wählte den Ort als Stützpunkt aus, und Herodes baute die Anlage etwa 30 v.Chr. völlig um. Er zog eine Kasemattenmauer rings um den ganzen Felsen (600 × 300 m), und innerhalb dieses Bezirks errichtete er einen Palast mit einem Thronsaal, Wohn- und Arbeitsräumen und Vorratslagern. Neben dem Palast entstanden zwei weitere Wohnhäuser sowie ein Badeteich. Nördlich davon lagen die Kaserne der königlichen Garde und die Vorratshäuser mit Nahrung und Waffen für 1000 Mann und einem eigenen Verwaltungsgebäude. Daneben gab es ein großes öffentliches Bad mit römischer Heißluftheizung. Die nördliche Spitze des Felsens war von der übrigen Anlage durch eine hohe Mauer mit einem einzigen Tor abgetrennt, und jenseits davon stand die Privatvilla des Königs auf drei Terrassen: auf der oberen ein kleines Wohnhaus mit einem runden Vorbau; auf der mittleren eine runde Bastion *(tholos)* mit Steinbalustraden, deren Zweck noch ungeklärt ist; und auf der untersten Terrasse ein offener Hof oder eine Halle, die von einem Säulengang umgeben war. Daran schlossen sich ein weiteres kleines Bad und einige Wohnräume an. Am Nordhang der Festung lagen zwei Reihen von unterirdischen Zisternen, die früher von Aquädukten aus den Tälern der judäischen Berge gespeist wurden. Als die Zeloten Masada besetzt hielten, benutzten sie die Kasematten als Unterkünfte und bauten zwei neue rituelle Bäder; außerdem veränderten sie die (herodianische?) Synagoge durch den Anbau eines kleinen Eckraumes. Rings um Masada kann man die Belagerungsanlgen sehen, mit denen die Römer den Felsen einnahmen. Im Westen beginnt der Belagerungsdamm bei einem weißen Felsen (Leuke); zwei große Lager, eins in der Ebene unter der Festung und das andere im Westen, boten Raum für jeweils eine halbe Legion und säumten mit sechs weiteren, kleineren Lagern den Belagerungswall, der Masada abgesehen von einigen unzugänglichen Klippen im Süden völlig umgibt. Heute erreicht man Masada entweder über den ‹Schlangenpfad› oder mit der Seilbahn von Osten her, oder über eine Auffahrt und den alten Belagerungsdamm von Westen her.

Megiddo [EB]
Nationale Ausgrabungsstätte. Im Winter 8–16, im Sommer 8–17.
Stadt der Kanaaniter und Israeliten am Ausgang des Passes von Megiddo, der die Küstenebene mit dem Jesreeltal verbindet. Die früheste Siedlung stammt aus der Kupfersteinzeit; der riesige kanaanitische Stadthügel wuchs seit der Frühen Bronzezeit, aus der zwei Tempel und eine erhöhte Kultstätte erhalten sind. Hier, bei Megiddo, besiegte Thutmosis III. die Hethiter und Kanaaniter 1486 v.Chr. in einer berühmten Schlacht – der Name *Armageddon* (‹Berg Megiddo›) in der *Offenbarung 16, 16* erinnert daran; nach Thutmosis kämpfte hier 609 v.Chr. Josia von Juda gegen Necho von Ägypten (und im Jahre 1917 noch einmal Allenby gegen die Türken). Megiddo wurde von David eingenommen und unter Salomo zu einem seiner Streitwagen-Stützpunkte befestigt. Salomos Kasemattenmauer, sein Tor und die Fundamente seines Palastes sind ausgegraben und zu besichtigen. Nach Salomo baute Ahab von Israel neue Mauern und Tore für Megiddo, errichtete riesige Ställe für die Pferde seiner Streitwagen und legte den Brunnenschacht mit Treppe an, der die Wasserversorgung der Festung sicherte; die Grundmauern des Hauses von seinem Gouverneur sind ebenfalls noch erhalten. Die Ausgrabungsarbeiten fanden 1903 bis 1905, 1925 bis 1939 und 1968 statt.

Meron [DC]
Dorf 5 km nordwestlich von Safed in Nordgaliläa, das die Ruinen einer Synagoge aus dem 3. Jh. enthält. Das Bauwerk mißt 27 × 13,50 m, seine Westseite ist aus dem Fels herausgeschlagen, im Innern stehen drei Säulenreihen, zwei in der Längs- und eine in der Querrichtung, und in der Südfassade, die nach Jerusalem blickt, hatte die Synagoge drei Portale (das dritte wurde vor kurzem rekonstruiert). Im Dorf befindet sich außerdem nach der Überlieferung das Grab des Rabbi Simeon Bar Jochai, der als Vater der Kabbala gilt. Jedes Jahr wird an dieser Stelle am 18. Ijar des jüdischen Kalenders ein großes Fest (Lag ba-Omer) gefeiert.

Minja, Chirbet (hebr. Chorvat Minnim) [EC]
Palast des Omajjadenkalifen Walid I. (705–715) am Ufer des Sees Genezareth; 1932, 1939 und 1959 teilweise ausgegraben. Der Palast ist ein quadratischer Bau mit Rundtürmen in den Ecken. Der Tordurchgang im Osten weist reiche Verzierungen auf, das Innere ist als offener Hof mit Räumen längs den Mauern angelegt und besaß ein Obergeschoß, zu dem eine Rampe führte. Im Südteil des Palastes steht eine Moschee; die daran anschließenden Räume sind mit verschlungenen geometrischen Mosaikmustern ausgelegt.

Montfort (arab. Kalat al-Kurain) [DC]
Festung und Hauptquartier der Deutschherren in Nordgaliläa, 12 km vom Meer entfernt. Der Orden kaufte die Burg 1228 und hielt sie bis 1271; 1926 wurde sie ausgegraben. Die Burg steht auf einem Bergvorsprung und wird durch einen tiefen Graben und einen hohen Bergfried geschützt. Zu den Überresten gehören eine Außenmauer, die Grundmauern einer Kapelle und eines Refektoriums, tiefe Keller und ein Außenturm. Die Burg sollte nicht die Umgebung beherrschen, sondern für die Archive und

Schätze des Ordens einen sicheren Zufluchtsort bieten.

Naharija [DB]
Stadt und Badeort an der Küste nördlich von Akko. Ein (kanaanitischer) Tempel aus der Mittleren Bronzezeit mit erhöhter Kultstätte wurde hier 1947 und 1954/1955 in der Nähe der Küste ausgegraben; vermutlich war er der Astarte des Meeres, einer phönikischen Göttin, geweiht.

Nazareth [EC]
Stadt (früher Dorf) in Galiläa, wo Josef und Maria lebten und Jesus aufwuchs. Im 2. Jh. n. Chr. ließ sich dort eine Priesterfamilie nieder, die aus Jerusalem geflohen war. Das Dorf blieb bis zur byzantinischen Zeit jüdisch. Die Byzantiner erbauten über der traditionellen Stätte der Verkündigung eine Kirche und zerstörten dabei die aus dem Fels gehauenen Überreste früherer Häuser und Zisternen. Über den Resten der byzantinischen Kirche errichteten dann die Kreuzfahrer eine größere. Die für diese Kirche geschaffenen Kapitelle werden im Museum der Franziskaner aufbewahrt und gehören zu den schönsten französischen Skulpturen im 12. Jh.: sie stellen das Martyrium des hl. Jakobus und verschiedene Wundertaten Christi dar. Die moderne Verkündigungskirche wurde über der traditionellen ‹Verkündigungsgrotte› mit der granitenen ‹Gabrielssäule› errichtet. In der Nähe liegt die Kirche des hl. Josef über dem Ort, den die Überlieferung als seine Werkstatt bezeichnet, und eine Felsenhöhle unter der Kirche gilt als Wohnung von Maria und Josef. Schließlich wird eine Quelle an der Straße nach Tiberias von der christlichen Tradition als Marienbrunnen betrachtet. Daneben liegt (seit dem 18. Jh.) die griechisch-orthodoxe Kirche des Erzengels Gabriel (s. *Lukas 1, 19).*

Nirim [HA]
Kibbuz in der südlichen Küstenebene, auf dessen Gebiet 1957/1958 die Synagoge von Maon, einem jüdischen Dorf südöstlich von Gaza, entdeckt wurde. Die Synagoge maß 17 × 15 m, hatte die Form einer Basilika, deren Apsis nach Jerusalem zeigte, und wies im Innern zwei Säulenreihen auf. Nur der Raum zwischen den Säulen war teilweise mit Mosaiken ausgelegt. Dieser Mosaikboden, der wahrscheinlich von Künstlern aus Gaza stammt und etwa auf 530 datiert wird, zeigt ein Weinspalier, das aus einer von zwei Pfauen eingerahmten Amphore herauswächst und sich über die ganze Fläche ausbreitet. Das Weinspalier rankt sich zu 50 Medaillon-Rahmen in Fünferreihen, die in der Mitte jeweils Bilder von Opfergaben und in den anderen Bilder von symmetrischen Tierpaaren enthalten. Zur Apsis hin wird schließlich ein siebenarmiger Leuchter dargestellt, der von zwei Löwen und zwei Palmen eingerahmt und von jüdischen Kultgegenständen umgeben ist. Dieser Mosaikboden, eines der schönsten Beispiele späterer Synagogenmosaiken, ist jetzt an Ort und Stelle zu besichtigen.

Ramat Rachel [GC]
Kibbuz 4 km südlich von Jerusalem, in dessen Nähe 1960 bis 1962 ein judaischer Palast und Verwaltungsbau sowie eine byzantinische Kirche ausgegraben wurden. Zu den frühesten Gebäuden aus dem 7. Jh. v. Chr. zählen eine Kasemattenmauer, die einen rechteckigen Hof mit einem Tor im Westen und einem Palast im Osten umschließt. Unter den Überresten fanden sich frühäolische (‹Lotus›-)Kapitelle und eine Fensterbalustrade, so wie sie auf phönikischen Elfenbeinarbeiten zu sehen ist. Der Palast wurde nach der Heimkehr nach Zion als Verwaltungsgebäude weiterbenutzt, möglicherweise als Hauptquartier des Unterbezirks Netopha. Aus späterer Zeit stammen dann herodianische Gebäude, eine römische Villa mit Arbeitsspuren der Legio X, die in Jerusalem stationiert war, und ein byzantinisches Kloster, in dessen Nähe eine Basilikakirche stand. Sie gilt als die Kathisma-Kirche, die nach der Rast Marias auf dem Wege nach Bethlehem so benannt wurde.

Ramla [GB]
Von Suleiman ibn Abd al-Malik aus der Omajjadendynastie zu Anfang des 8. Jh. gegründete Stadt. Ihren Namen erhielt sie von dem Sand (arab. *ramle*), auf dem sie steht. Die Stadt liegt an der Straße von Jerusalem nach Tel Aviv. Ihre wichtigsten Gebäude sind die Große Moschee, eine ehemalige Kreuzfahrerkathedrale des hl. Johannes, und die Weiße Moschee — ein ganzer Gebäudekomplex innerhalb einer großen Umfriedung (93 × 84 m). Die Moschee selbst steht im Süden davon, ist ein langer Bau mit 13 Eingängen und stammt zum Teil aus der omajjadischen, zum Teil aus der ajjubidischen Zeit. Im Mittelpunkt der Höfe liegen zwei große Zisternen. Das Minarett der Moschee, eine auffallende Landmarke, wurde 1318 von dem Mamlukensultan al-Malik an-Nasir gebaut. Eine weitere Sehenswürdigkeit ist die 789 vollendete Unaizijja-Zisterne bei Ramla, die 24 × 20,50 m mißt; ihr Dach ruht auf drei Pfeilerreihen, die Spitzbögen ergeben und 24 Zellen bilden, jede mit einer eigenen Öffnung im Dach. Dies ist das erste Beispiel für Spitzbögen in der islamischen Architektur.

Safed [DC]
Stadt in Nordgaliläa, die im 1. Jh. n. Chr. zum erstenmal von Josephus als Sepph, aber später auch in der talmudischen Literatur erwähnt wird. Im 12. Jh. wurde sie von den Kreuzfahrern befestigt (1140 von Fulko von Anjou und 1168 von den Tempelherren unter Amalrich I.), 1188 von Saladin eingenommen und 1220 geschleift, 1240 wieder von den Tempelherren besetzt und 1266 von

Baibars erobert und zum Sitz des mamlukischen Vizekönigs von Galiläa gemacht. Im 15. und 16. Jh. erlebte Safed einen großen Zustrom spanischer Juden, und mit den vielen Kabbalisten unter ihnen kam auch der berühmteste, Rabbi Isaac Luria, genannt ARI (1531—1573). Zwei Synagogen sind mit seinem Namen verbunden, eine sephardische, die zu seinen Lebzeiten, und eine aschkenasische, die kurz nach seinem Tode erbaut wurde. Auf dem alten Friedhof von Safed liegen die Gräber von ARI, von seinem Lehrer Cordoviero und von Joseph Caro (gest. 1575), der den verbindlichen Gesetzeskodex des orthodoxen Judentums, *Schulchan Aruch,* schrieb. Zu den mamlukischen Bauwerken in Safed gehört die Rote Moschee (al-Dschami al-Achmar), die Baibars 1275 errichten ließ, und das Grab des Emirs Muzaffer ad-Din Musa (1372). Die Stadt hat in einem malerischen Viertel unterhalb der Zitadelle eine Künstlerkolonie.

Salomos Teiche [GB]
Drei Teiche 5 km südlich von Bethlehem in der Nähe des Dorfes Urtas. Der unterste Teich ist 177 m lang und 15 m tief. Vier Quellen liegen in der Umgebung. Die Teiche speisten in römischer Zeit die Aquädukte von Jerusalem und wurden bis zur Mamlukenzeit häufig ausgebessert. Seit 1919 wird Jerusalem erneut von hier aus mit Wasser versorgt. Die Verbindung mit Salomo beruht auf einem Vers im *Hohenlied 4, 12* und ist apokryph. In der Nähe des obersten Teiches steht eine Mamlukenfestung von Sultan Kala'un (1279—1290).

Samaria (Sebaste, Sebastija) [FB]
Nationale Ausgrabungsstätte, Im Winter 8—16, im Sommer 8—17.
In biblischer Zeit die Hauptstadt des nördlichen Königreichs Israel, 880 v.Chr. von Omri gegründet. Samaria blieb die Residenz der Könige von Israel, bis es 721 v.Chr. von den Assyrern erobert wurde. Sargon II. siedelte dort Kuthäer aus Babylonien an, die mit der israelitischen Restbevölkerung den Kern einer Gemeinde bildeten, die sich Samaritaner nannten. Nach einem samaritanischen Aufstand gegen Alexander siedelten seine Nachfolger dort eine Kolonie von makedonischen Veteranen an. Die Stadt wurde zur Hasmonäerzeit von Johannes Hyrkanos eingenommen und zum Teil zerstört; Herodes ließ sie dann wieder aufbauen und gab ihr zu Ehren von Augustus (griech. *sebastos*) den Namen Sebaste. Herodes versah die bestehende Stadtmauer und ihre hellenistischen Tore zusätzlich mit zwei runden Tortürmen und die Stadt selbst mit einem Tempel des Augustus. Von den späteren Herrschern kümmerte sich Septimius Severus besonders um Sebaste, machte die Stadt zu einer römischen Kolonie und errichtete auf ihrem Forum eine Basilika. In Sebaste wurde die Göttin Kore allgemein verehrt; und später verlegte die christliche Tradition die Auffindung des Hauptes von Johannes dem Täufer hierher, worauf die Kreuzfahrer eine Kirche zu seinen Ehren erbauten. Die Ruinen von Samaria (Sebastija) liegen im Gebirge Ephraim 12 km nordwestlich von Nablus auf einem Hügel, der die Umgebung beherrscht und der von 1908 bis 1910 und 1931 bis 1935 ausgegraben wurde. Von den Überresten sind das Forum mit der Basilika des Severus zu sehen, von der noch viele Säulen stehen, das römische Theater mit dem hellenistischen Turm in der Nähe und die herodianischen Tortürme am Anfang einer Kolonnadenstraße. Von dort aus kann man zur Stadtburg emporsteigen, wo sich israelitische Steinmetzarbeit findet — die charakteristischen, auf der Sichtfläche nur grob behauenen, an drei Seiten geränderten Quader. Hier oben stand Ahabs ‹Elfenbeinhaus› *(1. Könige 22, 39),* von dem viele Elfenbeinbruchstücke gefunden wurden (jetzt im Rockefeller- und Israel-Museum). Auch die Treppe zur Plattform des Augustus-Tempels steht noch. Und wenn man der Kolonnadenstraße folgt, gelangt man zum Tempel der Kore und zu einem israelitischen Tor in der Nähe des Forums.

Schavej Zion [DB]
Küstendorf 8 km nördlich von Akko, wo 1955 bis 1957 eine byzantinische Kirche aus dem 5. Jh. ausgegraben wurde. Vor der Kirche liegt ein gepflasterter Hof, von dem man über eine breite Treppe zur äußeren Vorhalle *(narthex)* emporsteigt, dessen Mosaikboden durch eine Inschrift auf das Jahr 486 datiert ist. Die Basilika selbst besitzt einen inneren Narthex, ein Hauptschiff und zwei Seitenschiffe. Im nördlichen Seitenschiff zeigt das Bodenmosaik ein Kreuzsymbol in einem Kreis. Weitere Kreuze im Hauptschiff lagen unter den Altartischen. Die Räume, die nordöstlich an die Kirche grenzen, wiesen in ihren Mosaikböden ebenfalls Kreuze auf, die jedoch später von anderen Mosaikmustern überdeckt wurden.

Sichem (Schechem, Tell al-Balata) [FC]
Kanaanitische und israelitische Stadt, die als Vorgängerin des modernen Nablus genau vor dessen Osteingang liegt. Dank seiner Lage in einem fruchtbaren und wasserreichen Tal im Mittelpunkt der Ephraim-Berge war Sichem seit dem 2. Jahrtausend v.Chr. eine der mächtigsten kanaanitischen Städte. Die Familie Jakobs lagerte in der Nähe, und die Beziehungen zu den Israeliten blieben fortan freundschaftlich (trotz des Zwischenfalls mit Dina, *1. Mose 34);* als Josua Kanaan eroberte, brauchte Sichem offenbar nicht eingenommen zu werden. Die ersten Versuche von Abimelech, dem Sohn Gideons, in Israel ein Königtum einzuführen *(Richter 9),* waren mit Sichem verbunden. Doch die Stadt blieb — besonders nach der Besiedlung Samarias mit Makedoniern — weiter ein Zentrum der Samaritaner, bis sie um

71 von Neapolis (Nablus) abgelöst wurde. Die Ausgrabung von Sichem wurde 1913/1914 und 1926/1927 durch eine deutsche Gruppe begonnen und 1956 bis 1962 durch eine amerikanische fortgesetzt. Von den Überresten sind ein mächtiges Tor im Osten und ein weiteres im Norden zu sehen (mit Teilen einer Kasemattenmauer); in der Nähe des Nordtors stand ein riesiges Heiligtum innerhalb eines mauerumschlossenen Hofs *(temenos)*. Das Heiligtum selbst, ein Turm *(migdal)*, wurde in der Mittleren Bronzezeit gegründet. Es mißt 26 × 21 m und hat über 5 m dicke Mauern, so daß es auch als Festung zu benutzen war. Türme standen beiderseits eines Eingangs, der von einer einzelnen Säule unterteilt war. Im Innern wurde das Dach von sechs Säulen in zwei Reihen getragen.

Subeita (hebr. Schivta) [JA]
Nationale Ausgrabungsstätte. Im Winter 8–16, im Sommer 8–17.
Ruinen einer byzantinischen Stadt, etwa 50 km südlich von Beerscheba, abseits der Straße nach Nizzana. Die Stadt wurde in nabatäischer Zeit gegründet, bestand unter den Römern weiter und blühte in byzantinischer Zeit auf. Es war eine ‹offene› Stadt, die ihren Unterhalt von den über ein kunstreiches Netz von Kanälen bewässerten Feldern der Umgebung bezog. Wegen ihrer Lage in der Wüste stehen die meisten Häuser noch, einige sogar bis zum zweiten Stockwerk. Die Straßen sind eng und gewunden. Im Zentrum des älteren Teils der Stadt liegen öffentliche Teiche, die von den Bewohnern als Bürgerpflicht gesäubert werden mußten. Die meisten Häuser hatten eine oder zwei eigene Zisternen. Subeita besitzt drei Kirchen: Die südliche nächst den Teichen hat einen Taufraum *(baptisterium)* neben der Vorhalle *(narthex)* sowie drei Apsiden. Eine spätere Moschee wurde so daran gebaut, daß sie die Kirche nicht beeinträchtigte. Außerdem gibt es eine zentral gelegene Kirche und im Norden ein Handwerkerviertel mit einer dritten Kirche, die dem hl. Georg geweiht war und einen Vorhof *(atrium)*, einen Narthex und einen Taufraum besaß. Subeita wurde 1934 bis 1938 ausgegraben und von der Nationalparkverwaltung restauriert.

Ṡusija, Chirbet [HB]
Zerstörtes Dorf 12 km südöstlich von Hebron an der Straße von Jatta nach Samu, wo die Ruinen einer Synagoge aus byzantinisch-arabischer Zeit freigelegt wurden. Sie besteht aus einem Hof, einem Vorraum *(narthex)* und einem ‹Breithaus›, in dessen nördliche Längswand eine nach Jerusalem gerichtete Nische eingelassem ist. Die Südwand steht noch in voller Höhe, aber das Mosaikpflaster wurde von Bilderstürmern beschädigt und ist ausgebessert; ursprünglich war darauf ein Tierkreis dargestellt, Daniel in der Löwengrube und ein von zwei Hirschen eingerahmter Thoraschrein *(Psalmen 42,1)*.

Tel Aviv [FB]
Küstenstadt und größte Stadt in Israel, 1909 als jüdische Wohnvorstadt von Jaffa gegründet. Die zufällige Anordnung der Viertel und das Fehlen einer zureichenden Straßenplanung sind immer noch in der Stadt zu spüren, die das Zentrum einer Gruppe zusammengewachsener Städte mit 600000 Einwohnern ist. Zwar fehlen antike Dankmäler – abgesehen von dem Tell al-Kasileh nördlich des Jarkon –, doch hat sich Tel Aviv zum Mittelpunkt der modernen Kultur Israels entwickelt: hier erscheinen fast alle Zeitungen, die Theater besitzen eigene Häuser in der Stadt, und das Nachtleben blüht wie nirgends sonst. Besondere Beachtung verdienen das Mann-Auditorium für Konzertveranstaltungen von Karmi und Meltzer, das Habimah-Nationaltheater sowie das Tel-Aviv-Museum von Yashar und Eytan, dessen neues Gebäude 1971 eingeweiht wurde. Im Stadtzentrum stehen noch sehenswerte Häuser aus den zwanziger und dreißiger Jahren. Weitere interessante Bauten sind das El-Al-Gebäude von D. Karmi, das Hilton Hotel von Y. Rechter und in der Umgebung von Tel Aviv die Stadthalle von Bat Jam und das Dubiner-Haus in Ramat Gan, die beide von Hecker, Neumann und Sharon gebaut wurden.

Tiberias [EC]
Stadt am Westufer des Sees Genezareth, von Herodes Antipas 18 n.Chr. zu Ehren des Kaisers Tiberius gegründet. Die Stadt lag in römischer Zeit südlicher als heute und war mit Hammath Tiberias verbunden. Vom 3. bis 7. Jh. war Tiberias Sitz des jüdischen Patriarchats und des Sanhedrin. Die Stadt blieb unter den Arabern und den Kreuzfahrern wohlhabend, wurde dann aber in mamlukischer Zeit zerstört. Versuche, Tiberias im 16. Jh. wieder mit Leben zu erfüllen, erwiesen sich als fruchtlos; erst im 18. Jh. konnte der Beduinenscheich Dahir al-Omar die Stadt wiederaufbauen und mit einer Mauer und einer Zitadelle schützen. Wegen ihrer Aura von Heiligkeit wurden in Tiberias viele jüdische Weise begraben, darunter Maimonides (Moses, Sohn des Maimon); andere Gräber, wie das des Rabbi Akiva, sind apokryph.

Maler, Bildhauer und Architekten

Adler, Yankel (1895–1949). Polnischer Maler, arbeitete in Deutschland und England. Werke im Tel-Aviv- und im Israel-Museum sowie im Kunstpavillon von En Harod S. 257.

Agam, Yakov (geb. 1928). Israelischer Maler und Bildhauer, lebt in Paris. Gehört zu den Wegbereitern der kinetischen Kunst. Werke aus verschiedenen Schaffensperioden im Israel- und im Tel-Aviv-Museum sowie in der Kongreßhalle (Binjanei Ha'uma) von Jerusalem. S. 252.

Alexandroni, Amnon (geb. 1929). Israelischer Architekt; entwarf zusammen mit A. Yaski das Wohnviertel von Beerscheba und das Israel Petroleum Institute in Ramat Aviv, 1967. S. 245, 265.

Alrod, Dan (geb. 1934) und **Ilana** (geb. 1936). Israelische Architekten; entwarfen die dänische Schule in Jerusalem, 1968. S. 246.

Appel, Karel (geb. 1921). Holländischer Maler. Werke im Israel-Museum S. 259.

Archipenko, Alexander (1887 bis 1964). Russischer Bildhauer. Sammlung bemalter kubistischer Reliefarbeiten im Tel-Aviv-Museum, eine Plastik im Billy-Rose-Skulpturen-Garten des Israel-Museums. S. 252, 262.

Ardon, Mordecai (geb. 1896). Israelischer Maler; Bauhaus-Schüler. Mehrere Werke aus verschiedenen Perioden im Israel-Museum. S. *230*, 251, 259.

Arikha, Avigdor (geb. 1929). Israelischer Maler. Werke im Israel-Museum, Mosaik am Haus des Soldaten in Jerusalem. S. 240, *241*, 252, 259.

Aroch, Arieh (geb. 1908). Israelischer Maler. Werke aus verschiedenen Schaffensperioden im Israel-Museum. S. *247*, 259.

Arp, Hans (1887–1966). Französischer Maler und Bildhauer. Große Skulptur der *Drei Grazien* auf der King George Street in Jerusalem. S. 252.

Atar, Haim (1902–1953). Israelischer Maler. Gründer des Kunstpavillons (Mischkan le Omanut) in En Harod, wo eine Sammlung seiner Werke ständig ausgestellt ist. S. 257.

Bacon, Francis (geb. 1909). Englischer Maler. Portrait von Lucien Freud im Israel-Museum. S. 259.

Bartos, Armand. Amerikanischer Architekt; entwarf zusammen mit F. Kiesler den Schrein des Buches im Israel-Museum, 1965. S. 245, 259, 273.

Bourdelle, Antoine (1861–1929). Französischer Bildhauer. Mehrere Werke im Billy-Rose-Skulpturen-Garten des Israel-Museums. S. 245, 259.

Braque, Georges (1882–1963). Französischer Maler und Bildhauer. Einige Gemälde, darunter eines aus der Periode der Fauves, und eine Plastik im Israel-Museum. S. 252, 259.

Cézanne, Paul (1839–1906). Französischer Maler. Eine Landschaft und zwei frühe Gemälde im Israel-Museum. S. 250, 259.

Chagall, Marc (geb. 1887). Maler russischer Herkunft, arbeitet in Frankreich. Seit 1932 mehrere Reisen nach Israel. Gemälde aus verschiedenen Schaffensperioden im Israel- und im Tel-Aviv-Museum. Farbige Glasfenster in der Synagoge der Hadassah-Klinik, Wandteppiche und Mosaiken in der Knesset in Jerusalem. S. 252, 259, 273.

Courbet, Gustave (1819–1877). Französischer Maler. Die *Woge* ist im Israel-Museum ausgestellt. S. 259.

Elhanani, Arieh (geb. 1898). Israelischer Maler und Architekt; entwarf die ‹Jad va-Schem›-Gedenkstätte. S. 245, 273.

Ernst, Max (geb. 1891). Maler aus Brühl bei Köln. Werke im Tel-Aviv-Museum. S. 262.

Eytan, Dan (geb. 1931). Israelischer Architekt; entwarf zusammen mit I. Yashar das neue Tel-Aviv-Museum und das Mexiko-Haus an der Universität von Tel Aviv. S. 245, 262. 278.

Frenkel, Eliezer; Mendel, Seadia; Yaar, Yaacov. Israelisches Architektenteam, beauftragt mit dem Wiederaufbau des alten Jaffa. S. 270.

Gauguin, Paul (1848–1903). Französischer Maler. Ein Stilleben und zwei Tahiti-Bilder hängen im Israel-Museum. S. 259.

Gorky, Arshile (1904–1948). Amerikanischer Maler. Gemälde im Israel-Museum. S. 259.

Gottlieb, Maurycy (1856–1879). Polnisch-jüdischer Maler. Gemälde im Tel-Aviv- und im Israel-Museum sowie im Kunstpavillon in En Harod. S. 257.

Hecker, Zvi (geb. 1933). Israelischer Architekt; entwarf zusammen mit A. Neumann und E. Sharon das Rathaus in Bat Jam und das Dubiner-Haus in Ramat Gan sowie mit Neumann das Gebäude der Maschinenbau-Fakultät am Technion von Haifa. S. *239,* 246, 269, 278.

Israels, Josef (1824–1911). Holländischer Maler des Realismus. Gemälde im Tel-Aviv- und im Israel-Museum sowie im Kunstpavillon in En Harod. S. 257.

Janco, Marcel (geb. 1895). Israelischer Maler, Mitbegründer der Dada-Bewegung in Zürich, um 1917, der Gruppe ‹Neue Horizonte›, 1948, und des Künstlerdorfes in En Hod. Werke, besonders aus der Dada-Periode, im Tel-Aviv-Museum. S. 250, 251.

Karavan, Dany (geb. 1930). Israelischer Bildhauer; entwarf die Steinwand in der Knesset in Jerusalem und ein Denkmal bei Beerscheba. S. 252.

Karmi, Dov (1905–1962). Israelischer Architekt; entwarf das Verwaltungsgebäude und das Auditorium der Hebräischen Universität in Jerusalem, das Histadrut-(Gewerkschafts-)Gebäude, die Konzerthalle Mann-Auditorium (mit Meltzer) und das El-Al-Gebäude (mit seinem Sohn Ram Karmi), sämtliche in Tel Aviv. S. 245, 278.

Kaufmann, Richard (1877–1958). Israelischer Architekt; entwarf den runden Moschav Nachalal. S. 233.

Kiesler, Frederick (1896–1965). Österreichisch-amerikanischer Architekt; entwarf zusammen mit A. Bartos den Schrein des Buches im Israel-Museum. S. 245, 273.

Kisling, Moïse (1891–1953). Maler aus Krakau. Werke verschiedener Schaffensperioden im Israel- und Tel-Aviv-Museum sowie im Kunstpavillon von En Harod. S. 257.

Klarwein, Joseph (1893–1970). Israelischer Architekt; entwarf das Knesset-(Parlaments-)Gebäude in Jerusalem. S. 273.

Kokoschka, Oskar (geb. 1886). Maler aus Österreich; Palästinareisen in den Jahren 1920 und 1929/1930. Werke im Israel-Museum. S. 259.

De Kooning, Willem (geb. 1904). Holländischer Maler, arbeitet in New York. Ein Gemälde hängt im Israel-Museum. S. 259.

Krakauer, Leopold (1890–1954). Israelischer Architekt und Siedlungsplaner; entwarf die Speiseräume für die Kibbuzim Beth Alpha und Tel Josef. S. 240, 257.

Lear, Edward (1796–1864). Englischer Maler; reiste 1856 und 1869 nach Palästina. Landschaften von Jerusalem und Bethlehem im Israel-Museum. S. *226/227.*

Liebermann, Max (1847–1935). Deutscher Maler. Mehrere Werke im Tel-Aviv- und Israel-Museum sowie im Kunstpavillon von En Harod. S. 257.

Lipchitz, Jacques (1891–1973). Russisch-amerikanischer Bildhauer; arbeitete in Paris. Monumentale Plastiken im Israel-Museum (Billy-Rose-Skulpturen-Garten) und im Tel-Aviv-Museum; Sammlung von 130 Bronzen im Jacques-Lipchitz-Pavillon des Israel-Museums. S. 252, 259, 262.

Louis, Morris (1912–1962). Amerikanischer Maler. Werke im Israel- und im Tel-Aviv-Museum. S. 259.

Maillol, Aristide (1861–1944). Französischer Bildhauer. Mehrere Werke im Billy-Rose-Skulpturen-Garten des Israel-Museums. S. 245, 259.

Mansfeld, Alfred (geb. 1912). Israelischer Architekt; entwarf zusammen mit Dora Gad das Israel-Museum. S. *234, 236/237,* 245, 258, 259, 269, 273.

Melnikov, Aharon (geb. 1903). Israelischer Bildhauer; schuf den *Löwen* von Tel Chai. S. 250.

Mendelsohn, Erich (1887–1953). Deutscher Architekt; arbeitete 1934 bis 1941 in Palästina. Entwarf die Hadassah-Klinik auf dem Berg Skopus in Jerusalem, das Leumi-Bankgebäude und die Schocken-Bibliothek. S. 240.

Moore, Henry (geb. 1898). Englischer Bildhauer. Werke im Billy-Rose-Sulpturen-Garten des Israel-Museums, im Tel-Aviv-Museum und in der Hebräischen Universität in Jerusalem. S. 245, 252, 259, 262.

Neumann, Alfred (1900–1969). Israelischer Architekt; entwarf zusammen mit Z. Hecker und E. Sharon das Rathaus in Bat Jam und das Dubiner-Haus in Ramat Gan und mit Z. Hecker das Gebäude der Maschinenbau-Fakultät am Technion von Haifa. S. *239,* 246, 269, 278.

Niemeyer, Oscar (geb. 1907). Brasilianischer Architekt; entwarf die Universität von Haifa (noch im Bau). S. 269.

Noguchi, Isamu (geb. 1904). Amerikanischer Bildhauer und Gartenarchitekt; schuf den Billy-Rose-Skulpturen-Garten des Israel-Museums. S. 245, 259, 273.

Palombo, David (1920–1966). Israelischer Bildhauer; Türen der ‹Jad va-Schem›-Gedenkstätte und der Knesset in Jerusalem. S. 252, 260.

Pascin, Jules (1885–1930). Maler aus Bulgarien. Bedeutende Sammlung von Gemälden, Aquarellen und Zeichnungen im Israel-Museum. S. 257, 259.

Picasso, Pablo (1881–1973). Spanischer Maler und Bildhauer. *Profile de femme* im Billy-Rose-Skulpturen-Garten, Gemälde und eine bedeutende Grafiksammlung im Israel-Museum. S. 245, 252, 259.

Pollock, Jackson (1912–1956). Amerikanischer Maler. Gemälde im Tel-Aviv-Museum. S. 262.

Rau, Heinz (1896–1965). Israelischer Architekt; mehrere Wohnblocks und öffentliche Gebäude in Jerusalem; entwarf zusammen mit D. Reznik die Synagoge der Hebräischen Universität. S. 245, 273.

Rechter, Yaakov (geb. 1924). Israelischer Architekt; entwarf das Hilton-Hotel in Tel Aviv, 1965, und das Resort Hotel in Sichron Ja'akov, 1968. S. 245, 278.

Reuwich, Erhard (arbeitete in der 2. Hälfte des 15. Jh.). Holländische Maler und Holzschneider; reiste 1483 mit Breidenbach ins Heilige Land. Das Ergebnis dieser Reise sind seine Illustrationen zu dem Werk *Peregrinatio in Terram Sanctam* (Mayence 1486).

Reznik, David (geb. 1923). Israelischer Architekt; entwarf die Synagoge der Hebräischen Universität in Jerusalem zusammen mit H. Rau sowie, ebenfalls in Jerusalem, die Kennedy-Gedenkstätte, die Humanitarische Akademie, das Haus des Soldaten und in Ajjelet ha-Schachar das Hazor-Museum. S. *238,* 245, 257, 273.

Roberts, David (1796–1864). Englischer Maler; reiste 1829 nach Israel; ein Aquarell, *The Sepulchre Saint,* und eine vollständige Sammlung seiner Lithografien befinden sich im Israel-Museum.

Rodin, Auguste (1840–1917). Französischer Bildhauer; *Adam* und die kleine *Balzac*-Skulptur stehen im Billy-Rose-Skulpturen-Garten des Israel-Museums. S. 245, 259.

Schatz, Boris (1867–1932). Israelischer Maler und Bildhauer; Begründer der ersten Kunstschule in Jerusalem. Werke im Israel-Museum. S. 250, 259.

Schiele, Egon (1890–1918). Österreichischer Maler. Werke im Israel- und im Tel-Aviv-Museum. S. 259.

Scorel, Jan van (1495–1562). Holländischer Maler. Eine Jerusalem-Landschaft hängt im Utrecht-Museum in Holland.

Sebba, Shalom (geb. 1897). Israelischer Maler und Bildhauer; eine Mauer im Behördenviertel in Aschkelon, Gemälde im Tel-Aviv-Museum. S. 264.

Sharon, Arieh (geb. 1900). Israelischer Architekt; Bauhaus-Schüler; entwarf die Arbeiter-Wohnblocks in Tel Aviv und zahlreiche öffentliche Bauten. S. *234,* 240.

Sharon, Eldad (geb. 1934). Israelischer Architekt; zusammen mit A. Neumann und Z. Hecker mit dem Bau des Rathauses in Bat Jam und des Dubiner-Hauses in Ramat Gan betraut. S. *239,* 246, 278.

Sisley, Alfred (1839–1899). Französischer Maler; eine *Landschaft* im Israel-Museum. S. 259.

Soutine, Chaim (1894–1943). Maler aus Smilovitsch bei Minsk. *Landschaften* der zwanziger Jahre im Tel-Aviv- und im Israel-Museum. S. 259.

Tinguely, Jean (geb. 1925). Schweizer Bildhauer; kinetisches Objekt im Israel-Museum. S. 245, 259.

Tumarkin, Yigael (geb. 1933). Israelischer Maler und Bildhauer; Gemälde und Plastiken im Israel- und im Tel-Aviv-Museum, monumentale Plastiken in Aschdod, Dimona und Arad (Beobachtungsposten). S. *248/249,* 252, 264.

Utrillo, Maurice (1883–1955). Französischer Maler. Gemälde aus verschiedenen Schaffensperioden im Tel-Aviv- und im Israel-Museum. S. 262.

van Gogh, Vincent (1853–1890). Holländischer Maler. Zwei Landschaften des Jahres 1888 im Israel-Museum. S. 259.

Vasarely, Victor (geb. 1908). Maler und Bildhauer aus Pecs in Ungarn. Werke im Israel-Museum, *The Screen* im Billy-Rose-Skulpturen-Garten. S. 245, 259.

Vlaminck, Maurice de (1876 bis 1958). Französischer Maler. Gemälde aus verschiedenen Schaffensperioden im Tel-Aviv- und im Israel-Museum. S. 262.

Yashar, Isaac (geb. 1924). Israelischer Architekt; entwarf das neue Tel-Aviv-Museum und das Mexiko-Haus in Tel Aviv zusammen mit D. Eytan. S. 245, 262, 278.

Yaski, Abraham (geb. 1927). Israelischer Architekt; entwarf mit A. Alexandroni ein Wohnviertel in Beerscheba und das Israel Petroleum Institute in Ramat Aviv, 1967. S. 245, 265.

Zaritsky, Yossef (geb. 1891). Israelischer Maler; 1948 Mitbegründer der Gruppe ‹Neue Horizonte›. Werke im Israel- und im Tel-Aviv-Museum. S. 240, *242/243,* 250, 259.

Register

Bei Ortsnamen (in Klammern die übliche englische Schreibweise) verweisen Zahlen und Buchstaben in eckigen Klammern auf die Israel-Karte; kursive Seitenzahlen beziehen sich auf Abbildungen.

Danksagung

Der Verlag dankt den im folgenden aufgeführten Institutionen und Personen für ihre freundliche Hilfe bei der Vorbereitung dieses Buches: dem Amt für Denkmalpflege und Museen im Erziehungsministerium, Jerusalem; dem Ha'aretz-Museum, Tel Aviv; dem Israel-Museum und dem Rockefeller-Museum, Jerusalem; dem Waqf, Jerusalem (für die Fotografier-Erlaubnis im Felsendom); Herrn Mordechai Avida, Frau Irene Levitt und Frau Inna Pomeranz, Jerusalem, und Fräulein Gusti Lederer, Tel Aviv.